孟笛｜著

新闻法规与伦理
PRESS LAW AND ETHICS

上海三联书店

总　序

　　"新闻法规与伦理"是新闻传播学与法学、伦理学相互结合形成的交叉学科课程,本书可以作为新闻学专业必修课程教材,同时也可为相关选修课程或师生自学法规与伦理知识提供参考。全书分为"新闻法规"与"新闻伦理"两个部分,共十一个专题。新闻法规部分包括:新闻传播法基本知识;新闻传播与名誉权;新闻传播与隐私权;新闻传播与个人信息保护;新闻传播与肖像权;新闻传播与著作权六章。新闻伦理部分包括:新闻真实性与虚假新闻;新闻客观性与媒介审判;人文关怀与隐性采访;媒体报道与新闻寻租;新闻自律信条与自律组织五章。

　　在新闻法规部分,本书系统介绍与新闻传播活动密切相关的公民人格权利,包括名誉权、隐私权、肖像权,按照"基本概念—新闻侵权构成要件—抗辩事由"的逻辑顺序,结合经典及新近案例详细分析新闻传播活动与保护公民人格权利的关系。这一部分的另一个重点是新闻传播与知识产权的相关问题,本书特别关注新媒体技术背景下的著作权问题,涉及人工智能生成物的著作权判定、短视频平台版权治理等前沿课题。

　　在新闻伦理部分,本书系统介绍新闻报道的基本原则,包括新闻真实性、客观性、平衡性及人文关怀,并结合大量真实案例探讨违背这些原则造成的伦理失范现象,对虚假新闻、媒介审判、隐性采访、新闻寻租现象进行专题研讨。另外,教材设置专章介绍新闻自律信条及自律组织,结合世界各国历史及实践情况,讨论自律对于新闻行业的重要意义。

　　具体而言,本书有以下三个特色:

　　第一,对新闻传播相关的法学、伦理学知识进行全面、系统的梳理。在法治社会,这也是新闻传播学必要的专业基础。我国虽然没有一部专门的新闻法出台,但是对新闻传播活动的保护与约束也是有法可依的,其法源来自于宪法、民法、刑法,以及其他行政法规等不同层次的法律、法规条文。如果说一个社会存在两条标准水平线,那么,法是这个社会的底线,底线固然非常重要,触犯底线就是违法犯罪的行为;但是同时,社会还有一条高线存在,那就是伦理、道德,它是一个专业受人尊重、一个行业赢得社会声誉的保证。本书中涉及大量新闻实务案例,需要用法与伦理的理论相互结合来进行分析。通过对本书的学习,学习者可以获得一个跨学科的理论框架,在面对新闻传播领域的各种困境与问题时,拥有一套专业的分析工具。

　　第二,融入大量新近热门新闻事件、传播现象进行案例学习。面对今天传媒技术突飞猛进,网络传播成为主流业态的现状,本书在梳理新闻法规与伦理理论的同时,也融入了对一系列新现象、新问题的讨论,包括网络标题党、反转新闻、舆论审判等新闻伦理问题,也包括大数据侵犯个人隐私权、AI换脸侵犯个人肖像权等网络法规前沿议题。课题组在文字版教材之外还建设了网络案例资源库,并在中国大学慕课网站上线了《新闻法规与伦理》网络课程,对更多案例进行融媒体环境下的详细介绍。

　　第三,本书撰写过程恰逢中国法制建设中一个非常重要的大事件—《民法典》的实施。作为我国第一部以"法典"命名的法律,《民法典》的一大亮点就是"人格权"独立成编,由法律来引导整个社会尊重和保护人格权利,这对于我国文化事业发展将产生重大影响,对于新闻与传播行业更是具有划时代的意义。2020年第十三届全国人大第三次会议审议通过了《中华人民共和国民法典(草案)》(简称《民法典》)。自2021年1月1日起,《民法典》正式实施,与此同时其他单行法也被废止。另外,新修订的《著作权法》于2021年6月1日起正式实施,对新闻传播行业的著作权保护也将进入新的时代。在这样一个时间节点上,本书结合《民法典》及《著作权法》的具体内容,分析法律对于新闻传播活动的影响,可以说是恰逢其时的。

　　最后,希望通过这本书的学习,你能获得法与伦理的分析框架、掌握全面系统的理论工具,更重要的是,我们希望面对纷繁复杂的媒体现状,你能拥有理性、成熟、独立的判断,面对不断变化的新闻媒体前沿课题,也能拥有持续求知的热情。

孟　笛

2023 年 9 月于华东师范大学

目　　录

第一章　新闻传播法基本知识

第一节　新闻传播法概述

一、新闻传播法的含义

法的概念有广义和狭义之分,新闻传播法也有广义和狭义之分。广义的法是指由国家制定和认可,并以国家强制力保证其实施的具有普遍约束力的行为规范。新闻传播法是指我国法律体系中一切适用于新闻传播活动的规范,是法的规范体系中调整新闻传播活动和关系的各种规范的总称。

狭义的法专指具有立法权的国家机关按照法定程序制定的规范性法律文件。从这个意义上看,新闻传播法是指由全国人民代表大会或其常务委员会制定的专门针对新闻传播活动的一部法律①。由于诸多因素影响,我国还没有一部专门规范新闻传播活动或新闻行业的狭义的法律,但是在我国社会主义法律体系中,有许多规范同新闻传播活动密切相关,所以我国新闻传播活动同样必须依法运作。目前,我国新闻传播法的渊源和新闻传播法的调整对象都是明确的。

二、我国新闻传播法的渊源

新闻传播法的渊源即新闻传播法的效力来源,是指国家机关制

---

① 魏永征,周丽娜.新闻传播法教程(第六版)[M].北京:中国人民大学出版社,2018,2.

定并认可的具有不同法的效力和地位的新闻传播法的不同表现形式，它回答了新闻传播法的规则是如何形成、具有何种外部形式、具备何种程度的法律效力等问题。我国现阶段新闻传播法的渊源有宪法、法律、行政法规、地方性法规、行政规章等①。

（一）宪法

宪法是我国的根本大法，拥有最高法律效力，现行宪法为 1982 年宪法，并历经 1988 年、1993 年、1999 年、2004 年、2018 年五次修订。宪法是新闻传播法的最重要的渊源。一方面，宪法规定了我国的根本制度和公民的基本权利与义务等，新闻传播活动必须以宪法为根本的活动准则，不得违背宪法精神。另一方面，《宪法》中一些条款直接指导和约束新闻传播活动，与新闻传播活动相关的条文主要有以下三条：

第二十二条规定："国家发展为人民服务、为社会主义服务的文学艺术事业、新闻广播电视事业、出版发行事业、图书馆博物馆文化馆和其他文化事业，开展群众性的文化活动。"第三十五条规定："中华人民共和国公民有言论、出版、集会、结社、游行、示威的自由。"第四十七条规定："中华人民共和国公民有进行科学研究、文学艺术创作和其他文化活动的自由。国家对于从事教育、科学、技术、文学、艺术和其他文化事业的公民的有益于人民的创造性工作，给以鼓励和帮助。"

（二）法律

法律是由全国人民代表大会及其常务委员会制定、修改的规范性法律文件，法律效力仅次于宪法，可以分为基本法律和一般法律。其中由全国人民代表大会制定、修改的法律称为基本法律，如民法、刑法、行政法等。基本法律中与新闻传播活动紧密联系的，主要有《中华人民共和国民法典》对公民知识产权、肖像权、名誉权等权利的规定；《中华人民共和国刑法》对侵犯公民人身权利罪、侵犯著作权

---

① 牛静.新闻传播伦理与法规：理论及案例评析(第二版)[M].上海：复旦大学出版社,2018，153.

罪、泄露国家秘密罪的规定等。由全国人民代表大会常务委员会制定、修改的法律称为一般法律,例如 2021 年由第十三届全国人民代表大会常务委员会第二十八次会议修订通过的《中华人民共和国广告法》和 2016 年由全国人民代表大会常务委员会通过的《中华人民共和国电影产业促进法》。

（三）行政法规

行政法规是国家最高行政机关国务院根据宪法和法律所制定的关于国家行政管理活动的规范性法律文件,其法律效力次于宪法和法律。行政法规作为新闻传播法的渊源,主要有三个方面的内容:第一,直接管理新闻媒介的行政法规。目前我国已经出台了面向印刷、电子、网络等各种媒介形态的行政法规,如《广播电视管理条例》(1997 年)《互联网信息服务管理办法》(2000 年)、《印刷业管理条例》(2001 年)、《出版管理条例》(2001 年)、《电影管理条例》(2001 年)等。第二,直接管理新闻活动的行政法规,如《外国常驻新闻机构和外国记者采访条例》(2008 年)等。第三,其他涉及传播内容的法律法规,如对图书、报刊、广告、电影电视画面中插附地图进行规定的《地图管理条例》(2015 年)。

（四）地方性法规、民族自治法规

地方性法规是省、自治区、直辖市的人民代表大会及其常务委员会根据本行政区域的具体情况和实际需要制定的规范性法律文件。民族自治法规是民族自治地方的人民代表大会及其常务委员会结合当地民族的政治、经济和文化的特点,制定的本地区规范性法律文件[①]。地方性法规和民族自治法规在指引和约束制定新闻传播活动时,要坚持两条基本原则:一是不得与宪法、法律、行政法规相违背;二是体现地方特色。

（五）行政规章

行政规章是行政机关制定的关于行政管理的规范性法律文件的总称,分为部门规章和地方政府规章。部门规章是国务院各部、委员

---

① 邝长策.法理学[M].广州:华南理工大学出版社,2006,78.

会、中国人民银行、审计署和具有行政管理职能的直属机构,在本部门权限范围内制定的规范性法律文件。目前,国务院制定新闻传播行政规章的主要机构是国家广播电视总局和国务院新闻办公室。部门规章的特点在于:一方面在宪法、法律和行政法规的基础上,部门规章对报刊、广播、电视、网络等媒介、新闻传播主体及其新闻传播活动进行了更加细致的分类,相关条例更加具体化,可操作性更强,如国家广播电影电视总局出台了专门针对广播电视广告的《广播电视广告播出管理办法》(2009年)。另一方面,部门规章对于法律尚未涉及的新闻传播活动进行了补充,例如国家新闻出版总署出台了专门针对进口音像制品的《音像制品进口管理办法》(2011年);新闻出版总署出台了专门针对电子出版物的《电子出版物管理规定》(2008年);2015年国家广播电影电视局修正的《互联网等信息网络传播视听节目管理办法》。

地方政府规章则是指省、自治区、直辖市和设区的市、自治州的人民政府制定的规范性法律文件。以上海市为例,《上海市出版物进口单位进口图书在沪印制管理办法》(2015),负责制定的主要政府机构是上海市新闻出版局。《关于促进上海网络视听产业发展的实施办法》(2018),负责制定的主要机构是上海市广播电视局。

(六)其他

除了上述提及的法律文件外,特别行政区基本法和有关规范性文件,以及我国同外国缔结的国际条约等规范性法律文件也是我国新闻传播法的渊源。

国际条例属于国际法范畴,其对缔结或参加条约的国家具有约束力。因此,我国同外国缔结或参加的国际条约中与新闻传播活动相关的内容也是我国新闻法的一种渊源,如我国需要遵守1992年由全国人民代表大会常务委员会通过并加入的《伯尔尼保护文学和艺术作品公约》。1997年签署的《经济、社会及文化权利国际公约》,其中涉及社会及文化权利等方面的规定与新闻传播活动密切相关,如第十五条规定:"本公约缔约各国承认人人有权参加文化活动。"

三、新闻传播法的调整对象

新闻传播法的调整对象是指由新闻传播法律规范调整的人们在新闻活动过程中形成的权利义务关系,它是由新闻传播活动中的主体、客体和内容构成的统一整体①。三个要素相互联系,相互制约。

（一）新闻传播活动主体

新闻传播活动中的主体指的是新闻传播活动中权利的享有者和义务的承担者,相应地可被称为权利主体和义务主体。我国新闻传播法调整的新闻传播活动主体主要有五类:(1)新闻媒体;(2)新闻记者;(3)政府;(4)公民;(5)法人,包括企业法人和社会团体法人。根据《中华人民共和国民法典》第五十七条规定:"法人是具有民事权利能力和民事行为能力,依法独立享有民事权利和承担民事权利义务的组织。"法人应当具备下列条件:"法人应当有自己的名称、组织机构、住所、财产或者经费。法人成立的具体条件和程序,依照法律、行政法规的规定。"

（二）新闻传播活动客体

新闻传播活动中的客体指的是新闻传播活动中主体的权利和义务所指向的对象,相应地可被称为权利客体和义务客体。我国新闻传播法调整的新闻传播客体主要有三类。第一,物,即能为新闻传播主体控制、支配的,满足新闻传播活动需要的各种物质资料。第二,精神产品,这主要指新闻传播活动过程中生产出来的新闻作品,还可以指新闻传播活动主体通过新闻传播活动获得的荣誉。第三,新闻传播行为,需要注意的是,新闻传播行为必须发生在新闻传播活动过程中。例如,记者在新闻报道中批评某一组织的行为是新闻传播行为,但该记者在自己的社交媒体中批评某一组织的行为则不属于新闻传播行为的范畴。

（三）新闻传播活动内容

新闻传播活动中的内容指的是新闻传播活动中主体所享有的权

---

① 崔明伍.新闻传播法[M].合法:合肥工业大学出版社,2013,30.

利和承担的义务,它是新闻传播法的规范在实际新闻传播活动中的具体落实,具体而言包括新闻媒体与新闻记者之间、新闻媒体与政府之间、新闻媒体与公民和法人之间的权利和义务关系。我国新闻传播权利主体所享有的权利主要围绕宪法规定的"言论出版自由"所展开,其所承担的义务包括不得危害国家安全、不得妨碍社会秩序、不得侵犯他人的人格权和著作权等。《中华人民共和国宪法》第三十三条规定:"任何公民享有宪法和法律规定的权利,同时必须履行宪法和法律规定的义务。"

思考题

1. 规范我国新闻传播活动的法律法规有哪些?
2. 与其他专门法相比,新闻传播法具有哪些特征?
3. 谈谈新闻传播法所具有的功能。
4. 你认为新闻传播法与新闻职业道德之间的关系是什么?
5. 谈谈你对新闻法治化建设的理解。

第二节　新媒体时代的新闻传播法

一、新媒体时代的新闻传播活动主体

前互联网时代,新闻传播的主体主要是新闻机构、新闻记者等。新闻机构主要是指经国家有关行政部门批准获得出版许可证的报纸和新闻性期刊出版单位以及通讯社、广播电台、电视台、新闻电影制片厂等具有新闻采编业务的单位。新闻记者则主要是指新闻机构编制内或者经正式聘用、专职从事新闻采编岗位工作并持有新闻记者证的采编人员[1]。

随着互联网和移动互联网等信息技术的快速发展,越来越多尚

---

[1]　王勇.《民法典》对新闻报道的规范与影响研究[J].传媒.2020(24):94-96.

未取得资质的组织和个人也逐渐参与到新闻信息的采集和传播过程中来。新闻生产体现为职业记者和公众共同参与的动态实践,新闻业正呈现出"液化"状态①。目前,从事新闻传播活动的主体可大致分为五类②:

第一,传统的报刊、通讯社、电台电视台等,以及网上975家具备"一类资质"的新媒体单位。这是我国依法取得许可的新闻机构,拥有20余万名持有记者证的新闻记者队伍。各类调查报告、测试结果表明,诸如人民网、新华网等中央网络媒体都拥有最前列的公信力、影响力,当之无愧是我国从事新闻报道的主力。

第二,获得"二类资质"的商业网站。虽然这些商业网站主要只能转载"一类资质"新闻机构的新闻,但是并未禁止它们报道"时政类新闻"以外的新闻,它们设立的体育、娱乐、财经、科技等新闻栏目(频道)至今依然运行。

第三,政务新媒体兼有服务和发布的功能。近年来政务新媒体发展迅速,全国一体化政务平台已经初步建成。以往政务机关的执法信息需要通过新闻媒体进行发布,现在可以直接在其自设新媒体上发布,新闻媒体则从那里获取信息进行报道。此类信息若发生人格权纠纷,按照司法解释,客观准确报道的新闻媒体无需负责,而政务机关的执法行为则受行政法调整。但不少政务新媒体往往还发布各种工作简报、行业动态、本系统人物介绍以及其他专题特稿等,尽管政务新媒体无需取得互联网新闻许可,但此类内容很难说不具有新闻报道的性质。

第四,其他机构和个人设立的各种自媒体。CNNIC《第42次互联网络发展状况统计报告》指出网络新闻自媒体正在"从个体单位发展为新型媒介组织";一些"头部网络新闻自媒体加大从传统媒体引进人才的力度,逐步搭建专业、完整的运营团队"③。网络新闻自媒

---

① 陆晔,周睿鸣.“液态”的新闻业:新传播形态与新闻专业主义再思考——以澎湃新闻“东方之星”长江沉船事故报道为个案[J].新闻与传播研究.2016,23(07):24-46+126-127.

② 魏永征.《民法典》中“新闻报道”行为的主体[J].青年记者.2020(19):71-74.

③ CNNIC:《第42次中国互联网络发展状况报告》[E]. http://www.cac.gov.cn/2018-08/20/c_1123296882.htm. 2018-08-20.

体生产的内容,产生了一定的社会影响,给我国新闻业带来了复杂而深刻的变化①。

第五,广大网民使用的社交媒体。我国 10 亿多网民有 40%—80% 使用不同种类的社交媒体,他们通常并不发布新闻信息,但在一些重大新闻事件中,他们以各种方式与新闻报道互动,乃至影响新闻报道的内容和进程,则是常见的现象。特别是在许多突发事件中,那些身处现场或目睹其事的网民,在瞬间就将文字、照片、短音视频上传到社交媒体,经常走在需要经过采访、核实程序方能发布消息的专业新闻媒体前面。

新媒体时代,新闻报道的主体仅仅限于行政主管部门认定的新闻机构、新闻记者可能是远远不够的,这不仅由于部门规章通常不能引用为司法裁判的依据,而且会将大量在事实上具有新闻报道影响和效果的内容产品排除在外,这既有失公平,也不利于将后者纳入法律规范。但按照"人人都是报道者"的说法,把所有发布各种信息的行为人都作为新闻报道行为主体也是不恰当的,这会抹杀新闻报道的专业性质,削弱和降低新闻报道的社会功能,显然不利于社会稳定和进步②。

2021 年开始实施的《民法典》在涉及新闻报道问题方面,与之前的法律法规相比有一个明显的不同之处,即将以往习用的"新闻单位""新闻媒体"变为"实施新闻报道的行为人"。根据《民法典》的司法解释,"新闻报道是新闻单位对新近发生的事实的报道,包括有关政治、经济、军事、外交等社会公共事务的报道以及有关社会突发事件的报道。新闻单位包括依法设立的报刊社、广播电台、电视台、通讯社、杂志社、出版社、互联网信息服务提供者、移动互联网信息服务提供者等"。

因此,遵循《民法典》的精神,本书所涵盖的新闻传播活动的主体不限于传统意义上的新闻机构和新闻记者,而是包括依法设立的报

---

① 李东晓.界外之地:线上新闻"作坊"的职业社会学分析[J].新闻记者.2019(04):15-27.

② 魏永征.《民法典》中"新闻报道"行为的主体[J].青年记者.2020(19):71-74.

刊社、广播电台、电视台、通讯社、杂志社、出版社、互联网信息服务提供者、移动互联网信息服务提供者等。

二、《民法典》对新闻传播活动的影响

2020年5月28日，第十三届全国人民代表大会第三次会议审议通过了《中华人民共和国民法典》（简称《民法典》），2021年1月1日起《民法典》正式实施。这是新中国成立以来第一部以法典命名的法律。作为民事领域基础性、综合性的法律，《民法典》主要调整各类民事主体的人身关系和财产关系，自然也涉及包括新闻传播活动在内的社会和经济生活的方方面面。本书有关《民法典》对新闻传播活动影响的讨论，主要限定在互联网时代新闻传播内容生产和分发领域，这也是新闻机构作为媒体组织的核心要务。

（一）弘扬社会主义核心价值观是新闻传播活动的纲领性要求

"弘扬社会主义核心价值观"作为一项重要的立法目的写入了《民法典》（第一条），实际上也构成了对新闻传播活动的纲领性要求。即新闻传播活动要注入传播"富强、民主、文明、和谐，自由、平等、公正、法治，爱国、敬业、诚信、友善"等社会主义核心价值观的内涵要素。践行社会主义核心价值观与宪法规定的我国新闻广播电视事业为人民服务、为社会主义服务的要求是一致的，但在表述上更具有时代烙印。"弘扬社会主义核心价值观"作为立法目的，对新闻传播活动有着强烈的价值导向意义，也能够为相关法律争议提供价值判断的标准。

（二）公序良俗等原则是新闻传播活动的基本原则

《民法典》确立了平等、自愿、公平、诚信、守法和公序良俗等基本原则（第四、五、六、七、八条），也是规范新闻传播活动的基本原则。其中，兼具"价值宣示"和"裁判规范"双重法律性质的公序良俗原则对新闻传播活动影响最大[1]。简单来说，它要求新闻传播活动的动

---

[1]　罗时贵.中国民法公序良俗原则的法律性质[J].重庆大学学报（社会科学版），2018，24(05)：139－150.

机、内容、结果要符合公共秩序和善良风俗两方面的要求,既要传播健康信息,遵循和契合社会主义核心价值观,也要避免淫秽、色情、暴力、迷信等有违公共利益的不良信息,净化传播环境,追求绿色的发行量、收视率、阅读数。相比民事诉讼的不告不理,新闻媒体包括自媒体,一旦刊载传播有悖公序良俗的内容,很可能在刑事处罚、治安管理行政处罚和文化行政处罚三个层面被追究更严厉的法律责任。

（三）保护民事权利是新闻传播活动的规范要求

《民法典》第五章"民事权利"规定了民事主体的各项人身权利和财产权利,例如第一百零九条关于人格尊严的规定,第一百一十条关于姓名权、肖像权、名誉权、荣誉权、隐私权的规定,第一百一十一条关于个人信息的规定,第一百二十三条关于知识产权的规定,第一百二十七条关于数据保护的规定等都与新闻传播活动密切相关。这些民事权利的确立,体现了《民法典》保障民事主体合法权利的核心功能,也要求权利主体之外的所有主体都负有不可侵犯的义务。新闻媒体一旦发生侵权行为,将要承担第八章规定的民事责任,例如第一百八十五条"侵害英雄烈士等的姓名、肖像、名誉、荣誉,损害社会公共利益的,应当承担民事责任",既是对一般民事主体的约束性要求,也是对新闻传播活动侵权行为的后果性要求。

（四）人格权独立成编体现公民权利意识觉醒

人格权单独成编,堪称《民法典》最大的亮点,这是对公民人格权的庄严确认与严格保护,有助于公民权利意识的觉醒与崛起。在一般人格权方面,《民法典》规定"自然人的人身自由、人格尊严受法律保护"（第一百零九条）,在此基础上第九百九十条单独规定"自然人享有基于人身自由、人格尊严产生的其他人格权益"。即新闻传播活动既要尊重自然人的人身自由、人格尊严,也要避免侵犯基于自然人人身自由、人格尊严所派生的其他人格权益。同时,第九百九十九条规定,"为公共利益实施新闻报道、舆论监督等行为的,可以合理使用民事主体的姓名、名称、肖像、个人信息等;使用不合理侵害民事主体人格权的,应当依法承担民事责任",这是我国民法首次对新闻报道和舆论监督在侵害人格权益方面进行合理授权,对姓名、名称、肖像、隐私、个人信息等进行权利克减,充分体现了《民法典》对新闻报道和舆论监督的保护。

在具体人格权方面,《民法典》第三章"姓名权和名称权"、第四章"肖像权"、第五章"名誉权和荣誉权"、第六章"隐私权和个人信息保护"都与新闻传播活动密切相关,也是媒体侵权的重要类型,本书将在第二、三、四章对新闻传播与名誉权、隐私权与个人信息保护、肖像权的问题分别展开详细介绍。总体而言,《民法典》的颁布实施对于公民人格权利保护主要有以下四个方面的重要影响。

第一,明确了肖像、名誉、隐私的法律定义(第一千零三十二、一千零三十三条),对保护民事主体的肖像权、名誉权和隐私权起到极大促进作用,对于新闻传播活动如何避免侵害以上人格权利具有重要指引价值。第二,明确了新闻侵害肖像权和新闻侵害名誉权的抗辩事由(第一千零二十、一千零二十五、一千零二十六条),对开展正常新闻报道和正当舆论监督起到了极大的保护作用。第三,明确了民事主体的新闻更正权(第一千零二十八条),对强化新闻内容的真实性审核起到了极大的督促作用,实际上也是要求广大新闻工作者在新闻报道中必须强化对真实性的审核义务。第四,"人格权编"区分了隐私与个人信息的界限(第一千零三十四条),这一方面可以为司法实践对隐私与个人信息关系如何适用法律处理提供指引,另一方面也提醒很多媒体,尤其是通过采集个人信息、采用算法推荐等机制运行的新型媒体,在处理个人信息时应当遵循合法、正当、必要原则,不得过度处理。

(五)规范网络传播侵权回应新媒体时代的新问题

"侵权责任编"是在《侵权责任法》的基础上,结合新媒体时代的新情况、新问题,吸收借鉴司法解释相关规定,对侵权责任制度作出补充和完善所形成的独立一编。首先,这种补充和完善的体例特征,也体现在涉及新闻传播活动的原有条款上。由于传统的媒体侵权已经在"人格权编"有所规定,"侵权责任编"的相关条款则集中在网络侵权方面,即《民法典》的第一千一百九十四、一千一百九十五、一千一百九十六、一千一百九十七条。上述四条主要是对《侵权责任法》

第 36 条的补充和完善。

首先,重申了网络侵权责任的一般规则。第一千一百九十四条规定,"网络用户、网络服务提供者利用网络侵害他人民事权益的,应当承担侵权责任"。法律另有规定的,依照其规定属于网络侵权责任的一般规则。但是,立法体例上的变动,在强调网络侵权责任一般规则重要性的同时,实际上也呼应了互联网时代传播侵权案件高发频发的趋势,有学者指出,从近年的统计数据来看,可以说人格权纠纷进入了传播侵权时代,甚至是"网络传播侵权时代"[5]。

其次,改进了"避风港原则"。第一,完善了"避风港原则"的"通知规则",第一千一百九十五条增加了"通知应当包括构成侵权的初步证据及权利人的真实身份信息",明确了网络服务提供者对通知的转告知义务,以及权利人错误通知造成损害的侵权责任。这从形式上符合民法"权利—义务—责任"的基本逻辑,在权利上也更能平衡网络用户和网络服务提供者之间的利益。第二,增加了"避风港原则"的"反通知规则"。第一千一百九十六条规定,"网络用户接到转送的通知后,可以向网络服务提供者提交不存在侵权行为的声明……网络服务提供者接到声明后,应当将该声明转送发出通知的权利人,并告知其可以向有关部门投诉或者向人民法院提起诉讼……"这是对《侵权责任法》的重大补充,赋予了网络用户程序和内容上的反通知权利,实际上也增加了网络用户的权利救济渠道,使得权利人、网络服务提供者、网络用户三者形成了一个可沟通的闭环,有助于侵权纠纷的多元化解决。

再次,改进了"红旗原则",明确了适用红旗原则的主观要件。第一千一百九十七条规定,"网络服务提供者知道或者应当知道网络用户利用其网络服务侵害他人民事权益,未采取必要措施的,与该网络用户承担连带责任",将适用红旗原则的主观要件从"知道"扩展为"知道或者应当知道"。这一修订,可以为权利人的救济提供更为广阔的空间,增加了司法操作的便利性,同时也要求网络服务提供者主动承担责任,不能视而不见,也不能静观事变,否则就属于放任结果的间接故意,需要承担连带责任。

　　《民法典》"侵权责任编"理顺了网络侵权事件中权利人、网络服务提供者、网络用户的多重关系，为相关网络侵权事件的私力救济和司法判决提供了明确的法律指引。需要指出的是，网络侵权责任相关规定的调整对象面向互联网时代背景下从事信息传播活动的民事主体，已经远远超出了传统新闻媒体的范畴。从中国裁判文书网近年的统计数据来看，涉及新闻网站、社交媒体的网络侵权案例数量呈爆发式增长态势，其中又以侵犯名誉权和肖像权的案件居多，这也提醒广大新闻工作者在媒体融合时代必须与时俱进地提升自己的法治理念、法治思维。

　　从整体上看，《民法典》有关新闻传播活动的法律调整只是一个方面，新闻传播活动涉及刑法、行政法等诸多部门法领域。同时，《民法典》的相关规定没有全部涵盖新闻传播活动，比如《民法典》对涉及新闻作品的知识产权保护只作了概括性规定。有关新闻作品的著作权调整，还有待相关法律的进一步修订完善，本书将在第六章对新闻传播与著作权问题展开详细论述。

思考题

　　1. 互联网时代，新闻传播法的规制对象发生了哪些变化？

　　2. 结合新闻侵权构成要件与抗辩事由，谈谈如何平衡新闻报道自由与人格权。

　　3.《民法典》出台对于新闻业带来了哪些影响？

　　4. 近年来，法治建设的不断深入，这对新闻记者提出了哪些新要求？

　　5. 你认为在互联网环境下，新闻传播法应该聚焦于哪些新问题

第二章 新闻传播与名誉权

第一节 名誉和名誉权的基本知识

一、名誉及名誉权的概念

名誉是对民事主体的品德、声望、才能、信用等的社会评价。《民法典》第一千零二十四条规定:"民事主体享有名誉权。任何组织或者个人不得以侮辱、诽谤等方式侵害他人的名誉权。"名誉权是自然人、法人和非法人组织享有的应该受到社会公正评价和要求他人不得非法损害这种公正评价的权利①。名誉权可以产生一定的社会与经济效益,公民和法人都可以利用自己良好的社会评价,参与社会经济、政治文化活动,为自己获取社会效益和财产效益。

二、名誉权的主体

《民法典》第一百一十条规定:"自然人享有生命权、身体权、健康权、姓名权、肖像权、名誉权、荣誉权、隐私权、婚姻自主权等权利。法人、非法人组织享有名称权、名誉权和荣誉权。"自然人、法人、非法人组织这三类民事主体都享有名誉权,都有权对侵害名誉权行为提起权利主张。

(一)自然人

自然人从出生时起到死亡时止,具有民事权利能力,依法享有民

---

① 魏永征,周丽娜.新闻传播法教程(第六版)[M].北京:中国人民大学出版社,2019,139.

事权利,承担民事义务。自然人是最为重要的民事主体,民法上使用这个概念,主要是与法人相区别。需要和自然人区分的另一个概念是公民。公民是个宪法概念,指的是具有一国国籍并按该国法律享有权利和承担义务的自然人。外国国籍的自然人显然不具有公民资格,但这并不妨碍其成为私法的主体。换句话说,外国公民在我国也享有名誉权保护,而不受其国籍限制[①]。

此外,依据《民法典》规定,18 周岁以上的自然人才具有完全民事行为能力。限制民事行为能力的人(8 周岁以上的未成年人、不能完全辨认自己行为的成年人)、其他无民事行为能力的人(不满 8 周岁的未成年人、不能辨认自己行为的成年人)须有法定代理人代理,方可参与包括名誉权保护在内的各种民事活动。

胎儿以将来非死产者为限,视为既已出生,享有权利能力,是权利义务的主体,其名誉权亦受保护,例如散布不实言论,诬指称某胎儿是其已婚之母与他人通奸所怀孕,构成对胎儿名誉权的侵害。

(二)法人

法人是具有民事权利能力和民事行为能力,依法独立享有民事权利和承担民事义务的组织。法人包括企业法人、事业单位法人、社会团体法人和机关法人。法人作为拟制人,也依法享有名誉权。所谓法人的名誉权是社会对法人的信誉、外在形象、经营能力、履约能力、经济效益、经营特色、产品质量、服务态度、社会贡献等各方面的总体社会评价所形成的权利。法人的名誉权仅仅是一种商业经营的信誉,本质是一种商誉[②]。

企业法人指的是取得民事主体地位的企业[③]。企业法人名誉是企业的重要无形资产,不仅受民法保护,而且受经济法保护。我国《反不正当竞争法》规定:"经营者不得捏造、散布虚伪事实,损害竞争对手的商业信誉、商品声誉。"商业信誉、商品声誉即商誉,与经营活

---

①　邵国松.网络传播法导论[M].北京:中国人民大学出版社,2017,117–119.

②　许中缘、颜克云.论法人名誉权、法人人格权与我国民法典[J].法学杂志.2016,37(04):37–48.

③　邵国松.网络传播法导论[M].北京:中国人民大学出版社,2017,118.

动和经济效益有直接联系,当它遭受损害时会造成巨大经济损失。从法人人格权角度看,商誉也就是法人名誉。新闻媒介如果传播损害有关企业的商业信誉、商业声誉的内容,也有可能视情同不正当竞争行为人一起承担相应的侵权责任①。

　　事业单位法人是被赋予民事主体资格的事业单位,常见的包括学校、医院、剧院、报社、电台、电视台等。社会团体法人是由法人或自然人组成,谋求公益事业或行业协调的法人,常见的包括协会、研究会、基金会、商会、促进会等。在西方,此类组织基本上被归入非营利性机构,普遍受到名誉权的保护。在我国,事业单位和社会团体常常由政府出资组建,但其本质也是非营利性机构,名誉权也受到保护。比如2012年8、9月间,经济学者邹恒甫曾在其加V实名认证的新浪微博中连续发布十多条信息,指称北京大学的院长、主任、教授与梦桃源餐饮有限公司女服务员存在不正当关系。随后,北京大学便以名誉权受侵害为由将邹恒甫诉至法院,并获得胜诉。

　　机关法人是获得法人资格的国家机关,是依法律直接设立的,如国务院、人大、政协、各级地方政府等均属此类。

　　一般认为,法人的名誉权其实是一种商誉权,事业单位法人、机关法人不应该具有该种权利。首先,事业单位法人、机关法人不从事市场经营,其他主体对其不公正的评价不会对事业单位法人、机关法人的活动产生影响。其次,基于这些主体权利行使的公共利益性质,如果赋予其名誉权,必然会导致该种权利的滥用,社会其他主体对其行为正常的监督则无从谈起。相反,由于事业单位法人、机关法人财产主要来源于国家财政,目的是维护公共利益,对于这些主体的负面性评价是促进其提高服务与管理水平的手段②。

　　然而实践中,近几年来一些受批评的国家机关以批评失实提起名誉权诉讼的情况为数不少,其中有的案件法院在判侵权成立以外,

---

　　① 魏永征,周丽娜.新闻传播法教程(第六版)[M].北京:中国人民大学出版社,2019,140.

　　② 许中缘,颜克云.论法人名誉权、法人人格权与我国民法典[J].法学杂志.2016,37(04):37-48.

还要求赔偿国家机关的精神损害或经济损失。这从反面证明了机关法人享有名誉权的弊端，即以公权作为后盾，容易谋取对名誉权的过度保护①。

【案例 2-1　北大诉邹恒甫名誉侵权案】

自 2012 年 8 月，邹恒甫在其新浪微博上陆续发表了"北大院长在梦桃源北大医疗室吃饭时只要看到漂亮服务员就必然下手把她们奸淫。北大教授系主任也不例外。所以，梦桃源生意火爆。除了邹恒甫，北大淫棍太多"等一系列关于北京大学院长、主任、教授与北京梦桃源餐饮有限公司女服务员存在不正当关系的博文，引起社会广泛关注。2012 年 9 月，北京大学以邹恒甫的微博言论侵害其名誉权为由向海淀法院提起诉讼。2014 年 12 月 23 日，北京市第一中级人民法院对北京大学、北京梦桃源餐饮有限公司诉邹恒甫名誉侵权案作出终审判决。法院认为上诉人邹恒甫存在主观过错，实施了对北京大学及梦桃源公司的加害行为，导致北京大学、梦桃源公司的社会评价明显降低，且其行为已超出了行使言论自由的权利边界，构成了对北京大学及梦桃源公司名誉权的侵害，据此应承担相应民事侵权责任②。

本案中，北京大学和梦桃源公司都是民事主体，都依法享有名誉权，都受到法律的保护，对于它们的名誉权，任何人都不得进行侮辱或者诽谤。

邹恒甫对北京大学的院长、主任、教授和梦桃源公司的服务人员编造虚假事实，在网络上予以公开，不仅对两个法人的成员的名誉造成损害，而且对两个法人的名誉权构成损害。

（三）非法人组织

非法人组织指的是不具有法人资格但可以自己的名义进行民事活动的组织，个体工商户、个人合伙等即属此类。它依照法定程序设立，有一定的组织结构，有一定的财产和经费，但与法人不同，没有独

---

① 孙旭培.新闻传播法学[M].上海：复旦大学出版社,2008.
② 参见北京市第一中级人民法院民事判决书,(2014)一中民终字第 9328 号.

立的财产和经费,不能独立承担民事责任。依据我国《民事诉讼法》等相关法律,非法人组织依然具有民事主体资格,可以作为民事诉讼主体参加包括名誉权保护在内的诉讼活动。

互联网的发展催生了越来越多的网络虚拟组织,比如网店、微信公众号等。这些组织已成为大众创业的重要通道,也是时下互联网经济的关键环节。然而,此类组织中的大多数并未进行工商登记注册,仅是通过了网络交易平台服务经营者的实名认证,因而目前在我国无法作为非法人组织而参加民事活动。例如,2010 年"舒某诉海南天涯在线案",原告 2005 年在淘宝网创立名为"LL"的网络店铺销售服饰鞋包。原告诉称,自 2009 年 5 月起,有网民在被告创办的天涯社区论坛和博客上先后发布多个帖子,宣称其网店涉嫌造假贩假、偷税漏税、虚假广告等违法犯罪行为。原告曾多次向被告投诉,要求其全部删除侵权文章,但被告未采取任何必要措施。因此原告以网店名誉权被侵害为由提起诉讼。法院经审理认为,涉案网店未经工商部门核准登记,不能成为法律规定的民事主体,因而不享有名誉权。原告的起诉被驳回①。

（四）死者

《民法典》人格权编专门规定了死者人格利益保护规则,自然人死亡后,其人格尊严仍然应当受到保护,他人不得随意侵害。《民法典》第九百九十四条规定:死者的姓名、肖像、名誉、荣誉、隐私、遗体等受到侵害的,其配偶、子女、父母有权依法请求行为人承担民事责任;死者没有配偶、子女且父母已经死亡的,其他近亲属有权依法请求行为人承担民事责任。

《民法典》还从公共利益角度对"英雄烈士"的人格利益作了规定,第一百八十五条规定:侵害英雄烈士等的姓名、肖像、名誉、荣誉,损害社会公共利益的,应当承担民事责任。"英雄烈士等"包括为了人民利益英勇斗争而牺牲、堪为楷模的人,还包括在保家卫国和国家建设中做出巨大贡献、建立卓越功勋,已经故去的人。

---

① 邵国松.网络传播法导论[M].北京:中国人民大学出版社,2017，120.

英烈和死者在物质世界中丧失了物质实体性,但其精神人格却可以超越时空而永存,并应得到他人最基本的尊重,这既是英烈和死者生前的合理期待,也是社会伦理生活秩序的基本要求与行为准则①。英烈人格利益的保护与一般死者人格利益的保护有以下三点不同②:

第一,调整的法律关系不同。英雄烈士的形象是民族精神的体现,是引领社会风尚的标杆。英雄烈士的姓名、肖像、名誉和荣誉等不仅属于英雄烈士本人及其近亲属,更是社会正义的重要组成内容,承载着社会主义核心价值观,具有社会公益性质。侵害英雄烈士名誉就是对公共利益的侵害。保护英雄烈士人格权益的《民法典》第一百八十五条和《英雄烈士保护法》第二十五条、第二十六条更偏重于对公共利益的保护。相对而言,保护一般死者人格利益的《民法典》第九百九十四条的规范内容则侧重于对死者遗留人格利益及其近亲属权益的一种保护,属于私益范畴。

第二,起诉主体不同。一般死者起诉主体仅限于死者的近亲属。而《英雄烈士保护法》第二十五条规定:"对侵害英雄烈士的姓名、肖像、名誉、荣誉的行为,英雄烈士的近亲属可以依法向人民法院提起诉讼。""英雄烈士没有近亲属或者近亲属不提起诉讼的,检察机关依法对侵害英雄烈士的姓名、肖像、名誉、荣誉,损害社会公共利益的行为向人民法院提起诉讼。"可见,英烈近亲属或检察机关都可以作为起诉主体。

第三,保护时限不同。一般死者人格权益保护限于近亲属存活年限,而对侵害英烈人格的公益诉讼没有时效限制。

【案例 2-2 狼牙山五壮士名誉权侵权纠纷】

2013 年《炎黄春秋》杂志刊发了一篇名为《"狼牙山五壮士"的细节分歧》的文章,对狼牙山五壮士英雄事迹的细节问题提出质疑。文章发表后,网友梅新育在新浪微博上发表博文:"《炎黄春秋》的这些

---

① 王春梅.《民法典》框架下英烈与死者人格利益保护的立法调适[J].烟台大学学报(哲学社会科学版).2020,33(05):35-45.

② 魏永征,周丽娜.新闻传播法教程(第六版)[M].北京:中国人民大学出版社,2019,141.

编辑和作者是些什么心肠啊？打仗的时候都不能拔个萝卜吃？说这些的作者和编辑属狗娘养的是不是太客气了？"。2014 年 3 月,这篇文章的作者黄钟、洪振快以梅新育言论侵犯其名誉权为由诉至北京市丰台区人民法院,请求判令梅新育停止侵权、删除相关侵权言论、公开道歉,并赔偿精神损害赔偿金 5000 元等。

北京市丰台区人民法院认为,以"狼牙山五壮士"为代表的英雄人物和英雄事迹,已经成为中华民族不畏强敌、不惧牺牲精神的典型代表,他们的精神气质,已经成为中华民族精神世界和民族感情的重要内容。对这些英雄人物和英雄事迹的不当评论和评价,都将会伤害社会公众的民族感情,将会引发社会公众的批评,甚至较具情绪化的批评。这篇文章从形式上虽然是在讨论细节问题,但全文意在质疑甚至颠覆"狼牙山五壮士"的英雄形象,甚至是对该英雄事迹所代表的中国共产党的抗日民族统一战线的历史地位和历史作用的再评价。在此意义上,文章作者对该文引发的激烈批评及负面评价应当有所预见,也应当承担较高程度的容忍义务。最终驳回了文章作者的诉讼请求①。

思考题

1. 什么是名誉权?
2. 名誉权的主体有哪些?
3. 事业单位法人和机关法人享有名誉权可能带来哪些影响?
4. 英烈人格利益的保护与一般死者人格利益的保护有哪些区别?

第二节   新闻传播侵害名誉权

一、名誉权侵权的构成要件

侵害名誉权的关键在于如何认定侵害名誉权行为。根据最高人

---

① 参见北京市丰台区人民法院民事判决书,(2014)丰民初字第 05325 号.

民法院 1993 年公布的《关于审理名誉权案件若干问题的解答》,侵害名誉权行为必须同时具备以下四要件:受害人确有名誉被损害的事实、行为人行为违法、违法行为与损害后果之间有因果关系、行为人主观上有过错来认定。只要缺乏上述一项要件,则侵权不能成立。

（一）受害人确有名誉被损害的事实

损害事实,指因为违法侵权行为造成他人的财产利益或者人身利益遭受损害的客观事实。侵害名誉权的损害事实主要包括因为违法侵权行为造成受害人名誉损毁、精神或财产上受到损害。精神损害往往是直接受到的损害,财产损失则是因精神损害引起的财产上的损失,也称间接损失。这两种损害,有时同时具备,但更多的时候只具备精神损害。但是,这两种损害,不论是同时具备,还是只有精神损害,具备其中之一者,即造成了损害的事实。

（二）行为人行为违法

《民法典》第一千零二十五条规定,"行为人为公共利益实施新闻报道、舆论监督等行为,影响他人名誉的,不承担民事责任,但是有下列情形之一的除外:(一)歪曲捏造事实;(二)对他人提供的严重失实内容未尽到合理核实义务;(三)使用侮辱性言辞等贬损他人名誉"。上述规定首次确立了新闻报道、舆论监督行为侵害名誉权的行为类型和责任认定,列举了三类不予免责的侵权情形,即虚构事实、过失传播严重失实的内容和侮辱性言辞,属于穷尽列举。据此,本书将新闻侵害名誉权的行为分为三大类:侮辱、诽谤,以及对他人提供的严重失实内容未尽到合理核实义务。

1. 侮辱

从定义上看,侮辱是故意用语言、文字、暴力等手段贬损他人人格,损害他人名誉的行为。侮辱的方式包括暴力方式、口头方式和书面方式。新闻传播涉及侮辱行为多是以书面方式为主。按照侮辱性言辞与陈述事实的关系,新闻侮辱可以分为辱骂和丑化两类。辱骂性语言主要是以贬义词体现,有人将新闻稿件中这类容易引发新闻官司的词语和惯用语称为"红色信号",如在对一些犯罪新闻的报道中,媒体记者会使用如疯子、恶棍、色狼、流氓等字眼,使用这些词对他人人格进行贬低、侮辱,侵害了他人的名誉权。丑化是通过夸张和扭曲的文字或图像手段,把特定人的形象描写得可憎、可恶。在近些年的新闻报道中,很少出现媒体工作者利用侮辱性言语贬损当事人的情况,因为新闻工作者都明白客观公正报道是最起码的职业要求。

如果行为人从事新闻报道、舆论监督时报道或者反映的情况虽然都是真实的,但在陈述该事实时,却使用了侮辱性的言语,也应当承担民事责任。

2. 诽谤

诽谤则是指故意或过失散布某种虚假事实贬损他人人格,损害他人名誉的行为。诽谤和侮辱的主要区别在于:新闻报道只要使用了羞辱性的、贬损性的言辞,就能构成侮辱行为。而诽谤不同,诽谤一定要以"虚假陈述"作为构成要件。诽谤的主要方式是虚假陈述,侮辱的主要方式是辱骂和丑化。

实际上,要对内容的基本真实、基本内容失实做出准确的区分仍是十分困难的,司法实践中对于失实程度的判断,法官拥有较大的自由裁量权。不过,学理上认为,严重失实或基本内容失实主要不是看篇幅、文字的比例等数量要素,失实主要是"质"的概念,即指失实内容足以使人对有关问题的性质产生不正确的贬损性认识这样一类失实。每一个问题都是由具体事实构成的、有的具体事实的出入会影响问题的性质,有的则不会。有关陈述中某些事实的出入并不影响对有关问题性质的认识,这就是轻微的、局部的失实;而如果这种出入使问题的性质发生了变化,原来没有问题变成有问题,作风问题变成违法问题,纪律问题变成犯罪问题,那就是严重失实、基本内容失实①。

3. 对他人提供的严重失实内容未尽到合理核实义务

《民法典》提出行为人对他人提供的严重失实内容负有"合理核实义务"。其第一千零二十六条列举了"合理核实"的六项认定因素:

①　魏永征,周丽娜.新闻传播法教程(第六版)[M].北京:中国人民大学出版社,2019,126.

(一)内容来源的可信度;(二)对明显可能引发争议的内容是否进行了必要的调查;(三)内容的时限性;(四)内容与公序良俗的关联性;(五)受害人名誉受贬损的可能性;(六)核实能力和核实成本。也就是说行为人要从内容的来源(是否为权威消息来源或者通讯员供稿等)、对争议事实的调查(进行了必要的调查还是未做调查)、新闻时限性(是否为紧急重大新闻)、与公序良俗的关联性(是否涉及公序良俗)、名誉损害的可能性(有无侵害名誉的可能)以及核实的能力和成本(有无核实能力、核实成本是否巨大)这六个方面对信息进行核实。

按照这样的判断标准,新闻报道已经尽到核实义务就不构成侵权,未尽合理核实义务就构成媒体侵权①。此处强调的是对他人提供的"严重失实内容"未尽到合理核实义务。媒体若对他人提供的主要内容进行了合理审核,即使未对他人提供的非主要内容尽到合理审核义务,原则上也不承担民事责任。

合理核实义务的主体不仅限于媒体,是所有实施新闻报道、舆论监督行为的自然人和单位,但是不同义务主体之间也存在着差异。随着传播科技发展,新闻报道、舆论监督行为人的角色不再只由专业媒体机构扮演,而是日益多元化,可分为三大类:第一,专业媒体机构,包括依法设立的新闻机构以及具备一类新闻资质的网站、应用程序。第二,不具备一类新闻资质的商业网站,它们经许可可以转载规范稿源新闻,也可以自行采制发布体育、娱乐等领域新闻。第三,网络平台用户,即通过各种社交平台和聚合平台发布信息的网络用户,主要包括个体用户、自媒体和各类机构媒体等。②

第一、二类应遵循媒体专业人标准,第三类基本上遵循理性人标准,但各类机构和专业人士自媒体或自有其相应的专业标准。此外,网络平台在新闻报道、舆论监督中也不可或缺,但是平台服务商并不参与信息内容生产和制作,而是为用户提供平台服务。因此平台服

---

①　杨立新.《民法典》对媒体行为及责任的规范[J].河南财经政法大学学报.2021,36(02):1-12.

②　李洋.新闻报道、舆论监督行为人的"合理核实义务"研究——基于《民法典》第1025条和1026条的释读[J].新闻记者,2020(08):78-86.

务商的责任认定不同于前三类行为人,应当依据避风港原则或红旗原则进行认定。

其次,转载者也需要履行形式审查义务,即审查核实当事人姓名、配图等重要个人信息,不得歪曲和篡改转载内容及有"标题党"行为等。行为人若违反不同层级的核实义务,可能构成轻微过失、一般过失或者重大过失。

由于"合理核实义务"分为两层,认定行为人是否违反其合理核实义务时可以有两个递进步骤:首先,确定行为人承担哪一层的核实义务,也即确定其应尽一般核实义务还是高度核实义务;其次,判断行为人是否违反其应尽的(一般或者高度)核实义务。也就是说,如果经过审理认定新闻报道行为人确已履行了合理核实义务,即主观上没有过失,那么其新闻报道即使有严重失实内容,也无须承担责任①。

特定指向意味着侮辱、诽谤性内容和特定人损害事实存在直接的因果关系,这一因果关系正是我国民事侵权的构成要件。特定指向包括两层含义:一是指在作品中直接指明原告的姓名、身份等;二是受众通过作品的内容可推导出原告的身份。第一种情况比较容易理解。第二种情况略微复杂一些,它指的是尽管没有采用特定人的真实姓名,但作品所提供的背景、环境、特定时空等信息足以使公众将作品中的人物等同于特定人,这同样被认为有特定指向。网络传播环境中,有些网络言论的发布含沙射影,虽然没有直接点名道姓,但是通过一个正常的逻辑就能够推导出是某人,比如我们在娱乐新闻中可能看到的"薛某谦""范某冰"等,这种情况法律依然会支持侵权成立。

(三)违法行为与损害事实之间有因果关系

在一般的民事侵权行为中,违法行为与损害事实之间必须存在直接的因果联系,即违法行为与损害事实之间存在着客观的内在必

---

①　李洋.新闻报道、舆论监督行为人的"合理核实义务"研究——基于《民法典》第1025条和1026条的释读[J].新闻记者.2020,(08):78-86.

然联系。如果受害人的名誉被侵害,与侵害人的侵害无关,或者侵害人尽管实施了侵害行为,但没有给任何人造成名誉上的侵害,则行为人不承担侵权责任。

名誉权侵权中,违法行为要造成损害事实,那么侵权言论必须满足已经公开发表的条件,也就是说侵权行为要有受害人以外的人知悉。侵权作品没有发表,不会产生任何的社会影响,谈不上对他人权利的侵害。如果侵权作品已经发表,按照我国的司法实践,则足以表明损害事实已经发生,而无须再提出侵权作品造成其他的损害事实①。

(四)行为人存在主观过错

行为人有过错是构成侵犯名誉权的主观要件,所谓过错是行为人实施行为时的心理状态,包括过失和故意。过失是指行为人应当预见自己的行为会引起某种不利后果,而由于疏忽没有预见或虽已预见但轻信能够避免的主观心理状态。故意就是明知自己的行为会造成社会危害的结果或损害结果,却希望或放任这种结果发生。其中,希望的心理状态是直接故意,放任的心理状态是间接故意。判断行为人是否故意,可考察行为人的外部行为表现②。

以下四种新闻侵权情况,可被认定为"故意":第一,捏造事实诽谤他人,此行为本身即为主观故意的明证;第二,通过受害人或其他渠道已经得知所传播的内容虚假或极有可能虚假,却仍然将其传播出去,说明行为人对损害后果的发生持放任态度;第三,新闻媒体在刊登诽谤性文章后,面对受害人的指控和证明文章内容不实的确凿证据,还要在媒体上继续发表诽谤内容或为自己辩护的内容,给受害人的名誉造成更大的伤害;第四,行为人具有针对受害人的不正当动机,这种不正当动机可能已经通过同他人的谈话、文字显露出来,如扬言要对受害人进行报复等③。根据我国法律,主观出于故意的侮辱或诽谤行为,一般情况下承担民事责任,情节严重的必须承担刑事

---

① 孙旭培.新闻传播法学[M].上海:复旦大学出版社,2008.
② 邵国松.网络传播法导论[M].北京:中国人民大学出版社,2017,140.
③ 王利明.人格权与新闻侵权[M].北京:中国方正出版社,2000.

责任。

二、名誉权侵权的抗辩事由

抗辩是指被告针对原告诉求提出免除或减轻责任的某些合法事由，或称免责事由。以《民法典》规定为基础，就理论研究和司法实践中共识较高的三种抗辩包括：真实抗辩、诚实意见和公共利益抗辩①。

（一）内容真实

当新闻传播媒体发表的文章内容是真实的，符合客观实际情况的，就可以成为侵权的抗辩事由。《民法典》第一千零二十五条规定：行为人为公共利益实施新闻报道、舆论监督等行为，影响他人名誉的，不承担民事责任，但是有下列情形之一的除外：（一）捏造、歪曲事实；（二）对他人提供的严重失实内容未尽到合理核实义务；（三）使用侮辱性言辞等贬损他人名誉。根据该规定，只要新闻报道和舆论监督等行为不存在上述三种例外情形，即可主张免责。换言之，第一千零二十五条虽然没有明文规定真实抗辩，但行为人自行报道或者转载他人内容基本真实的，显然不符合该条规定的除外情形，有权主张免责，进而间接承认了真实抗辩。满足"真实抗辩原则"的新闻报道，可以分为以下两类。

第一，实质性真实。考虑到媒体调查能力的局限以及社会对新闻报道快捷性的期待，被告并不必证明相关声明的每个细节都真实无误，只要保证诽谤言论整体上看实质内容真实即可。媒体报道内容的真实程度分为四个级别：完全真实、基本属实、基本内容失实和严重失实。严重失实或基本内容失实主要不是看篇幅、文字的比例等数量要素，失实主要是"质"的概念，即指失实内容足以使人对有关问题的性质产生不正确的贬损性认识这样一类失实。每一个问题都是由具体事实构成的，有的具体事实的出入会影响问题的性质，有的

---

① 岳业鹏.论新闻舆论监督的合法界限——基于名誉侵权抗辩规则的考察[J].新闻大学.2021(03)：16－31＋117－118.

则不会。有关陈述中某些事实的出入并不影响对有关问题性质的认识,这就是轻微的、局部的失实;而如果这种出入使问题的性质发生了变化,那就是严重失实、基本内容失实①。

第二,过程性真实。客观事实是在不断发展变化的,新闻作为对新近发生的事实的报道,新闻真实也是"即时性"与"过程性"的真实。许多新闻事件的报道是不可能一次性完成的。连续报道、系列报道、追踪报道体现的就是新闻从整体上追求真实。换句话说,如果在事件发生的当下,新闻报道不够全面甚至不够准确,但是通过连续报道、补充报道完善了整个事件的全过程,那么这个完整的报道便足以涵盖先前报道的不足。所以我们可以将连续报道作为一个整体,进行真实抗辩。

（二）公正评论

诚实意见抗辩也称公正评论抗辩,这是指评论的事项与公共利益有关,有可靠的事实来源、立场公正,只要反应了一个"理性人"的诚实看法,即便是片面的、偏激的评论,也不应追究法律责任。这是因为法律可以查明事实的有无,但是无权判断意见的是非。事实只有一个,而意见难免众说纷纭。既然是新闻评论,那么总会带有评论者主观标准与好恶。各种意见当中有对有错,如果把不完善的意见等同于侵权,那就无异于取消了发表言论的自由。

因此,公正评论要做到两个区分。一是要把意见和事实区分开来,评论必须要先把事实交待清楚,而且意见要与事实分开表述,这样就不会使公众把意见误解为事实,在意见中不应当夹杂其他事实等,这样可以有效防止侵权问题产生。第二是要把用词激烈与丑化、辱骂区分开来。有些评论虽然不涉及事实问题,但是用词过于偏激,容易引起争议。

（三）特许权

特许权指的是为了公共利益或保护自己的合法权益,公民、法人

---

① 魏永征,周丽娜.新闻传播法教程（第六版）[M].北京:中国人民大学出版社,2019,126.

可以做诽谤性陈述而无须承担法律责任。新闻媒体报道官方文书、报道公共组织及其会议的行为，只要公正、准确，所报道的事项与公共利益有关，同时不具有恶意，就应享有有限的特许权。例如，新闻传播媒体根据国家卫生部发布的疫情通报、根据交管部门提供的交通肇事情况、医疗部门提供的医疗事故数据、人民法院的判决结果等进行的报道，如果这些官方机构的事实和数据来源有差错，新闻传播媒体承担更正的义务，但不对差错的后果承担法律责任。

按照英美诽谤法，特许权分为绝对特许权和有限特许权两种。绝对特许权指的是在一些特定的社会领域，人们可以自由发言而无须承担任何诽谤责任。这主要指的是政府机关的职权行为。比如，议员在议会中的发言、诉讼当事人的当庭陈述、公务员的职务报告等就属于绝对特许权，其言论无论是否存有诽谤，都受到法律的绝对豁免。有限特许权也被称为公正报道特权，指的是记者在报道官方活动信息时，即使原始信息出错，也无须承担法律责任。这主要是为了鼓励新闻媒体对政府活动进行自由和全面的报道，其背后的逻辑是满足公民对政府信息的知情权。

要想获得有限特许权豁免，须同时满足三个条件：第一，信息必须来自官方的记录或程序；第二，新闻报道必须公正、准确地反映公共记录或官方程序中所说的话；第三，新闻报道必须清楚地表明信息的来源。官方记录或程序不仅涵盖各级行政、司法、立法机关的官方活动信息，也包括所有与政府进行沟通的个人或组织的活动信息。如果报道带有恶意、报道不准确或不公正、文章的要旨不正确、或在官方报告之外添加了评论，则不受有限特许权的保护。①

（四）公众人物抗辩

公众人物的概念起源于美国，1964 年《纽约时报》诉沙利文一案中首先确立了"公共官员"的概念。公众人物是指自愿进入公众视野的有一定知名度的人，其对社会意见的形成、社会议题的解决、社会成员的言行等有重大的影响。公众人物的认定可通过以下三个标准

---

① 邵国松.网络传播法导论[M].北京：中国人民大学出版社,2017，151.

来判断:1.为公众所知;2.自愿进入公众视野。所谓公众视野,包括体育、演艺、新闻媒体等以追求公众注意,并能够从公众注意中获得利益的行业都属于公众视野;3.客观上具有社会影响力。公众人物主要包括官员等政治公众人物与社会公众人物,前者更多涉及国家利益、公共利益以及舆论监督问题,后者则因为具有一定知名度而在社会生活中引人注目,涉及公众兴趣问题。

对于公众人物的名誉权、隐私权采取克减原则的原因在于:第一,公众人物的行为涉及公共利益;第二,作为公众人物,既然享受比一般人更多的名望和社会资源,就应受到更多的监督,也应更能容忍监督中出现的瑕疵和轻微的损害;第三,和普通民众相比,公众人物是掌握话语权的强势群体,他们在遭受名誉损毁时,可以站出来进行有力反驳,具有比普通民众更多的自卫能力。我国法律虽未明文规定公众人物概念,但司法实践中已有很多案件适用了该原则。公众人物的核心要素就是公共利益,公共利益可以构成对任何私权进行克减的内在理由,因此公共利益原则实际是公共人物概念背后更深层次的理论支撑①。

【案例 2-3　范志毅诉《东方体育日报》侵犯名誉权案】

2002 年初夏,中国队首次进入世界杯决赛圈,同时传出了范志毅赌球的流言。最早报道此传文的专业媒体是《体坛周报》,2002 年 6 月 14 日,《体坛周报》报道称:"有未经核实的消息透露,6 月 4 日中哥之战,某国脚竟然在赛前通过地下赌博集团买自己的球队输球。"6 月 16 日,《东方体育日报》在头版上刊出导读"中哥站传闻范志毅涉嫌赌球",这篇报道以一个大问号为背景,在小标题"《体坛周报》爆出惊天'内幕'"下面,照录了《体坛周报》报道的全文,点出了传闻主角就是范志毅。

6 月 17 日,《东方体育日报》继续以头版刊出导读"知子莫如父,范九林:我儿子没赌球"。报道了记者两次登门采访范志毅未遇,范

---

① 李颖,马泉福.方是民与崔永元名誉权纠纷上诉案——公众人物网络互骂的侵权认定[E]. https://www.pkulaw.com/pfnl/a25051f3312b07f3bfb52c53def819e3c9d3f58fd9f2c692bdfb.html. 2021-09-10.

志毅的父亲在接受记者采访表示,范志毅绝对不会参与赌球。6 月 19 日,《东方体育日报》再次报道了前一天范志毅在其他媒体公开发表的没有参加赌球的声明。6 月 21 日,《东方体育日报》头版发表导读"真相终于大白,范志毅没有涉嫌赌球"。范志毅认为《东方体育日报》侵犯其名誉权,向上海市静安区人民法院提起诉讼。

法院认为:首先,《东方体育日报》主观上不存在过错,行为上也不违法。2002 年是国足首打进世界杯决赛,范志毅作为著名球星,也是社会公众人物,在此期间关于国足和范志毅的任何消息,都将引起社会公众和媒体的广泛关注。东方体育日报作为新闻单位有义务进行舆论监督,报道事件的真相。《东方体育日报》的报道是以"世界杯"为特定背景,遵循新闻规律,从新闻媒体的社会责任与义务出发,为满足社会大众对公众人物的知情权而采写的监督性报道。范志毅作为公众人物,对媒体在行使正当舆论监督的过程中可能造成的轻微损害应当予以容忍与理解。

其次,《东方体育日报》的报道并未对范志毅名誉造成损害后果。这篇报道是根据传闻做的"求证式"的报道,经过一系列的报道后,最终以《真相大白:范志毅没有涉嫌赌球》为题澄清了传闻,给社会公众以真相,端正了视听。这一系列报道是有机的、连续的、客观地反映了事实全貌,整体上这组报道并未造成范志毅社会评价降低的后果①。

最后上海市静安区人民法院宣判,东方体育日报的新闻报道并未构成对原告名誉权的侵害。这是我国首次在判决书中援引了"公众人物"的概念。这个案件在人格权领域堪称是一个里程碑式的判例,对"公众人物"概念在司法判决中的确立具有重要意义。

三、媒体的更正、道歉和删除义务

针对新闻媒体侵害名誉权的失实报道,《民法典》赋予被报道者

---

① 吴裕华,张君默,胡智明.范志毅诉《东方体育日报》:公众人物与名誉权保护案[E]. https://www.pkulaw.com/pfnl/c05aeed05a57db0ae6272b9f8c8d5e40bda864d50b0f6df4bdfb.html.2021-09-10.

更正、删除请求权。《民法典》第一千零二十八条规定:民事主体有证据证明报刊、网络等媒体报道的内容失实,侵害其名誉权的,有权请求该媒体及时采取更正或者删除等必要措施。这一条文概括了两种媒体的义务:第一,传统媒体的更正、道歉义务。传统媒体在新闻报道和舆论监督中一旦出现失实,最好的办法就是进行更正或者道歉。媒体的更正、道歉得到了被侵权人的谅解,就可以不追究媒体的责任,媒体也就不承担侵权责任。第二,网络媒体的删除、道歉义务①。网络媒体发生侵权后果,也负有删除、道歉的事后注意义务。网络媒体发表的信息构成侵权,履行了删除、道歉义务,可以减轻自己的侵权责任。对于他人利用自己的网络实施侵权行为,在权利人行使通知权要求采取删除等必要措施的,网络媒体如及时删除侵权信息则免除侵权责任。

思考题

1. 侮辱与诽谤的区别是什么? 请举例说明。

2. 名誉权侵权的"四要件"是什么?

3. 名誉权侵权的抗辩事由有哪些?

4. 请举出一个新闻媒体侵犯名誉权的抗辩案例,并分析其抗辩事由和依据。

第三节　网络传播侵害名誉权

一、网络侵害名誉权的特点

随着互联网时代的到来,通过网络传播侵害他人名誉权的内容正成为发案率最高的侵权形式。同传统媒体侵权相比,网络侵权具

---

① 杨立新.《民法典》对媒体行为及责任的规范[J].河南财经政法大学学报.2021,36(02):1-12.

有三个鲜明的特点。

一是侵权渠道的易得性。每个人都可以利用网络渠道发表各种言论,而无须像以前那样必须依赖传统媒体提供发声的平台。没有传统媒体的职业把关人,各种诽谤性言论就会借助网络轻而易举地大肆传播。更糟糕的是,人们在网上发言或使用电邮、微信等网络通信工具的时候,由于没有面对面交流所存在的约束,更容易不假思索地发表不负责的言论,也更容易引发诽谤纠纷。

二是侵权后果的严重性。比起传统媒体,网络传播的速度更快、范围更广。通常情况下,互联网上的侵权言论在几秒钟之内就能传遍世界每一个角落,对于被诽谤者来讲,所受到的伤害自然更为严重。此外,诽谤性内容一旦上网,基本上会保留很长一段时间,甚至是永久留在那里。被诽谤者可以依据相关法律法规要求网络服务提供商将诽谤信息予以删除,但在现实当中,网络服务提供商对此类要求删除的信息常常置之不理,除非面临侵权诉讼的实际风险。

三是侵权责任者的难以界定。在大多数情况下,网络传播是匿名的,使得追究侵权信息发布者的责任变得相当困难。此外,除了言论的发布者,侵权责任者还有可能包括网络服务提供商。网络服务提供商有的提供内容,有的提供链接,有的提供搜索,有的提供服务平台,有的则兼具多项功能。不同的网络服务提供商在什么情况下承担责任,承担什么样的责任,是一个讨论多年仍未达成共识的重要话题。①

二、网络侵害名誉权的主体

网络传播名誉侵权中的直接侵权行为人包括网络用户和网络服务提供者。这里的"直接",是指网络用户和网络服务提供者等主体单独为侵犯名誉权承担责任的情形。

(一)网络用户

互联网时代,人人都可以利用网页、论坛、网吧、博客、微博、微

---

① 邵国松.网络传播法导论[M].北京:中国人民大学出版社,2017,122.

信、搜索引擎等新的传播工具便捷地表达自己对各种事件的看法。而网络表达的随意性、匿名性、扩散快等特点使得网络用户发表评论、分析、推测等又极易引发网络名誉权侵权纠纷。比如,方舟子与崔永元名誉权纠纷案,法院最终判定二人部分微博言论均构成对对方名誉权的侵害,各自应承担停止侵权、赔礼道歉、赔偿损失等法律责任。

（二）网络服务提供者

网络服务提供者不仅包括技术服务提供者,还包括内容服务提供者。所谓技术服务提供者,主要是指提供接入、缓存、信息存储空间、搜索以及链接等服务类型的网络主体,其不直接向网络用户提供信息。所谓内容服务提供者,是指主动向网络用户提供内容的网络主体。其法律地位与出版社相同,应当对所上传内容的真实性与合法性负责,如果提供了侵权信息,如捏造虚假事实诽谤他人,应当承担侵权责任。

网络服务提供商虽然并未直接实施侵犯网络名誉权的行为,但是却为侵权行为的发生提供了条件。因此,网络服务提供者可能会为第三方侵权的责任承担。网络服务提供商存在侵权的,应当根据避风港原则与红旗原则承担相应责任。

三、网络侵害名誉权的独特方式

与传统媒体侵害名誉权的方式相比,网络传播有其独特方式,下面主要介绍两种:网络转载侵权与网络水军侵权。

（一）网络转载侵权

网络转载是数字化时代复制的便捷性带来的媒介现象。一些网站经常依靠"时事新闻不受著作权法保护"和转载约定获得的"权"、转载信息获得的"利"来吸引受众眼球。这种情况下互联网也应该为自己转载的侵害名誉权内容的信息"买单"①。

---

① 曹小娟,慕明春."免责"还是"处罚"——关于网络转载是否承担名誉权侵权责任的思考[J].陕西师范大学学报(哲学社会科学版).2016,45(05):159－169.

　　《最高人民法院关于审理利用信息网络侵害人身权益民事纠纷案件适用法律若干问题的规定（2020 修正）》第七条规定："人民法院认定网络用户或者网络服务提供者转载网络信息行为的过错及其程度，应当综合以下因素：（一）转载主体所承担的与其性质、影响范围相适应的注意义务；（二）所转载信息侵害他人人身权益的明显程度；（三）对所转载信息是否作出实质性修改，是否添加或者修改文章标题，导致其与内容严重不符以及误导公众的可能性。"根据这一条款，转载行为人的类型不同，他们的审核义务也不同。

　　首先，专业媒体对转载内容应承担一定的核实义务。1998 年《最高人民法院关于审理名誉权案件若干问题的解释》第三问规定，"新闻媒介和出版机构转载作品，当事人以转载者侵害其名誉权向人民法院提起诉讼的人民法院应当受理"。2009 年 3 月国家新闻出版总署在《关于采取切实措施制止虚假报道的通知》中也明确提出，"报刊转载新闻报道事先必须核实，确保新闻事实准确无误后方可转载，不得转载未经核实的新闻报道、社会自由来稿和互联网信息"。

　　其次，商业网站和平台用户一般无需核实转载内容，只需承担形式审查义务。商业网站没有新闻采访资质，只能转载规范稿源的新闻报道；而网络传播的基本特征是交互性、海量内容和实时更新。因此要求商业网站和平台用户对转载内容的真实性负责并不合情理，也没有可操作性。另一方面，2014 年《网络侵害人身权司法解释》第十条规定，"法官认定网络用户或者网络服务提供者转载网络信息行为的过错及其程度时，应当综合以下因素：……（三）对所转载信息是否做出实质性修改，是否添加或者修改文章标题，导致其与内容严重不符以及误导公众的可能性"。这条规定实际上确立了网络用户、商业网站转载信息的形式审查义务。

　　网络平台服务商的责任规则不同于一般行为人。由于网络平台上的信息海量、实时更新且大多为用户自行发布，平台服务商不可能事先审核。它们的侵权责任认定按照《侵权责任法》第三十六条第二、三款规定，只在两种情形下承担相应责任：被通知有侵权内容仍然予以转载或拒不采取删除、屏蔽等措施、"知道"侵权内容。《民法典》第一千一百九十五条至一千一百九十七条对此有更详细的规定。总之在新闻报道、舆论监督侵犯名誉权纠纷案件中,应该遵循以上各项规则认定行为人其是否尽到合理核实义务,以平衡各方利益关系。①

（二）网络水军造势

所谓"网络水军",指一些受雇于他人,利用网络平台进行发帖、回帖等造势活动以实现特定目的的人员。随着互联网的迅速发展,由于获利大、操作简单、形式隐蔽,"有偿删帖"这一灰色产业,已形成一个完整的产业链。产业链条上,有负责招揽客源的网络公关,有负责介绍客源的删帖中介,有执行删帖的网站管理员、黑客、版主等。但其实,"有偿删帖"的行为触犯了刑法,构成非法经营罪。

《最高人民法院、最高人民检察院关于办理利用信息网络实施诽谤等刑事案件适用法律若干问题的解释》第七条对此行为进行了规制:"违反国家规定,以营利为目的,通过信息网络有偿提供删除信息服务,或者明知是虚假信息,通过信息网络有偿提供发布信息等服务,扰乱市场秩序,具有下列情形之一的:(一)个人非法经营数额在5万元以上,或者违法所得数额在2万元以上的;(二)单位非法经营数额在15万元以上,或者违法所得数额在5万元以上的,属于非法经营行为情节严重,依照《刑法》第二百二十五条第(四)项的规定,以非法经营罪定罪处罚。"

但是,如果水军行为只是损害个人的名誉,与商业信誉和商品声誉无关,那么网络水军这种行为就并未侵犯市场秩序,也就不构成非法经营罪。②总之,如果组织网络水军,并未对商品、服务作虚假宣传,也没有损害他人商业信誉和商品声誉、侵犯他人知识产权,那就不能以非法经营罪论处。

---

① 李洋.新闻报道、舆论监督行为人的"合理核实义务"研究——基于《民法典》第1025条和1026条的释读[J].新闻记者.2020(08):78-86.

② 罗翔.网络水军与名誉权的刑法保护[J].社会科学辑刊.2019(04):121-131+217.

四、处理网络侵权的基本原则

(一)避风港原则

避风港原则是指在发生网络侵权事件时,网络服务提供者在接到权利人的合法通知后,及时依法采取必要措施的,无需承担侵权责任。《侵权责任法》第三十六条第二款所包含的"通知规则"被认为为网络服务提供者免受侵权责任风暴的"避风港",因此这一条款被业界称为"避风港原则"。

《民法典》侵权责任编第一千一百九十五条对原有《侵权责任法》第三十六条的"通知与取下"制度进行了完善:"网络用户利用网络服务实施侵权行为的,权利人有权通知网络服务提供者采取删除、屏蔽、断开链接等必要措施。通知应当包括构成侵权的初步证据及权利人的真实身份信息。网络服务提供者接到通知后,应当及时将该通知转送相关网络用户,并根据构成侵权的初步证据和服务类型采取必要措施;未及时采取必要措施的,对损害的扩大部分与该网络用户承担连带责任。权利人因错误通知造成网络用户或者网络服务提供者损害的,应当承担侵权责任。法律另有规定的,依照其规定。"

网络用户利用他人的网络服务实施侵权行为的,原则上网络服务提供者不承担责任,因其无法承担海量信息的审查义务。解决这种侵权纠纷的方法是"通知与取下"制度,即认为自己权益受到损害的权利人,有权通知网络服务提供者,对网络用户在该网站上发布的信息采取删除、屏蔽、断开链接等必要措施,消除侵权信息及其影响。"通知与取下"制度主要是为了有条件地豁免网络服务提供者对网络用户的直接侵权行为所应承担的间接侵权责任。

受害人通知的主要内容应当包括构成侵权的初步证据及权利人的真实身份信息,没有这些必要内容的通知无效。网络服务提供者接到权利人的通知后,应当实施两个行为:一是及时将该通知转送相关网络用户;二是根据构成侵权的初步证据和服务类型等实际情况需要,对侵权信息及时采取删除、屏蔽或者断开链接等必要措施。网络服务提供者履行了上述两项义务的,不承担侵权责任。网络服务提供者未及时采取必要措施的,构成侵权责任,要对损害的扩大部分与该网络用户承担部分连带责任。

网络侵权避风港规则的法律关系中,存在两个权利:一是通知权,二是反通知权。通知权是"权利人"享有的权利。通知权产生于网络用户在他人即网络服务提供者的网络上实施了有可能侵害权利人民事权益的侵权行为,只要权利人有初步证据证明,就可以行使该通知权。对该侵权事实的证明,并非要求按诉讼证明所要达到的证明标准,而是只要证明到有可能侵害权利人的民事权益即可,证明达到的标准为一般可能性。反通知权是网络用户享有的权利。反通知权产生于权利人主张其行为侵权,对网络服务提供者行使通知权,要求对其发布的信息采取必要措施,且网络服务提供者已经对其发布的信息采取了必要措施的事实。当网络服务提供者对其转送因权利人行使通知权而对其发布的信息采取必要措施的通知到达网络用户之时起,网络用户认为其行为不构成侵权后,即产生反通知权,可以行使该反通知权,保护自己的表达自由的权利,以及发布信息的权利。

通知权人是"权利人",反通知权的权利人是网络用户。在通知权人和反通知权人的相互之间,虽然是侵权的法律关系,但是他们之间在避风港规则中却没有任何权利义务关系,不发生直接关系。这是因为,通知权和反通知权的权利都是针对网络媒介平台上的侵权信息,而对侵权信息的控制权由网络服务提供者享有,而不是对方当事人。因而,通知权和反通知权争议的焦点并不在于是否构成侵权责任并承担侵权责任,而在于在网络服务提供者提供的网络上网络用户发布的信息是否应当继续存在。①

（二）红旗原则

"避风港规则"常常被诟病是网络服务提供商逃避责任的安全港,由此,"避风港原则"的例外适用——"红旗原则"应运而生。红旗原则是指如果侵犯信息网络传播权的事实是显而易见的,就像是红

---

① 杨立新.网络服务提供者在网络侵权避风港规则中的地位和义务[J].福建师范大学学报(哲学社会科学版).2020(05):139－147＋172.

旗一样飘扬,网络服务商却视而不见,不采取删除、屏蔽或者断开链接的必要措施,其行为相当于用自己的网络为侵权行为提供帮助,构成共同侵权行为中的帮助行为,应当与网络用户一起承担连带责任①。在实际适用中,法院会优先考虑是否适用红旗原则,如果适用红旗原则,就不再考虑适用避风港原则。

"红旗原则"要求网络服务提供者尽到合理的注意义务,不能对非常明显的侵权内容或链接采取不闻不问的态度。否则,就应认定主观上具有过错,不再享受"避风港原则"所谓"通知加删除"免责条款的庇护,而须对用户或者第三方的直接侵权承担共同侵权责任。

"红旗原则"的法律依据是《民法典》第一千一百九十七条的"知道规则",即"网络服务提供者知道或者应当知道网络用户利用其网络服务侵害他人民事权益,未采取必要措施的,与该网络用户承担连带责任"。相比《侵权责任法》第三十六条第 3 款,《民法典》"侵权责任编"第一千一百九十七条规定"网络服务提供者知道或者应当知道网络用户利用其网络服务侵害他人民事权益,未采取必要措施的,与该网络用户承担连带责任",将适用红旗原则的主观要件从"知道"扩展为"知道或者应当知道"。这样的修订,可以为权利人的救济提供更为广阔的空间,增加了司法操作的便利性,同时也要求网络服务提供者主动承担责任,不能视而不见,也不能静观事变,否则就属于放任结果的间接故意,需要承担连带责任②。

思考题

1. 网络侵害名誉权的特点是什么? 这些特点受哪些因素影响而来?

2. 什么是避风港原则? 什么是红旗原则?

3. 请举出一个网络侵害名誉权案例,并分析各主体在其中扮演了怎样的角色,应承担怎样的责任。

① 杨立新.民法典侵权责任编草案规定的网络侵权责任规则检视[J].法学论坛.2019,34(03):89-100.

② 蔡斐.《民法典》对新闻传播活动的影响[J].青年记者.2020(19):75-77.

第四节 新媒体环境下名誉权侵权案例分析

一、徐大雯诉宋祖德等人侵害谢晋名誉案

2008年10月18日,著名导演谢晋因心源性猝死,逝世于酒店客房内。2008年10月至12月,宋祖德在其开设的新浪网博客、搜狐博客、腾讯网博客发布了《千万别学谢晋这样死!》《谢晋和刘某某在海外有个重度脑瘫的私生子谢某某!》等多篇文章,称谢晋因性猝死而亡、谢晋与刘某某在海外育有一个重度脑瘫的私生子等内容。随后,刘信达也在搜狐网博客、网易网博客上传了《刘信达愿出庭作证谢晋嫖妓死,不良网站何故黑箱操作撤博文?》等文章,称谢晋事件是其亲眼目睹、其亲自到海外见到了"谢晋的私生子"等内容。齐鲁电视台、新京报社等通过电话采访了宋祖德,宋祖德称其所写文章有确凿证据,齐鲁电视台及各报社纷纷报道。谢晋导演遗孀81岁的徐大雯女士,以宋祖德、刘信达侵害谢晋名誉为由起诉,请求停止侵害、撤销博客文章、在相关媒体上公开赔礼道歉并赔偿经济损失10万元和精神损害抚慰金40万元。①

(一)名誉权侵权的判定

名誉权侵权,包括四个构成要件。第一,行为具有贬损他人名誉的性质;第二,行为指向特定的受害人;第三,造成受害人的精神损害;第四,行为人存在主观过错。本案中,宋祖德与刘信达文章中所写的"因性猝死、嫖妓、私生子"等内容均系捏造,属诽谤性文章,实施了侵犯谢晋名誉权的行为,且文章指名道姓,直接指向谢晋,使谢晋名誉遭到不法侵害。诽谤文章在谢晋逝世的次日即公开发表,在此后报刊等媒体的求证过程中继续诋毁谢晋名誉,主观过错明显,使谢晋遗孀徐大雯身心遭受重大打击,造成损害事实。法院判决宋祖德、

---

① 参见上海市静安区人民法院民事判决书,(2009)静民一(民)初字第779号.

刘信达承担民事侵权责任,包括停止侵害、连续十天在多家媒体报醒目位置刊登公开赔礼道歉的声明,消除影响;并赔偿徐大雯经济损失8万9千余元、精神损害抚慰金20万元等。

(二)死者名誉保护

《民法典》人格权编专门规定了死者人格利益保护规则,自然人死亡后,其人格尊严仍然应当受到保护,他人不得随意侵害。《民法典》第九百九十四条规定:"死者的姓名、肖像、名誉、荣誉、隐私、遗体等受到侵害的,其配偶、子女、父母有权依法请求行为人承担民事责任;死者没有配偶、子女且父母已经死亡的,其他近亲属有权依法请求行为人承担民事责任。"

自然人死亡后,其一部分的民事权利,特别是财产权利和某些人身权利,因为继承或者法律关系终止而转移或消灭,因此不再受法律保护。但是,自然人的具体人格权,包括名誉权、荣誉权、姓名权、肖像权、隐私权等,以及知识产权中的人身权益,死后仍然受到法律的保护。

本案是一起侵害死者名誉的案件,谢晋死后,宋祖德与刘信达上传诽谤文章,继而又向求证媒体继续散布诽谤言论,导致谢晋的名誉严重受损,谢晋配偶徐大雯提起诉讼,这是对逝者谢晋名誉的保护。

二、方舟子与崔永元名誉权纠纷上诉案

2013年,作家方舟子与央视节目主持人崔永元由"转基因食品能不能吃"开始争论,后来上升到质疑对方的语言逻辑问题、有无资格科普问题等。不久双方的辩论升级成互骂,且愈演愈烈。2014年1月21日,方舟子起诉崔永元侵犯名誉权,认为其发表的言论侵犯了自己的名誉权;崔永元随后提起反诉。双方均称对方发布的微博构成侮辱、诽谤,自己发布的微博内容属实、评论适当,要求对方停止侵权、公开赔礼道歉,并赔偿一定数额的精神损害抚慰金和诉讼合理支出。①

---

① 参见北京市第一中级人民法院民事判决书,(2015)一中民终字第07485号.

（一）名誉权侵权的判定

《民法典》第一千零二十四条规定："民事主体享有名誉权。任何组织或者个人不得以侮辱、诽谤等方式侵害他人的名誉权。"《民法典》第一千零二十五条规定："行为人为公共利益实施新闻报道、舆论监督等行为，影响他人名誉的，不承担民事责任，但是有下列情形之一的除外：（一）捏造、歪曲事实；（二）对他人提供的严重失实内容未尽到合理核实义务；（三）使用侮辱性言辞等贬损他人名誉。"名誉侵权一般包括侮辱、诽谤两种情形。侮辱是指用语言或行为损害、丑化、贬低他人人格，其侧重于对人格尊严的贬低和毁损，表现为以语言或行为丑化、贬低他人的人格尊严。诽谤是指捏造并散布某些虚假事实来破坏他人名誉，如毫无根据、捕风捉影地捏造事实，并四处张扬，使他人精神受到很大痛苦的行为。就二者的区别而言，诽谤是无中生有，捏造事实，而侮辱则是以下流、粗鄙的语句或图像施加于特定人，一般不涉及事实问题。

本案中，崔永元称方舟子"公开无耻，天生下流""流氓肘子""人渣"，方舟子称崔永元为"疯狗""主持人僵尸"，这些词语带有明显的侮辱性。此外，两人部分言论也缺乏事实依据。崔永元称方舟子"坑蒙拐骗都干过""网络流氓暴力集团的头目"等，方舟子称崔永元"纪录片中的采访对象是个职业托儿""获得美国影视大奖是一笔德艺双馨的好交易"等，这些言论均无事实依据，属于诽谤。

最终，法院认为，双方的微博论战经历了从正常讨论社会议题向恶意人身攻击的性质转变，方舟子、崔永元均有借机诽谤、侮辱对方的主观恶意，均构成侵权名誉权。法院判令双方各自删除侵权微博，在《新华每日电讯》、腾讯微博网站首页向对方公开赔礼道歉，并赔偿对方总数相同的精神损害抚慰金及诉讼合理支出。

（二）公正评论的抗辩原则

由于公共议题的讨论事关公共利益，对公共议题的自由讨论具有重要意义，如可以促进真理追求、促进参与民主政治、关涉人们的知情权等，因而在名誉权侵权这一法律领域中，"符合公共利益目的地负责任发表"，也即"公正评论"是一个有力的抗辩事由。这一抗辩事由是指,如果行为人发表的相关内容符合公共利益目的,且发表言论时是审慎的、负责任的,那么就成为言论构成名誉权侵权的抗辩事由,可以此来抗辩以免除或减轻名誉权侵权责任。其中的公共利益是指发言内容关系到不特定的多数人利益,且以维护不特定多数人的利益为目的。

但是,由公共议题而引发的攻击如侮辱、诽谤,不仅不具有任何价值,反而会对他人权益、社会利益造成伤害。因此,由公共议题引发的恶意人身攻击不能受到言论自由的保护①。

本案中,双方在转基因食品安全问题上各自提出对对方观点的质疑,属于学术自由以及对涉及公共利益的议题的讨论范畴。双方在转基因等科学问题上"传谣""造谣"之类的言论,虽个别用语令人不快,这仍属于法律上要求的对当事人保持适当宽容度的言论,不构成侵权。但是,借公共议题的名义侮辱、诽谤对方的行为,均已经脱离了基于公共利益进行质疑、驳斥不同观点的范畴,构成侵权。

(三)公众人物名誉权保护克减原则

公众人物是指自愿进入公众视野的有一定知名度的人,其对社会意见的形成、社会议题的解决、社会成员的言行等有重大的影响。公众人物主要包括官员等政治公众人物与社会公众人物(如文体明星、文学家、科学家、知名学者等知名人士)。前者更多涉及国家利益、公共利益以及舆论监督问题,后者则因为具有一定知名度而在社会生活中引人注目,涉及公众兴趣问题。公众人物的认定可通过以下三个标准来判断:第一,为公众所知。第二,自愿进入公众视野。所谓公众视野,包括体育、演艺、新闻媒体等以追求公众注意,并能够从公众注意中获得利益的行业都属于公众视野。第三,客观上具有社会影响力。按照以上标准分析,方舟子、崔永元都属于公众人物的范畴。

相比一般人而言,公众人物的人格权保护是受到一定限制的。

---

① 李颖,马泉福.方是民与崔永元名誉权纠纷上诉案——公众人物网络互骂的侵权认定[E]. https://www.pkulaw.com/pfnl/a25051f3312b07f3bfb52c53def819e3c9d3f58fd9f2c692bdfb.html. 2021-09-10.

一般认为，作为公众人物，既然享受比一般人更多的名望和社会资源，就应受到更多的监督，也应更能容忍监督中出现的瑕疵和轻微的损害。公众人物的核心要素就是公共利益，公共利益可以构成对任何私权进行克减的内在理由，因此公共利益原则实际是公共人物概念背后更深层次的理论支撑。我国法律虽未明文规定公众人物概念，但司法实践中已有很多案件适用了该原则。

本案中，崔永元使用"骂战"等用语、方舟子使用"骂街"等用语，虽然对对方的社会评价有一定不利影响，但情节轻微，尚未达到侮辱、诽谤的严重程度，双方作为公众人物应当适度容忍，对这部分言论，法院未认定为侵权。法院还认为，鉴于崔永元基金的公益属性，崔永元应当接受公众监督，对他人对其基金运作的合理质疑负有更多的容忍义务。崔永元参加某有机乳品新闻发布会，并不表明其确实进行乳品代言，但公众人物既然参加商业活动，就应容忍他人由此产生的合理质疑。

三、哔哩哔哩侵犯蔡徐坤名誉权等纠纷案

2019 年 1 月，NBA 官方微博宣布中国明星蔡徐坤成为首位新春贺岁形象大使，引发了一些中国 NBA 球迷的不满。有球迷找出蔡徐坤在 2017 年末录制的《偶像练习生》自我介绍视频中展示出的几个运球片段，并以此质疑蔡徐坤的球技。随后，网友以此视频为素材进行了以调侃或恶搞为主的二次创作，这些二次创作的视频大多被发表在哔哩哔哩视频网站。同年 4 月，蔡徐坤委托律师事务所向哔哩哔哩的注册公司发送律师告知函。律师函指出，哔哩哔哩存在大量对蔡徐坤表演视频进行恶意剪辑的鬼畜视频，涉嫌故意诽谤以及滥用肖像，已严重侵犯蔡徐坤的合法权益。律师函明确表达蔡徐坤方的诉求是要求 B 站立即删除相关内容、断开相关链接。随后，蔡徐坤工作室转发了这封律师函。

当晚哔哩哔哩官方微博回应"相信法律自有公断"，并附上《人民日报》2002 年的文章《从范志毅败诉，看舆论监督中"公众人物"的名誉权问题》，其中提到"公众人物为了社会公众的利益应该牺牲一定

的个人隐私,忍受可能发生的轻微名誉损害"。显然,哔哩哔哩认为蔡徐坤作为公众人物,其名誉权应有限制。

（一）公众人物的容忍义务

公众人物的概念在前文已经详述,此处具体谈谈公众人物的容忍义务。容忍义务是指权利人对某些行为本可以依据相应的权利提出反对或异议,但是由于其特殊身份或者基于某种特殊情况其负有不提出反对或者异议的义务。具体到公众人物的容忍义务,最初是指新闻媒体在报道与公众人物有关的公共事件时,该公众人物负有容忍该报道可能对其名誉或者隐私的轻微损害。公众人物容忍义务的提出,是公众利益和私人利益的平衡,主要是为了保护公众的知情权和新闻媒体的舆论监督权,适当地对公众人物的隐私权和名誉权做了限制。这种忍受义务的实质,是将享有一定知名度的公众人物与普通的社会大众区别开来,要求公众人物为了公共利益承担更大的社会责任,接受更严格的社会监督。

我国司法实践中的公众人物的容忍义务,正是通过哔哩哔哩所援引的"范志毅与《东方体育日报》名誉纠纷案"确立的。它指出了法律在对待公众人物的名誉权保护方面特殊规则的核心精神,即在涉及公共事务和公共利益时,与这些内容相关的公众人物的名誉权应当被特殊对待,公众人物比一般公民更有义务忍受轻微伤害。[1]但公众人物的容忍义务并不意味着公众所有侵犯公众人格权的行为都不应追究,法律既要兼顾大众的监督权、言论自由权也要兼顾公众人物的人格权。一般而言,对公众人物的言论以不损害人格尊严为底限。

本案中,哔哩哔哩内容当中针对特定受害人蔡徐坤使用了许多侮辱性词汇以及血腥暴力等言论实际上也已经超出了公众人物能够容忍的范围,这种故意用语言、文字、画面贬损蔡徐坤人格的行为,实际上已经对蔡徐坤造成名誉权损害。哔哩哔哩显然是希望通过公众人物名誉权克减原则对律师函进行回击,虽然二者同为公众人物,但是蔡徐坤恶搞视频与《东方体育日报》对范志毅的报道性质并不相同。

---

[1]　参见上海市静安区人民法院,范志毅诉文汇新民联合报业集团名誉权纠纷案.

从名誉权侵权的构成要件来分析此案,首先,行为人实施了侵权行为,哔哩哔哩网站不少视频已经超越调侃娱乐的界限,确含对蔡徐坤本人进行侮辱性创作乃至人身攻击的内容;其次,行为指向特定的受害人,哔哩哔哩视频中有关蔡徐坤的视频内容内含大量蔡徐坤本人的图像、画面,确属指名道姓;再者,损害事实的存在,大量对蔡徐坤的恶意剪辑在哔哩哔哩公开发表并广泛传播,对蔡徐坤本人造成一定的名誉损害和精神损害;最后,哔哩哔哩视频呈现出创作者的主观意图,恶搞也是出于创作者本身的主观意愿,并无过失侵权情形的存在,确属行为人的主观过错。综上,哔哩哔哩上发布的视频存在着对蔡徐坤名誉权侵权的行为。

(二)避风港原则

避风港原则是指在发生网络侵权事件时,网络服务提供者在接到权利人的合法通知后,及时依法采取必要措施的,无需承担侵权责任。《侵权责任法》第三十六条第二款所包含的"通知规则"被认为为网络服务提供者免受侵权责任风暴的"避风港",因此这一条款被业界称为"避风港原则"。

2021年施行的《民法典》侵权责任编第一千一百九十五条对原有《侵权责任法》第三十六条的"通知与取下"制度进行了完善:"网络用户利用网络服务实施侵权行为的,权利人有权通知网络服务提供者采取删除、屏蔽、断开链接等必要措施。通知应当包括构成侵权的初步证据及权利人的真实身份信息。网络服务提供者接到通知后,应当及时将该通知转送相关网络用户,并根据构成侵权的初步证据和服务类型采取必要措施;未及时采取必要措施的,对损害的扩大部分与该网络用户承担连带责任。权利人因错误通知造成网络用户或者网络服务提供者损害的,应当承担侵权责任。法律另有规定的,依照其规定。"

本案中,蔡徐坤经纪公司发布律师函正是在向作为网络服务提供者的哔哩哔哩视频网站进行通知,督促其整改、下架相关视频。哔哩哔哩视频网站作为网络服务提供者,应当遵循"避风港原则",在接到蔡徐坤经纪公司律师函后,对于其平台上创作者发布的侵权内容及时删除,但哔哩哔哩并未删除视频。

四、霍元甲家属诉北京电影制片厂侵犯名誉权案

2006 年,电影《霍元甲》上映,影片中的霍元甲生性好斗,成人后为争"津门第一"而乱收酒肉徒弟,甚至滥杀无辜,因为其滥杀无辜、致人非命的行为,招致老母、独女被仇人残忍杀害。2006 年 3 月,霍元甲的孙子霍寿金向北京市第一中级人民法院起诉称,电影《霍元甲》侵犯了原告祖父霍元甲的名誉。霍寿金认为电影中霍元甲的形象已经被塑造成了一名无父、无母、无妻、无子、无女的落魄流浪汉,与以往人们印象中的民族英雄形象相差甚远,请求判令被告停止影片《霍元甲》的各种发行放映行为,消除影响、恢复名誉,公开赔礼道歉。①

这个案件涉及到文学作品、影视作品中,一些真人真事改编的纪实类作品侵犯名誉权的问题。《民法典》第一千零二十七条对这类侵权有专门规定:"行为人发表的文学、艺术作品以真人真事或者特定人为描述对象,含有侮辱、诽谤内容,侵害他人名誉权的,受害人有权依法请求该行为人承担民事责任。行为人发表的文学、艺术作品不以特定人为描述对象,仅其中的情节与特定人的情况相似的,不承担民事责任。"

《民法典》将文学艺术作品侵害名誉权的情形分为了两种:第一种是行为人发表的文学、艺术作品以真人真事或者特定人为描述对象的情形。这主要是针对依赖于原型人物和现有事实创作出来的纪实类作品。由于这类作品是以真人真事或者特定人为描述对象,所以只要作品的描述以事实为基础,原则上不会构成名誉权侵权。但是,若行为人发表的文学、艺术作品虽以真人真事或者特定人为描述对象,使用的也是被描述对象的真实姓名、真实地址,却以谣言或捏造的事实为基础,对被描述对象进行侮辱、诽谤,从而造成其社会评价降低的,作者也应当依法承担民事责任。这里需要强调的是,行为

① 参见北京市高级人民法院民事判决书,(2007)高民终级字第 309 号.

人发表的文学、艺术作品虽以真人真事或者特定人为描述对象,但作者并未向第三人公开该作品的情形下,由于该作品无法为第三人所知悉,所以即使该作品含有侮辱、诽谤内容,也不会降低被描述对象的社会评价,自然也不会损害其名誉权。

第二种是行为人发表的文学、艺术作品不以特定人为描述对象的情形。这主要是针对作者创作的以想象虚构为主的小说等文学艺术类作品。由于这类作品是以想象虚构的内容为基础创作的,没有使用真实姓名,并不是以特定人为描述对象,所以就很难对某人的名誉权造成侵害,即使是该作品中的情节与某特定人的情况相似的,也不构成侵害名誉权。也就是说,行为人发表的文学、艺术作品不以特定人为描述对象,仅是其中的情节与某人相似的情况下,不宜对号入座,不构成名誉权侵害。

本案中,电影《霍元甲》系取材于真实历史人物的故事片,属于第一种情形。所谓故事片,是"综合了文学、舞蹈、音乐、戏剧等各种艺术形式,以表现和虚构为基础的,通过演员表演来完成的一种影视片类型",它的主要特点是虚构性、表演性。故事片可以取材于真实的历史人物,但在故事情节、事件安排等方面则以虚构为基础,追求"艺术的真实"而不是"历史的真实"。因此,单纯地以历史中"真实的霍元甲"为标准去评价艺术化了的人物形象,显然不符合故事片的创作规律。

电影《霍元甲》以真实历史人物霍元甲为主角,影片中的某些细节描写虽与历史不尽相符,但艺术创作是"源于生活而高于生活"的,对历史人物的艺术塑造容许在一定的程度上和范围内进行虚构与夸张,要求艺术化了的历史人物等同历史真实人物并不客观。此外,影片的基调情节仍为褒扬霍元甲的爱国精神及表现中华武术的深刻内涵。综上,法院认为影片《霍元甲》虽有夸张与虚构之处,但片中并未对这一特定历史人物有侮辱、诽谤之描写,其夸张与虚构内容仍在可容忍的范围之内,故该片并未对霍元甲的名誉构成侵犯。据此,法院驳回霍寿金的诉讼请求。[①]

---

① 参见北京市高级人民法院民事判决书,(2007)高民终级字第 309 号.

思考题

1.公正评论的抗辩原则的边界在哪里？如何做到公正评论？

2.文学艺术作品侵害名誉权的情形有哪些？

3.如何认定艺术创作是否造成了名誉权侵害行为？

4.除以上案例外，请举出一例新媒体环境下的名誉权侵权案例，并进行分析。

第三章　新闻传播与隐私权

第一节　隐私权的基本知识

一、隐私和隐私权的概念

隐私是自然人的私人生活安宁和不愿为他人知晓的私密空间、私密活动、私密信息[①]。隐私的定义包括两个必要条件：一是"私"，即与社会公共生活无关的私人生活、私密空间、私密活动、私密信息；如果与社会公共生活有关，或有损于社会公共生活的，即便完全是个人行为也不是隐私，比如，秘密进行的犯罪行为就不是隐私。二是"隐"，强调不愿为他人知晓或受他人干扰；如果本人自愿公开信息或接受他人干预，那么原来的隐私就转化为非隐私，比如，"自愿型公众人物"主动公开的信息也就不再是隐私了。

隐私权是自然人享有的人格权，是指自然人对享有的私人生活安宁和不愿为他人知晓的私密空间、私密活动和私密信息等私生活安全利益自主进行支配和控制，不得他人侵扰的具体人格权[②]。《民法典》"人格权编"第一千零三十二条规定：自然人享有隐私权。任何组织或者个人不得以刺探、侵扰、泄露、公开等方式侵害他人的隐私权。

隐私权包括两方面含义：一是公民对于自己与社会公共生活无关的私人事项和个人信息，有权要求他人不打听、不搜集、不传播，也

---

①②　中华人民共和国民法典(实用版)[M].北京：中国法制出版社，2020，559.

有权要求新闻媒介不报道、不评论以及不非法获取。二是公民对于自己与社会公共生活无关的私生活,有权要求他人不得任意干扰,包括自己的身体不受搜查,自己的住宅和其他私生活区域不受侵入、窥探,个人信息不受非法窃取、利用、歪曲等。即使负有特殊职务的国家机关如公安、检察、审判机关也必须具有合法的理由、依照法定的程序方可介入、调查公民的隐私,如依法监视、搜查、获取证词等;但掌握他人隐私者仍有守密的义务。所以从消极方面说,公民有权要求一切人不得打听、搜集、获取、传播自己的隐私和干扰自己的隐私领域,从积极方面说,则有权要求知情者,包括因职务需要而知悉自己隐私的人不透露、不公开、不传播自己的隐私①。

隐私权的权利主体只能是自然人。根据《民法典》第九百九十四条规定,死者隐私也受法律保护。死者的隐私受到侵害的,其配偶、子女、父母有权依法请求行为人承担民事责任;死者没有配偶、子女且父母已经死亡的,其他近亲属有权依法请求行为人承担民事责任。

二、隐私的分类

《民法典》对隐私的概念做出了清晰界定,总体而言,法律对自然人隐私采取从宽保护原则。具体来说,包括以下三个方面:

首先,自然人享有私人生活安宁权。自然人的私人生活安宁权,一直作为一个法学概念存在于民法理论的研究和讨论中,由于长期处在"无法可依"的状态,该权利长期得不到法律的有效保护。私人生活安宁是自然人的一项特殊隐私权,比如中午午休,突然楼上发出了震耳欲聋的装修噪音,以前遇到上述情形,个人只能寻求物业服务机构帮助解决,或登门制止,没有更好的办法。《民法典》正式将自然人的"私人生活安宁权"纳入隐私权的范畴,如果再遇到上述被侵扰的情况,对方就对私人生活安宁权构成了侵害。如果邻

---

①　魏永征,周丽娜.新闻传播法教程(第六版)[M].北京:中国人民大学出版社,2018,156.

居不接受要求且继续侵扰,个人可以选择报警,并视情节依法要求相应的损失赔偿①。

其次,自然人的"私事"严禁他人干扰。"不愿意为他人知道或他人不便知道的私密空间、私密活动和私密信息",这是《民法典》自然人隐私权的核心内容,其中私密空间、私密活动和私密信息("三私")的核心是"不公开性"和"私密性"。一是自然人的隐私是与公共利益相对的一种私权,与公共利益和他人利益无关;二是自然人的隐私是自然人不愿意为他人知道或他人不便知道的。

其中,"私密空间"除了物理空间,如个人的住所、宾馆临时居住的房间等,还包括个人日记及网络虚拟空间,如个人电子邮箱、个人云空间等。腾讯公司就在因拒绝法院调取个人微信聊天记录一事接受媒体采访时表示:公民通信自由和通信秘密是宪法赋予公民的一项基本权利,对该权利的限制仅限于宪法明文规定的特殊情形,即因国家安全或者追查刑事犯罪的需要,由公安机关、国家安全机关、检察机关依照法律规定的程序对通信进行检查;个人点对点的微信聊天记录清楚地反映了一个人的交流对象和内容,涉及大量个人隐私和秘密,是宪法确立的通信内容的重要组成部分,应属于宪法保护的通信秘密范畴。尽管依照《中华人民共和国民事诉讼法》的规定,人民法院有权调查取证,但其前提条件是必须符合宪法的上述规定,不得侵犯公民的基本权利,不得与宪法的精神相悖。

依据《民法典》规定,本书将隐私的范畴分为以下三类②:

第一,私密信息。私密信息指的是有关个人的一切信息资料,比如身高、体重、基因、电话号码、家庭地址、健康状况、财产状况、宗教信仰、档案材料等。这些隐私无论是否具有商业价值,非经本人同意,他人均不得非法收集和披露。比如,在某案例中,被告媒体未经原告(某明星)许可,擅自在报纸上刊登原告的家庭地址。即便原告属于公众人物,其家庭地址也属于纯粹的私密信息,应受到隐私权保

① 王春晖.《民法典》自然人"隐私权"的内涵与保护[J].中国电信业.2020(09):66-69.
② 魏永征,周丽娜.新闻传播法教程(第六版)[M].北京:中国人民大学出版社,2018,157.

护。私密信息是一种相对静态的隐私，其载体可能是文字，也可能是音频、视频和计算机数据。私密信息有时处于本人的控制之下，有时则处于公共或私营机构的控制之下，但无论处于何种情形，都应得到同样的保护。还有一些特殊信息，如未成年人或成人未成年时的罪错记录，犯罪（特别是性犯罪）受害人的受害记录等，也属于隐私的范畴。

第二，私密活动。私密活动属于一种动态的隐私，比如社会交往、夫妻性生活、婚外恋、同性恋、个人在工作之余的休闲活动、个人的通信活动等。这些私密活动只要与公共利益无关，他人就不得非法干扰、刺探或泄露，否则就构成对隐私权的侵犯。比如，有两位女同事由于工作问题产生矛盾，为了打击对方，同事甲就将同事乙在恋爱期间出轨怀孕的事情向其他人大肆宣扬，对后者造成了很大的精神伤害。在此种情况下，甲宣扬乙的私人活动，构成侵害隐私权，应当承担民事责任。私密活动的一项重要内容是个人的通信活动。我国《宪法》明确规定，公民的通信自由和通信秘密受到法律保护。现代社会随着信息技术的发展，采取各种非法手段窃听他人电话的情形越来越多，有效保障个人通信活动不受侵犯，已成为隐私权制度的重要组成部分。

第三，私密空间。私密空间也可看作私人领域，其中最典型的莫过于私人住宅。法国谚语云："住宅是个人的城堡。"英国首相老威廉·皮特1763年发表演说宣称："风能进，雨能进，但国王不能进（民宅）。"无论是美国的宪法还是我国的宪法，都明确规定，公民的住宅不得非法侵入。因此，在个人所拥有的种种隐私权中，住宅一直占据着最主要的位置。在西方国家，住宅神圣不可侵入已成为常识，但在我国实践中，曾经出现过警察进入公民住宅搜查"黄碟"的事件，这实际上是对隐私权的严重侵犯。除了私人住宅，私密空间还应该包括在公共场所中人们具有合理的隐私期望（reasonable expectation of privacy）的场合①，比如酒店卧室、医院病房等在一定时限内归个人

---

① 　魏永征，周丽娜.新闻传播法教程（第六版）[M].北京：中国人民大学出版社，2018，157.

专门使用的生活场所,以及身体的隐秘部位、个人的邮箱、学生的书包、旅客的行李等个人合法支配的物理及虚拟空间。

【案例 3-1　延安黄碟案引发的隐私侵权纠纷】

2002 年 8 月 18 日晚 11 时许,延安市宝塔公安分局万花派出所民警称接群众举报,新婚夫妻张某夫妇在位于宝塔区万花山乡的一家诊所中播放黄碟。三名民警以看病为由敲门,张某父亲开门后,民警直奔张某夫妻住屋,试图扣押收缴黄碟和 VCD 机、电视机。张某阻挡,双方发生争执,张某将警察的手打伤,警察随即将其制服,并将张某带回派出所留置,同时扣押收缴了黄碟、VCD 机和电视机。第二天,在家人向派出所交了 1000 元暂扣款后张某被放回。

10 月 21 日,即事发两个月以后,宝塔公安分局以涉嫌"妨碍公务"为由刑事拘留了张某。10 月 28 日,警方向检察机关提请逮捕张某;11 月 4 日,检察院以事实不清、证据不足为由退回补充侦查;11月 5 日,张某被取保候审;11 月 6 日,张某在医院被诊断为:"多处软组织挫伤(头、颈、两肩、胸壁、双膝),并伴有精神障碍";12 月 5 日,宝塔公安分局决定撤销此案;12 月 31 日,张某夫妇及其律师与宝塔公安分局达成补偿协议,协议规定:宝塔公安分局一次性补偿张某29137 元;宝塔公安分局有关领导向张某夫妇赔礼道歉;处分有关责任人。

"隐私"不仅包括人们通常理解的私人信息,而且包括私人活动和私人空间,这些私人信息、私人活动及私人空间通常与公共利益及社会公德无关。对隐私权的保护包括对私人活动和私人空间的保护,这种保护包括不受公权力的侵犯和干预。延安黄碟案中张某夫妻是在家里这一私人空间内从事仅限于夫妻之间的私人活动,其实并不涉及任何公共利益及公共道德问题。

三、隐私权的性质

(一)隐私权是独立人格权

人格权是一个内容比较丰富的概念。在世界范围来看,对隐私权进行法律保护,其目的主要在于维护个人尊严和精神利益,因此隐私权常被归入人格权①。1986 年《民法通则》规定，姓名权、肖像权、名誉权、荣誉权、生命健康权都属于人格权的保护范畴。然而在制定《民法通则》的时候，由于立法者对隐私权还没有充分认识，在列举各项人格权的时候，没有把隐私权包含进去，这是立法上的一个疏漏。

在《民法通则》颁布实施以后的不长时间内，人们就认识到这个问题，并在司法层面上采取了补救措施。1988 年最高人民法院在《关于贯彻执行〈中华人民共和国民法通则〉若干问题的意见（试行）》中，规定对侵害他人隐私权，造成名誉权损害的，认定为侵害名誉权，追究民事责任。1993 年，最高人民法院在《关于审理名誉权案件若干问题的解答》中，延续这一原则，通过保护名誉权，对隐私权采取间接保护。

隐私权尽管和名誉权、姓名权、肖像权、人身自由权等关系密切，并存在诸多交叉之处，但由于隐私权保护的对象主要是个人私生活的秘密，具有特殊的内涵，因而是一项独立的人格权。在现代社会，隐私权是维系人们体面生活的核心要素。一个国家的民事立法如果不对隐私权进行单独、直接的保护，无论其体系多么完备，它对公民人格权的保护都是不完善的。

2009 年，我国颁布实施《侵权责任法》，第 2 条明确列举了隐私权，这标志着隐私权作为一项独立人格权，受到法律保护。《侵权责任法》弥补了《民法通则》的不足，进一步完善了我国的人格权体系。但是，《侵权责任法》主要是救济法，只能够在这些权利遭受损害后对其提供救济，而无法就权利的确认与具体类型进行规定。另外，《侵权责任法》只是承认了隐私权的概念，并没有完整的制度性规定，对于隐私权的内涵和外延、隐私权的分类、隐私权的行使和保护等，都缺乏明确的规定。

2020 年审议通过的《民法典》，明确规定自然人享有隐私权，并在"人格权编"设立了"隐私权和个人信息保护"专章，规定了隐私及

---

① Whitman, J. Q. The Two Western Cultures of Privacy: Dignity Versus Liberty [J]. Yale Law Journal, 2004(6):1151 - 1221.

隐私权的基本概念、分类范畴,并对侵害隐私权的行为进行了分类列举,这些设置与安排,体现了《民法典》对隐私权作为独立人格权的保护和重视,也对新闻报道、舆论监督起到了重要的指引作用。

（二）隐私权的可克减性

隐私权不是绝对的,当个人隐私和公共利益发生冲突的时候,往往要优先保护公共利益,这就是隐私权的可克减性。隐私权遭遇克减的情形不少,但在司法实践中主要表现在两个方面:一是与国家安全冲突,二是与知情权冲突。

维护国家安全泛指通过使用政治、经济、军事、外交等各种手段来维系国家的生存,使之免于外部的威胁和侵害,或免于内部的混乱和疾患。国家安全是国家的根本利益所在,也是各国宪法的重点保护对象。当隐私权和国家安全发生冲突时,前者会在一定期限内受到限制,乃至暂停。比如,为了打击恐怖主义,美国政府启动"棱镜"计划,对网络通信进行大规模的监听,这自然构成了对公民隐私权的克减。当然,即便国家安全面临威胁,政府也应当依法行政,不得无故侵犯公民的隐私权[1]。

知情权指的是从官方或非官方知悉、获取相关信息的权利。这一概念是美国记者肯特·库帕在 20 世纪 40 年代提出来的,被认为是言论自由的自然延伸和有机组成部分。具体来说,知情权包括:(1)政治知情权,即公民依法享有知悉国家政治事务及其活动、政府官员活动及其背景资料的权利。(2)社会知情权,即公民享有知道其所感兴趣的各种社会信息的权利。(3)自我知情权,即公民享有掌握有关自己或与自己密切相关的各方面信息的权利。可以看出,知情权对于满足公民的政治和精神生活方面的需求而言是至关重要的,而其实现的基础恰恰是隐私权的克减。换句话说,知情权的增长必然导致隐私权的减少,这两者之间存在深刻的矛盾。然而,隐私权的克减也不是绝对的,只要该隐私没有涉及公共利益,其他人就不应以知情权的名义对其进行侵犯。在司法实践中,当隐私权和知情权发

---

[1] 邵国松.网络传播法导论[M].北京:中国人民大学出版社,2017,172.

生冲突的时候,法官常常会审时度势地采取平衡的手段,而非对其中一方的权利尽力打压①。

在法律上,公众人物和普通人的隐私权保护应当存在一定程度的差异。公众人物的隐私权应遵循一定的克减性,因为公众人物是公众事务的一部分,普通民众对他们寄予更高的期望,他们的活动对社会有普遍影响力。另一方面,公众人物从其社会角色中得到更多的社会利益,因此也要求他们对社会要付出更多。公众人物一般可以分为自愿型公众人物和非自愿型公众人物。前者如政治人物、影视体育明星等,对他们的隐私权在法律上一般是保护得少些而限制得多些;后者如突发事件的经历者,或一些有特殊经历的人,对这部分公众人物,法律上是保护得多些而限制得少些。因此,法律在隐私权保护和限制方面对不同类型主体应区别对待。

（三）隐私权的可支配性

隐私权的可支配性指的是权利主体有权依据自己的意愿处理其隐私权。支配自己的隐私,准许或者不准许他人知悉或者利用自己的隐私,这是隐私权的核心②。例如权利人利用自己的生活经历创作文学作品,既创造精神价值,又创造经济价值,以满足自己的精神和物质的利益需要,但是这种利用不得违反社会公共利益。权利人可以根据自己的需要公开自己的部分隐私,准许他人对个人活动和个人领域进行察知,准许他人利用自己的隐私,等等。例如有人愿意将自己的隐私生活讲述给他人听,或者写成文章公之于众;有人对此予以批评,认为是贩卖私人货色,对社会的精神文明建设造成妨碍。从道德上批评这样的做法,不能说没有一点道理,但是在法律上,尤其是在隐私权的支配权的角度上看,这样的做法是无可厚非的。同样,当自己的隐私权被侵害的时候,权利人有权寻求司法保护,可以向侵权人请求依法承担民事责任,也可以向人民法院起诉,请求依法保护。

---

① 邵国松.网络传播法导论[M].北京:中国人民大学出版社,2017，173.
② 杨立新.关于隐私权及其法律保护的几个问题[J].人民检察.2000(01):26－28.

隐私权的可支配性其实也符合现代法学者从另一个角度对隐私权的定义,即控制自己隐私的权利,这既包括个人在通常情况下决定他的思想、观点和感情在多大程度上与他人交流的权利,也包括在当下的互联网时代对个人信息的收集、处理或利用中所展现的个人信息自决权。这都标志着隐私权的内涵从被动的"私生活不受干扰",向主动的"控制自己的信息"的转变。但值得指出的是,隐私权的可支配性和一般的财产支配权不一样,因为前者不可能完全放弃对自己隐私权的保护,否则其人格尊严将不复存在①。

四、隐私权的发展

(一)隐私权在西方的发展

在法律上,隐私权概念的提出始于美国。1890 年,美国学者沃伦(Samuel D. Warren)和布兰代斯(Louis D. Brandeis)在《哈佛法律评论》上发表名为《论隐私权》的论文,首次使用了隐私权的概念。他们认为新闻报道有时为了迎合低级趣味,不厌其烦地制造流言,而这种流言侵犯了个人私生活的神圣领域,逾越了符合社会利益的规范。两位学者针对的主要是新闻媒介肆意侵犯个人隐私的情形,并在此背景下提出隐私权是一种"不被了解的权利",奠定了隐私权概念和理论的基础。但是,我国学者陈力丹指出,更早的时候,马克思和恩格斯就已经就新闻报道和出版物中涉及隐私问题发表过重要见解②。

首个有关隐私权的案例是 1902 年美国的"罗伯森诉罗彻斯特折叠盒生产公司案"③,被告使用一位年轻女孩的照片为其面粉产品做广告,但未得到后者许可。在原告看来,被告的行为使其蒙受羞辱,侵犯了其隐私权,于是向纽约最高法院提起诉讼。法院驳回了原告的诉求,理由是不存在有关隐私权的审判先例。如果承认隐私权的话,有可能给法院带来巨大的诉讼负担,同时会给言论自

① 张新宝.隐私权的法律保护[M].北京:群众出版社,2007.
② 陈力丹.马克思和恩格斯的隐私权观念[J].新闻法通讯.1986(1).
③ Roberson v. Rochester Folding Box Co. 171 N.Y.583(1902).

由带来不必要的限制。然而,在 1905 年"派维斯奇诉新英格兰人寿保险公司案"①中,佐治亚最高法院受理了一个保险公司在广告中使用他人照片的案件,在案情相似的情况下,推翻了"罗伯森诉罗彻斯特折叠盒生产公司案"的判决,成为首个正式承认隐私权的案例。

而今,保护隐私权已经形成了国际共识。《世界人权宣言》《公民权利和政治权利国际公约》等国际人权文件都明文规定保护自然人的私生活、家庭、住宅和通讯。有关原则也为许多国家的宪法所确认。

世界范围内保护隐私权的专门立法,大致有三种情况:一种是以法律,包括成文法和判例法,明确规定把隐私权作为独立的人格权予以保护,如美、法、德、瑞士等国。第二种情况是法律规定保护人格尊严权,而以司法解释和判例确认人格尊严权包括隐私权,如日本。第三种情况是法律上并未确认隐私权是独立的民事权利,公民认为隐私权受到侵犯时,只能以别的诉因请求法律保护,如英国普通法,按其规定侵犯隐私不能作为侵权诉因,而要以擅闯他人土地、妨害、背弃保密责任等作为诉因,这使隐私难以得到全面保护②。

自 20 世纪下半叶以来,隐私权从"个人不受打扰的权利"发展成为"控制自己信息的权利"。隐私权由消极权利演进为积极权利,由以限制私权保护演进为以限制公权保护,由私法保护演进为公法保护。此外,一些国家纷纷立法加强对个人信息的保护,如在 20 世纪70 年代瑞典即制定《数据法》,接着美、德、法、英和日本等许多国家和欧盟相继制定了保护个人信息方面的法律或准则。2018 年 5 月,在经过欧盟议会长达四年的讨论和修改后,欧盟《一般数据保护条例》(General Data Protection Regular,GDPR)生效,《条例》强化对数据主体的保护,明确数据控制者和处理者的义务,设立监管机构,

---

① 　Pavesich v. New England Life, 122 Ga 190(1905).

② 　魏永征,周丽娜.新闻传播法教程(第六版)[M].北京:中国人民大学出版社,2018,157.

规定涉及救济与惩罚等多个方面①。

（二）隐私权在中国的发展

我国法律对隐私权的保护大致经过了四个阶段：第一阶段，1987年《民法通则》实施后，最高人民法院通过司法解释弥补立法之不足，以保护名誉权的方式"间接保护"隐私权；第二阶段，2010年《侵权责任法》实施，将隐私权作为一项独立的权益进行"直接保护"，标志着我国隐私权保护立法的突破性进步；第三阶段，2017年《民法总则》实施，将隐私权作为一项独立的民事权利加以规定，并将个人信息从隐私权中独立出来；第四阶段，2021年《民法典》实施，在人格权编设立了"隐私权和个人信息保护专章"，明确了隐私保护的法律定义，确立了个人信息保护的基本方向。在隐私权保护的四个阶段，四部法律发挥着里程碑式的重要作用。

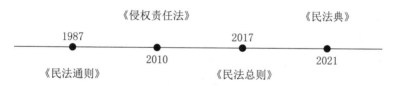

图 3-1 我国法律对隐私权保护的四个阶段

第一阶段，1987 年 1 月 1 日《民法通则》实施：间接保护隐私权。

《民法通则》第一百二十条规定：公民的姓名权、肖像权、名誉权、荣誉权受到侵害的，有权要求停止侵害，恢复名誉，消除影响，赔礼道歉，并可以要求赔偿损失。

根据《民法通则》规定，姓名权、肖像权、名誉权、荣誉权、生命健康权都属于人格权的保护范畴。然而在制定《民法通则》的时候，由于立法者对隐私权还没有充分认识，在列举各项人格权的时候，没有把隐私权包含进去，这是立法上的一个疏漏。

在《民法通则》颁布实施以后的不长时间内，人们就认识到这个

---

① 瑞柏律师事务所.欧盟《一般数据保护条例》GDPR（汉英对照）[M].北京：法律出版社,2018.

问题,并在司法层面上采取了补救措施。1988 年最高人民法院在《关于贯彻执行〈中华人民共和国民法通则〉若干问题的意见(试行)》中,规定对侵害他人隐私权,造成名誉权损害的,认定为侵害名誉权,追究民事责任。1993 年,最高人民法院在《关于审理名誉权案件若干问题的解答》中,延续这一原则,通过保护名誉权,对隐私权采取间接保护。

隐私权尽管和名誉权、姓名权、肖像权、人身自由权等关系密切,并存在诸多交叉之处,但隐私权是一项独立的具体人格权,具有特殊的内涵。通过保护名誉权间接保护隐私权终究只是权宜之计。在现代社会,隐私权是维系人们体面生活的核心要素。一个国家的民事立法如果不对隐私权进行单独、直接的保护,则无论其体系多么完备,它对公民人格权的保护都是不完善的。①

第二阶段,2010 年 7 月 1 日《侵权责任法》实施:直接保护隐私权。

《侵权责任法》第二条规定:本法所称民事权益,包括生命权、健康权、姓名权、名誉权、荣誉权、肖像权、隐私权、婚姻自主权、监护权、所有权、用益物权、担保物权、著作权、专利权、商标专用权、发现权、股权、继承权等人身、财产权益。

《侵权责任法》是专门保护民事主体合法权益的法律,其明确列举了如上十八项权利,其中隐私作为一项独立的权益受到保护,这部法律的实施可以说是我国隐私权保护立法的突破性进步②。《侵权责任法》弥补了《民法通则》的不足,进一步完善了我国的人格权体系。但是,《侵权责任法》主要是救济法,只能够在这些权利遭受损害以后对其提供救济,而无法就权利的确认与具体类型进行规定。另外,《侵权责任法》只是承认了隐私权的概念,并没有完整的制度性规定,对于隐私权的内涵和外延、隐私权的分类、隐私权的行使和保护等,都缺乏明确的规定。

---

① 杨立新.关于隐私权及其法律保护的几个问题[J].人民检察.2000(01):26-28.
② 翟羽艳.我国隐私权法律保护体系存在的问题及其完善[J].学习与探索.2019 (10):80-84.

第三阶段,2017 年 10 月 1 日《民法总则》施行:个人信息受到保护。

《民法总则》第一百一十条规定:自然人享有生命权、身体权、健康权、姓名权、肖像权、名誉权、荣誉权、隐私权、婚姻自主权等权利。

《民法总则》第一百一十一条规定:自然人的个人信息受法律保护。任何组织和个人需要获取他人个人信息的,应当依法取得并确保信息安全,不得非法收集、使用、加工、传输他人个人信息,不得非法买卖、提供或者公开他人个人信息。

《民法总则》将隐私权作为一项独立的民事权利加以规定,并将个人信息从隐私权中独立出来,规定了自然人的个人信息受法律保护,但该法对隐私权的内涵、外延、行使和保护等仍缺乏具体规制。[①]另一方面,在个人信息保护方面,《民法总则》首次把个人信息作为一项单独的法益来加以承认和保护,实现了个人信息私法保护的一大进步,还列举了不得非法侵害他人个人信息的七项禁止性规定。但也有一些缺憾,《民法总则》中没有对个人信息的概念加以界定,也没有对个人信息是否是一项民事权利作出明确的规定。

第四阶段,2021 年 1 月 1 日《民法典》施行:隐私权与个人信息保护的体系化。

《民法典》第一千零三十二条规定:任何组织或者个人不得以刺探、侵扰、泄露、公开等方式侵害他人的隐私权。隐私是自然人的私人生活安宁和不愿为他人知晓的私密空间、私密活动、私密信息。

《民法典》第一千零三十三条规定:除法律另有规定或权利人明确同意外,任何组织或者个人不得实施下列行为:(一)以电话、短信、即时通讯工具、电子邮件、传单等方式侵扰他人的私人生活安宁;(二)进入、拍摄、窥视他人的住宅、宾馆房间等私密空间;(三)拍摄、窥视、窃听、公开他人的私密活动;(四)拍摄、窥视他人身体的私密部位;(五)处理他人的私密信息;(六)以其他方式侵害他人的隐私权。

---

①　冷传莉,李怡.司法保护视角下的隐私权类型化[J].法律科学(西北政法大学学报).2017,35(05):79-89.

　　《民法典》首次引入了"私人生活安宁"这一概念,明确规定了隐私和隐私权的内涵和范畴(第一千零三十二条);并且以兜底加列举的方式规定了侵犯隐私权的各种行为类型(第一千零三十三条),既为隐私权的保护提供了具体的规则和依据,也为相关主体的行为提供了一定的指引,从而更有利于实现隐私权保护与维护公共利益之间的关系的平衡。相比此前的《民法通则》,《民法典》明确了隐私的法律定义,对保护民事主体的隐私权起到了极大的促进作用。①

　　从第一千零三十四条到第一千零三十九条,《民法典》用了六个条款对个人信息的基本概念、处理规则、例外情形、具体路径等进行规定,并与第一百一十一条、第九百九十九条以及"侵权责任编"中若干条款相互配合,共同确立了我国个人信息保护的基本方向,为日后与《个人信息保护法》等单行法的制度衔接创造了空间,为构建一个科学、合理的个人信息民法保护体系奠定了基础。

思考题

1.隐私权侵权构成要件是什么?

2.谈谈你对于隐私和个人信息二者关系的看法?

3.公众人物和普通民众隐私权保护之间的差异有哪些?

4.隐私权与公共利益该如何平衡?

5.从1986年《民法通则》并未对隐私权有所规定,到《民法典》正式确立隐私权保护制度,你认为在法律层面对于隐私权的规定有何意义?

第二节　新闻传播侵害隐私权

一、新闻传播侵害隐私权的方式

　　新闻传播活动中侵害他人隐私权的行为,可以归纳为两种:第一

---

① 蔡斐.《民法典》对新闻传播活动的影响[J].青年记者.2020(19):75-77.

是公开类型,即在传播内容中公布、宣扬隐私;第二是侵入类型,即在采集信息的活动中侵入私人空间。另外,按照《民法典》规定,新闻传播活动侵害个人信息,应作为一种独立的侵害类型①。

（一）公开类型:宣扬公布隐私

第一类是新闻报道披露个人信息及事务。

隐私可以分为私密信息、私密空间、私密活动三类,只要没有同社会公共生活发生联系,自然人不愿为他人知晓的内容都属于隐私,都不应该成为新闻报道的内容。如果新闻报道有所涉及,行为人显然存在过错。

【案例3-2 长沙电视台披露青少年受虐案】

女孩周某,因沉迷网络,夜不归宿,被母亲送到一家所谓的"矫正中心"进行了15天的"封闭辅导",并且在"辅导"的过程中遭受虐待。这时候长沙电视台女性频道就将这个过程录制成节目,未经女孩及其法定监护人同意,使用了周某的真实姓名,仅对其面部头像稍作处理后,节目就在《女性故事》栏目中播出了。

于是周某及监护人将电视台诉至法院,湖南台辩称电视节目为了引起社会对青少年教育问题的关注。但是,法院认为,节目形象地披露周某受到虐待的过程,损害了周某的人格尊严,侵害其隐私权。判决长沙电视台女性频道和该"矫正中心"赔礼道歉,并赔偿精神抚慰金1.1万元。

在这则案例中,青少年教育虽然是与社会公共生活相关的议题,但这与周某在"矫正中心"受到虐待的细节并无直接关联,因此,电视台的报道侵犯了其隐私权。报道中还涉及到未成年人的隐私,未成年人隐私受到法律特别保护,其隐私范围要大于成年人。

第二类是新闻报道在披露公共事件中涉及个人隐私。

个人与社会难以区隔,许多社会公共事件中也会有个人隐私的成分,新闻报道应该将两者谨慎地区分开来。如果在报道公共事件中连带涉及到了个人隐私,新闻媒体也不能因此而免除责任。这类

---

① 王鉴泽.人格权法:法学释义、比较法、案例研究[M].北京:北京大学出版社,2012.

事件最常见的就是受害人隐私。犯罪案件、意外事故、灾难灾害等突发事件,常常是新闻报道的重要内容,而这些事件中的受害人,也会受到社会关注。新闻报道如果不加注意,把受害人的个人事项公之于众,就会发生隐私侵害的问题。

【案例 3-3　周克华案引发的媒体侵权纠纷】

2004 年至 2012 年 8 年间,周克华持枪在重庆、长沙、南京等地多次作案,共致使 11 人遇难,5 人受伤,抢劫财产金额达五十多万元人民币。公安部下发 A 级通缉令全力缉捕。与此同时,周克华也成为了全国媒体关注的焦点。

从周克华罪行被曝光、警方下发通缉令、直至其被枪毙,华龙网、华商报、京华时报、光明日报、南方周末等多家媒体进行了大量跟踪报道、专题报道、深度报道等。众多媒体除了报道周克华犯罪情况、警方逮捕情况等案件相关信息,还将目光转向周克华父母、前妻、儿子、女友等人身上,挖掘并公开发布了大量与本案无关且涉及他人隐私的信息。

媒体对周克华案进行了持续且过度的报道,披露大量他人的个人信息,侵犯了其隐私权,如披露被害者或与罪犯有一定关系但没有参与犯罪的亲友的姓名、住宅、私生活肖像、个人生活、日记、亲友关系等。其中大量个人信息与犯罪事件无关,侵犯了嫌疑人家人及朋友的隐私权。犯罪嫌疑人亲属和朋友既非案件当事人,与案件也多无直接关联,媒体对他们的报道属于侵权行为。

(二)侵入类型:侵入私人空间

新闻侵害隐私权的另一种表现是记者在采访活动中未经许可侵入私人空间。这里说的私人空间不仅包括私人场所,还包括公共场所内的私人场合。所谓的侵入,包括强制侵入和秘密侵入。不仅包含亲身侵入,还包括了窥探、偷听、监视,未经许可的摄影、录音和录像或者偷拍、偷录,以及骚扰电话、骚扰短信、骚扰邮件等①。

---

① 魏永征,周丽娜.新闻传播法教程(第六版)[M].北京:中国人民大学出版社,2018,165.

按照《民法典》第一千零三十三条规定,除法律另有规定或者权利人明确同意外,任何组织或个人,也包括新闻媒体,不得实施下列行为:

第一,以电话、短信、即时通讯工具、电子邮件、传单等方式侵扰他人私生活安宁。生活安宁是自然人享有的维持安稳宁静的私人生活状态,并排除他人不法侵扰,保持无形的精神需要的满足。以电话、短信、即时通讯工具、电子邮件、传单等方式侵扰个人的生活安宁,通常称为骚扰电话、骚扰短信、骚扰电邮等。侵害个人的生活安宁,构成侵害隐私权。在新闻工作中,记者在采访过程中不能纠缠不休,影响受访者的私人生活安宁。

第二,进入、拍摄、窥视他人的住宅等私密空间或者是公共场所的私人场合。隐私权保护的私密空间,包括具体的私密空间和抽象的私密空间,前者如个人住宅、宾馆房间、旅客行李、学生书包、个人通信等,后者专指日记,即思想的私密空间。

需要注意的是,公共场所也存在着私人空间,如在餐厅、咖啡店会友,在银行 ATM 机存取钱款等场合,当事人显然怀有合理隐私期望,因此都不应当成为人们强制或者秘密涉及的对象①。

新闻记者应恪守这样的基本原则:新闻采访、新闻报道应该是公开社会信息的搜集和传播,新闻记者所允许接触的信息范围,与普通人没有什么不同。记者可以接触的,也就是公众有权了解的,公众无权了解的,记者一般来说也不应当接触。新闻记者不是执法者,采访活动也不是执法行为,因此不能任意侵入他人的私人空间。

二、新闻传播侵害隐私权的抗辩事由

隐私权反映了人和社会之间的对立统一。人既是社会群体的一员,又是相对独立的个体。个人不能离开社会,但是又不能为社会所吞没。个人要维护自己的一块独立的天地,同时又必须向社会开放。

---

① 魏永征,周丽娜.新闻传播法教程(第六版)[M].北京:中国人民大学出版社,2018,166.

完全封闭的个人不可能在社会中立足,当然完全开放的个人也是不可能存在的。新闻传播活动主要传播公共的社会信息,但是社会是由每个个人组成的,传播社会信息必定要涉及个人信息,把所有个人信息全都封锁起来,几乎等于取消新闻传播活动。由于个人与社会既有联系又有分离,所以隐私就具有相对性和伸缩性,既确定又不确定。在不同的场合,隐私的边界会发生变化。新闻传播活动就要正确处理人的社会性和个体性的矛盾,既能充分反映社会公共生活,又要避免侵害隐私权的发生;即使发生纠纷,也能予以排除①。

新闻传播侵害隐私权的抗辩事由是指新闻报道虽然给他人隐私造成了损害,但该行为依法不构成侵权的情形。新闻传播侵害隐私权的抗辩事由主要有以下四类:

(一)公共利益、社会公德(公序良俗)原则

所谓公共利益原则,是指凡是与公共利益有关的事项,或者出于社会公共利益需要必须公开的事项,不受隐私权保护②。社会公德,是指社会公认的道德规范,也叫公序良俗,虽然社会公德并没有严格的固定的界限,但是社会承认和容忍的行为底线是客观存在的,对此法官有一定的自由裁量权。因此保护隐私权存在着因事而异和因人而异的情况,隐私权具有一定的相对性和伸缩性,这也成为许多案例中争议的焦点。在新闻报道中,如果出于社会公共利益或社会公德的目的而报道了他人的隐私,可以成为新闻侵害隐私权的抗辩事由。

(二)公众人物抗辩原则

公众人物抗辩是指,在某些侵犯人格权的案件中,当被侵权人(原告)为公众人物,应对侵犯其人格权有更多的容忍义务,因此侵权人可以此为由请求免除或减轻侵权责任的抗辩,其实质是对公众人物人格权的限制。在我国的司法实践中,随着人格权法理论与实务的发展,公众人物抗辩已经逐步出现在包括隐私权案件等在内的诸

---

① 魏永征,周丽娜.新闻传播法教程(第六版)[M].北京:中国人民大学出版社,2018,167.

② 罗彬.新闻伦理与法规[M].北京:北京师范大学出版社,2019,128.

多侵犯人格权案件中，成为很多侵权人主张免责或减责的合法理由。①

"公众人物"理论的真正成形，要追溯到美国联邦最高法院在《纽约时报》诉沙利文（New York Times v. Sullivan）一案的判决。1960年，一些人为了给马丁·路德·金的自由之战辩护，在《纽约时报》刊登了广告，其中有内容指责阿拉巴马州蒙哥马利的警察参与了严重的不法行为，该指责后被证明是虚假的。于是，负责督管警察部门的官员沙利文以诽谤为由起诉《纽约时报》，一审法院支持了沙利文。随后《纽约时报》提起上诉，案件最终被提交到联邦最高法院，由大法官布伦南（Brennan）撰写的判决意见指出："关于公众事务的辩论应该是无拘束的、健康的和完全公开的……对诚实的错误言论的保护非常重要……这项判决（一审判决）已经影响到政府行为的自由批评，是相当不妥的。"因此，《纽约时报》最终胜诉。

《纽约时报》诉沙利文案的判决，首先确立了"公共官员"的概念，赋予了美国社会批评公职人员的自由，除非这种批评是出自恶意的虚假陈述，这就建立了美国诽谤法中非常著名的"真实恶意"（Actual Malice）原则。三年后的巴茨案件中，法院正式提出"公众人物"的概念。公众人物是指具有一定知名度，其行为或言论可以在全部或部分社会成员中产生效力的那部分人。

"公众人物"主要分为政治公众人物和社会公众人物，前者主要是指各级政府或政党的公职人员、国家官员，后者主要包括：公益组织领导，文艺界、娱乐界、体育界的明星，文学家、科学家、知名学者、劳动模范等社会知名人士，或因某些违法乱纪活动而被公众广泛知晓的人②。这种分类的意义在于：前者更多地涉及公共利益和舆论监督问题，后者则是因其具有一定的知名度而在社会生活中引人注目，主要涉及公众兴趣问题③。

---

① 丁宇翔.人格权侵权中"公众人物抗辩"的裁判规则[J].法律适用.2016(06):73-78.

② 红波,李铁.公众人物的判断标准、类型及其名誉权的限制——以媒体侵害公众人物名誉权为中心[J].当代法学.2006(4):88-89.

③ 王利明.公众人物人格权的限制和保护[J].中州学刊.2005(02):94.

　　公众人物的隐私应限定在保护公共利益和公众知情权的必要范围内,而不能将公众人物正当、合理的隐私都予以公开,满足某些人的庸俗兴趣。具体而言,可以主张"公众人物抗辩"的隐私权案件包括如下几种。第一,公开娱乐明星的身高、体重、三围、兴趣爱好、婚姻信息、恋爱信息的侵权案件。娱乐明星与其他公众人物的不同之一在于娱乐明星的上述信息具有商品化的倾向,娱乐明星本身也通过上述信息的公开而聚拢人气,提升自己的影响力。同时,娱乐明星的上述信息也是社会公众合理兴趣之所在,已经不是完全的个人隐私。故对于娱乐明星上述信息的公开,被告可以援用"公众人物抗辩"。第二,公开体育明星的身高、体重、健康信息的案件。体育明星的这些信息关乎公众对于体育赛事的判断,具有极强的新闻价值,已经超出其个人隐私的范围,因而应允许被告提出这一抗辩。第三,搜集、公开公众型官员、群团组织和公益组织领导人年龄、经历信息的隐私权侵权案件。如选举人大代表时,选举人必须对被选举人的年龄、经历有充分了解才能更好地进行选举,此时,对候选人年龄、经历信息的公开关乎公众恰当行使投票权和监督权,既属必要,又属必然,不应视为侵犯其隐私权。第四,公众人物参加专门性公开活动或公务活动时,其活动信息被公开和利用的侵犯隐私权案件。这种情况下公众人物的活动要么是职务行为,要么是商业行为,要么是公益行为,都应允许公开,因而被告可以主张"公众人物抗辩"。①

　　1. 自愿型公众人物

　　"公众人物"的构成要件有二,分别是主观要件和客观要件。主观要件是指受公众关注的主观愿望。这种主观愿望既包括本人自认的主观愿望,如本人自认系公众人物;也包括可推知的本人的主观愿望,主要是从当事人行为、案件无争议事实或有效证据中可以推知的主观愿望。例如,在杨丽娟诉《南方周末》案中,法院判决认为,杨丽娟追星事件被众多媒体争相报道,成为公众广泛关注的社会事件,前提是杨丽娟及其父母多次主动联系媒体采访。因此,从杨丽娟及其

①　丁宇翔.人格权侵权中"公众人物抗辩"的裁判规则[J].法律适用.2016(06):73-78.

父母主动联系媒体采访的行为即可推知其有受公众关注的主观愿望，即为"自愿型公众人物"。相反，因偶然原因导致某人具有一定社会知名度，但本人明示或可以推知本人不愿被公众关注，则不应认定为"公众人物"，也称为"非自愿型公众人物"。客观要件是指被公众关注或知悉的客观事实或状态。自然人若仅仅有成为公众人物的主观愿望，尚不足以认定为"公众人物"，因为"公众人物"最终是靠其社会关注也即客观要件来发挥影响力的。如果只强调主观要件，将因没有客观标准而导致无法认定"公众人物"；如果只强调客观要件，则会因不考虑当事人主观方面而导致"公众人物"范围的无限扩大。所以，只有既具备主观愿望又有被公众关注的客观事实，方可被认定为"公众人物"。

【案例3-4　杨丽娟诉《南方周末》侵权案】

2007年春，甘肃兰州追星女孩杨丽娟在父母陪同下到香港见刘德华，但未能实现进一步交往，她的父亲跳海自杀，引起内地和香港的媒体广泛报道。杨丽娟及其母向法院状告《南方周末》的《你不会懂得我伤悲》一文侵犯他们一家人名誉权和隐私权，认为此文披露了杨丽娟和她家人种种不便告人的事项。

法院认为杨丽娟一家自愿接触媒体，成为"自愿型的公众人物"，"自然派生出公众知情权""（他们的）隐私与社会公众关注的社会事件相联系时，自然成为公众利益的一部分"，判决驳回原告诉求①。该案中，从杨丽娟及其父母主动联系媒体采访的行为即可推知其有受公众关注的主观愿望。因此，当其自愿成为公众人物时，其名誉权、隐私权应该受到一定程度克减[31]。

2. 非自愿型公众人物

如若当事人并没有成为公众人物的主观意愿，那么这类"非自愿型公众人物"与"公众人物"在主观意图、社会影响、获得利益、与公众利益的关系、满足公众知情权的限度等方面存在差异，法律应对"公众人物"和"非自愿型公众人物"进行不同程度的保护和限制。

---

① 参见广东省广州市中级人民法院民事判决书，（2008）穗中法民一终字第3871号．

非自愿型公众人物,是指原本没有追求或者放任自身成名,因偶然介入极具新闻价值的重大事件而成为社会关注焦点的自然人。主观上,非自愿公众人物缺乏成为公众人物的主动性,完全是被动成为社会关注的焦点。客观上,非自愿型公众人物因为社会的关注已经具有了一定的社会知名度,其处于舆论争议的中心,是各大媒体报道的焦点。例如,作为复旦投毒案的被告人和被害人的林森浩和黄洋,已经被社会大众所熟知,是新闻媒体报道的重点人物,应认定为非自愿型公众人物。但是,林森浩和黄洋的家人、复旦大学的师生以及辩方律师,都只是因其与林森浩和黄洋的关系被新闻媒体偶尔提及,他们不是新闻媒体关注的焦点人物,不具备一定的社会知名度,因此不属于非自愿型公众人物。

除此之外,非自愿型公众人物可以转化成自愿型公众人物;但由于自愿型公众人物的特殊性再加上隐私权是一次性的权利,因此自愿型公众人物不能转化成非自愿型公众人物。

与自愿型公众人物不同,非自愿型公众人物是由于某些重大新闻事件,偶然地被介入其中。非自愿型公众人物的隐私权经常遭受新闻侵害,这让所有的新闻媒体和新闻记者都不可避免地面临一个这样的问题:新闻自由与隐私权的临界点在哪?当新闻自由和隐私权两者发生冲突时,过分保护哪一方都会给另一方造成损害。

非自愿型公众人物的隐私权与新闻自由应当以公共利益为界限。尽管非自愿型公众人物在卷入到某个争议事件中时引发了公众兴趣,也只能说该事件涉及到了公共利益和公共兴趣,而对于该事件的报道,则不应当扩大到对有关个人隐私等方面的利益进行限制。

【案例 3-5 "博客第一自杀案"引发的侵权纠纷】

2007 年,北京女子姜岩在个人博客上记录了丈夫发生婚外情的经历,并最终自杀身亡。她生前的博文被转载至天涯论坛,随后姜岩丈夫王菲及情人东方的个人信息被披露出来。同时姜岩生前好友张乐奕建立了一个网站并上传了相关内容。此外还有新闻聚合网站"大旗网"以专题的形式报道了此案。事件引爆了中国最早的网络"人肉搜索",网络暴力还从线上延伸到线下,当事人及亲友多次被骚扰,王菲与东方被迫相继从原工作单位离职。随后王菲以侵犯隐私权、名誉权为由,将天涯网、张乐奕、大旗网同时告上法院。

张乐奕在当庭抗辩中称,王菲因为对婚姻不忠导致妻子自杀,对上述事实进行陈述及评价,是法律赋予公民的权利。本网站发表的相关文章陈述符合事实,对相关事件及人物评价,符合公序良俗,因此,名誉权、隐私权侵权主张不成立。而大旗网也进行了抗辩,认为作为新闻聚合类网站,内容主要是聚合来自其他网站上的热点话题和精华信息,专题主要是提供一个平台,同时该专题对内容的评价是客观公正的。

法院审理认为,张乐奕所建网站使用了王菲的真实姓名,张贴了王菲与东方的照片,构成侵犯隐私权。数篇含有侮辱性文字的文章构成了侵犯名誉权。另外,大旗网作为聚合类新闻网站,开设相关专题的内容也侵犯了原告的隐私权和名誉权,应当依法进行道歉并作出赔偿。

本案被称为"网络暴力第一案",也是国内最早由网络"人肉搜索"曝光个人信息,造成公民物质和精神损失,并且最终诉诸司法程序的案件。本案中,由于张乐奕等在网站上对王菲等隐私的广泛泄露和传播,导致其成为了形式上的非自愿型公众人物。公民的个人情感,包括婚外男女关系都属于个人隐私。王菲虽然于私德有亏,但是仍然无关乎"公共利益",不应对被动成为公众人物的个人隐私权进行限制。张乐奕在网络上不当披露他人信息的行为,构成对个人隐私权的侵犯。

本案件由于网络传播使得原本的私人事件曝光在公众视野之下,貌似承载了公愤,具有公共价值。但是实际上,人们对王菲的婚外恋在道德上也许可以批评,但是这并不是媒体和公众干预其个人生活的合法理由。无论是个人通过网络披露,还是媒体的公开报道,都应当注意个人隐私的保护。

(三)当事人同意原则

隐私权具有不可支配性,当事人只要自愿或者亲自将自己的某一私事公之于众,这一私事就成为非隐私,不能再对传播此事的行为主张隐私权。在报道之前,征得当事人同意,体现了对个人权利的尊重。比如某人进行变性手术后,同意媒体报道中公布其名字等具体信息,那么媒体对其的报道就不构成侵权。但是未成年人作为限制民事行为能力人、无民事行为能力人,他们的同意不具有法律效力。

新闻作品的发表只要获得当事人的同意,即使发表后构成了对他人隐私权的侵害,也可以减轻或免除法律责任。新闻作品发表前,当事人没有意识到新闻作品发表可能造成对自己隐私权的侵害,但是新闻作品发表后,又确实构成对自己权利的侵害。对于这种情况,应该认定当事人同意新闻发表是抗辩事由。当事人同意作为抗辩事由应具备以下构成要件:(一)当事人表示的"同意"是其真实意思,而不是受到欺诈、胁迫等而表示的不真实意思;(二)行为人不得具有真实恶意;(三)传播不利于受害人隐私权的内容不能超过当事人同意的内容和范围;(四)当事人同意的意思表示一般应当在新闻作品发表事实之前做出,事后的同意是一种追认,也可以承认其效力①。

(四)使之不可辨认原则

有一些私人事情确有新闻价值,但当事人又不可能同意,这主要是私生活中某些应当批评的现象、某些有教育意义或公众感兴趣的事情及其他涉及隐私而又需要报道的事情。一个变通的办法就是使公众不可能从新闻中辨认或推断有关当事人,如略去当事人的姓名、模糊当事人的身份等。报刊在刊登某些违法犯罪人,特别是青少年违法犯罪人和涉及性问题的违法犯罪人的照片时,或是在刊登某些疾病患者的照片时,往往遮盖局部,电视或视频则打上马赛克,有时连声音也要予以处理,都是出于这一考虑。

思考题

1. 新闻传播活动侵害隐私权的方式有哪些?

2. 新闻报道活动应如何平衡好个体隐私权与公众知情权之间的

---

①　牛静.新闻传播伦理与法规:理论及案例评析(第二版)[M].上海:复旦大学出版社,2018,246.

关系？

3. 你认为对娱乐明星的新闻报道是否没有隐私边界？

4. 在犯罪新闻报道中如何才能避免隐私权纠纷？

5. 在东航坠机事故中,《每日人物》的报道《MU5735 航班上的人们》引发了巨大的伦理争议,有人认为披露失联人员的姓名与经历涉及对于当事人隐私权的侵犯,也有人认为这种形式的报道能够成为一种特殊的讣告,让死者被铭记,对此你有何看法？

第三节 新媒体时代的隐私侵权案例分析

一、外滩踩踏事故报道引发的隐私侵权争议

2014 年末发生在上海外滩的拥挤踩踏事故,造成 36 人死亡 49 人受伤,引发了中外媒体关注。2015 年 1 月 1 日,《新京报》刊发了题为《复旦 20 岁女大学生外滩踩踏事故中遇难(图)》①的报道,对杜同学的生平履历、兴趣爱好等进行了一一介绍,信源却是她生前的百度贴吧、新浪微博、人人网主页。报道还呈现了杜同学生前男友、同为复旦学生的王某在社交媒体上对她的怀念和哀悼,但是文末显示"新京报记者通过私信等多种方式联系王某,均未得到回应"。报道还配发了一张杜同学生前身着汉服的人物近照。

这篇报道遭到了学生在新媒体平台的集体抗议,最早发声的是杜同学生前参加的复旦大学"燕曦汉服协会",他们呼吁媒体"尊重死者,尊重家属,不要造成二次伤害"。随后复旦大学官方微博也发表了声明,呼吁媒体"尊重她、保护她,不要再挖掘她的隐私,不要再刊登她的照片,让逝者安宁"。有学生组织还在微信公众号上发表了一篇致部分媒体的公开信,题为《少点伤痛,多点尊重》,质疑"媒体这么

---

① 王大鹏.复旦 20 岁才女外滩踩踏事故中遇难[E]. https://news.qq.com/a/20150101/039671.htm. 2015-01-01.

做的目的究竟是为了要哀痛一个生命的逝去,还是仅仅为了博得关注度的手段?"学生群体抗议主要聚焦于两点:一是对遇难者的隐私侵害;二是新闻报道的伦理规范。这里从以下三点展开讨论。

（一）遇难者的隐私保护

隐私是自然人的私人生活安宁和不愿为他人知晓的私密空间、私密活动、私密信息①。《民法典》将隐私范畴分为三类:私密信息、私密活动、私密空间。在这个案例中,杜同学的私密信息、私密活动等都应属于法律规定的隐私范畴。法律规定在实施新闻报道时,出于社会公共利益报道他人隐私,特别是公众人物隐私,可以成为侵害隐私权的法定抗辩事由。外滩踩踏事故属于重大公共安全事故,对其进行报道体现了媒体维护社会公共利益的需要。但在本案遇难女生并非公众人物,其私密信息、私密活动与社会公共利益关系不大,媒体对其隐私进行报道实质上不是为了满足公众知情权,而是为了迎合公众的窥私欲,是对罹难者的悲情消费,已经违背了新闻专业主义的要求②。

本案例的特殊之处在于,杜同学的大部分私人信息是由其本人在社交媒体上主动公开过的,那么,当事人通过社交媒体公开的私密信息还是不是隐私,又能否成为媒体报道的合理素材呢?2014年最高人民法院司法解释《关于审理利用信息网络侵害人身权益民事纠纷案件适用法律若干问题的规定》第十二条明确规定:对自然人自行在网络上公开的个人信息加以扩散的,权利人主张请求隐私权保护的,人民法院不予受理。隐私的构成有两个必要条件:一是"私",即与社会公共生活无关;二是"隐",即不愿为他人知晓或受他人干扰。"可支配性"是隐私权的重要特征,当事人有权依据自己的意愿处理隐私权,是隐私权的核心③。因此,在社交媒体上公开的私人信息已经不是隐私,不受法律保护。在这种情况下,新闻媒体虽然不涉及侵

---

① 中华人民共和国民法典(实用版)[M].北京:中国法制出版社,2020,559.

② 陆晔,谢静,葛星,赵民.在满足知情权与消费遇难者之间——一场由"上海外滩踩踏事件"新闻报道引发的学术讨论[J].新闻记者.2015(2):30–34.

③ 杨立新.关于隐私权及其法律保护的几个问题[J].人民检察.2000(01):26–28.

犯隐私权,但是用发布遇难者私人信息吸引公众眼球,也是一种纯粹市场主义的操作,违背了新闻职业伦理的基本要求。

（二）遇难者的肖像保护

肖像是通过影像、雕塑、绘画等方式在一定载体上所反映的特定自然人可以被识别的外部形象①。肖像具有可辨认性、专属性和财产性特征。我国法律保护公民的肖像权不受任何组织或者个人的侵害,公民本人对自己的肖像拥有绝对所有权。同时,《民法典》第一千零二十条规定"实施新闻报道,不可避免地制作、使用、公开肖像权人的肖像"属于肖像合理使用的范畴。但是,这里的"合理使用"不等于"任意使用",需符合"不可避免"这一条件。

《民法典》第一千零十九条规定"任何组织或者个人不得以丑化、污损,或者利用信息技术手段伪造等方式侵害他人的肖像权。未经肖像权人同意,不得制作、使用、公开肖像权人的肖像,但是法律另有规定的除外"。肖像权与姓名权一样,具有专属性特征。对于自己肖像的占有、使用和处分,只能归公民本人所有,未经本人同意,他人不得享有。侵害肖像权的核心就在于不尊重公民对其肖像的专有权。在本案中,媒体刊登杜同学的近照并不关乎社会公共利益,对于灾难事故真实完整的呈现也并无影响,因此不属于新闻报道活动中"不可避免"情形,不适用于"合理使用"条款。据此,媒体未经遇难者亲属同意,使用未经处理的清晰近照,构成侵犯肖像权,本案可以由其父母主张权利。

（三）对共同隐私的保护

共同隐私是指为两个或两个以上自然人的隐私权所共同指向的客体,是两个或两个以上自然人之间的不可分割的共同的私生活安宁、私生活秘密与信息。共同隐私区别于一般意义上的隐私的一个重要特征就在于其"共同性"。这种"共同性"是指共同隐私来源于两个或两个以上自然人之间的共同生活关系,并且正是自然人间的这种共同生活关系派生出了共同隐私。比如,基于夫妻之间的共同生

---

① 中华人民共和国民法典(实用版)[M].北京:中国法制出版社,2020,548.

活关系而派生出的他们之间的共同生活秘密与信息就成为夫与妻之间的共同隐私,夫与妻对该共同隐私享有各自独立的隐私权。

当共同隐私的部分主体公开(同意公开),另一部分主体不公开(不同意公开)共同隐私时,可能出现以下几种情况:(1)如果该共同隐私涉及公共利益,由于被动公开者的隐私权要受到公共利益的限制,则公开共同隐私不构成对被动公开者隐私权的侵害;(2)如果该共同隐私不涉及公共利益,又可能产生两种情形的侵权:第一,共同隐私的主动公开者未经被动公开者同意而擅自公开共同隐私,从而构成对被动公开者隐私权的侵害,此时与一般的隐私侵权行为没有本质区别,主动公开者应当承担停止侵害、赔礼道歉、赔偿损失等侵害隐私权的民事责任。第二,主动公开者与第三人一起未经被动公开者同意而擅自公开共同隐私,从而主动公开者与第三人一起构成对被动公开者隐私权的侵害。共同隐私的主动公开者与第三人在未经被动公开者同意的情形下擅自公开共同隐私时构成对被动公开者隐私权的共同侵权行为。[1]

本案例中,杜同学虽然在其社交媒体上公布了大量私人信息,但是未曾披露与王某的恋情。实际上,恋爱经历应该属于其与男友的"共同隐私"。共同隐私的一方主体杜同学遭遇不幸后,另一方主体王某没有权利代替遇难者在网络上公开恋情。隐私是且只能是"特定人"的隐私,只有隐私主体本人才能决定是否放弃自己的隐私,其他任何关系密切的人都不能代替他决定放弃隐私。所以,事故之后的恋情公开属于典型的单方泄露共同隐私行为。在此情形下,新闻报道披露遇难者恋情,在信息源上系不合法情形,也可能构成隐私侵权行为[2]。

二、庞理鹏诉东航、趣拿公司侵犯隐私权案

2014 年 10 月 11 日,庞理鹏委托鲁超通过北京趣拿公司下辖网

---

①　何志文.共同隐私的法律保护[J].前沿.2004(07):142 - 144.

②　陈堂发.网络环境下大学生对隐私保护倾向从宽原则——从"外滩拥挤踩踏事件"报道的伦理争议说起[J].新闻记者.2015(02):42 - 48.

站"去哪儿网"订购了一张东航机票。去哪儿网订单详情页面显示乘机人信息为庞理鹏姓名及身份证号,联系人信息、报销信息均为鲁超及其手机号。2014 年 10 月 13 日,庞理鹏手机号收到来源不明号码发来短信称由于机械故障,其所预订航班已经取消。该号码来源不明,且未向鲁超发送类似短信。鲁超拨打东航客服电话进行核实,客服人员确认该次航班正常,并提示庞理鹏收到的短信应属诈骗短信。2014 年 10 月 14 日,东航客服电话向庞理鹏手机号码发送通知短信,告知该航班时刻调整。当晚 19:43,鲁超再次拨打东航客服电话确认航班时刻,被告知该航班已取消。庭审中,鲁超证明其代庞理鹏购买本案机票并沟通后续事宜,认可购买本案机票时未留存庞理鹏手机号。东航称庞理鹏可能为东航常旅客,故东航掌握庞理鹏此前留存的号码。庞理鹏诉至法院,主张趣拿公司和东航泄露的隐私信息包括其姓名、手机号及行程安排(包括起落时间、地点、航班信息),要求趣拿公司和东航承担连带责任。

（一）大数据时代的隐私判定

《民法典》第一千零三十二条规定:"自然人享有隐私权。任何组织或者个人不得以刺探、侵扰、泄露、公开等方式侵害他人的隐私权。隐私是自然人的私人生活安宁和不愿为他人知晓的私密空间、私密活动、私密信息。"公民的姓名、电话号码及行程安排等事项属于个人信息。在大数据时代,信息的收集和匹配成本越来越低,原来单个的、孤立的、可以公示的个人信息一旦被收集、提取和综合,就完全可以与特定的个人相匹配,从而形成某特定个人详细准确的"整体信息"。此时,这些全方位、系统性的整体信息,就不再是单个的、可以任意公示的个人信息,这些整体信息一旦被泄露扩散,个人的隐私将遭受巨大威胁。本案中,如果诈骗分子仅仅知道庞理鹏的姓名或手机号,则无法发送关于航班取消的诈骗短信;如果诈骗分子仅仅知道庞理鹏的行程信息,则亦无法发送关于航班取消的诈骗短信。而恰恰是诈骗分子掌握了庞理鹏的姓名、手机号和行程信息,从而形成了一定程度上的整体信息,所以才能够成功发送诈骗短信。

在本案及大量相似案例中,基于合理事由掌握了"整体信息"的组织或个人应积极地、谨慎地采取有效措施防止信息泄露。任何人未经权利人的允许，都不得扩散和不当利用能够指向特定个人的整体信息，而整体信息也因包含了隐私而整体上成为隐私信息，公民可以通过主张隐私权寻求救济。本案中庞理鹏被泄露的信息包括姓名、手机号、行程安排（包括起落时间、地点、航班信息）等，其中行程安排无疑属于私人活动信息，应该属于隐私信息。即使单纯的庞理鹏的姓名和手机号不构成隐私信息，但当姓名、手机号和庞理鹏的行程信息（隐私信息）结合在一起时，结合之后的整体信息也因包含了隐私信息（行程信息）而整体上成为隐私信息。基于此，将姓名、手机号和行程信息结合起来的信息归入个人隐私进行一体保护，也符合大数据时代个人隐私、个人信息电子化的趋势。

（二）网络隐私侵权举证困境

在民事诉讼中，侵权行为应遵循谁主张、谁举证的举证规则，但是在用户与互联网运营商的隐私权侵权纠纷中，用户往往面临着举证难的困境。用户对"APP 是否抓取信息"及"抓取行为与损害结果的因果关系"的举证能力较弱，用户与 APP 运营商技术力量和信息掌握程度的不对等使得作为个人信息真正权利人的自然人举证路径严重受阻。

本案中，从收集证据的资金、技术等成本上看，作为普通人的庞理鹏根本不具备对东航、趣拿公司内部数据信息管理是否存在漏洞等情况进行举证证明的能力。因此，法院认为，法律不应要求庞理鹏证明必定是东航或趣拿公司泄露了其隐私信息。从机票销售的整个环节看，庞理鹏自己、鲁超、趣拿公司、东航都是掌握庞理鹏姓名、手机号及涉案行程信息的主体。但庞理鹏和鲁超不存在故意泄露信息的可能，根据民事证据高度盖然性[①]标准，东航公司、去哪儿公司存在泄露庞某隐私信息的高度可能，且东航公司和趣拿公司无法推翻

---

① 《最高人民法院关于民事诉讼证据的若干规定》第七十三条规定："双方当事人对同一事实分别举出相反的证据，但都没有足够的依据否定对方证据的，人民法院应当结合案件情况，判断一方提供证据的证明力是否明显大于另一方提供证据的证明力，并对证明力较大的证据予以确认。"这则条款标志着"高度盖然性"证明标准在中国的正式确立。

上述高度可能。综上,北京市第一中级人民法院于 2017 年 3 月 27 日判决趣拿公司及东航在其官方网站首页以公告形式向庞理鹏赔礼道歉,持续时间三天。

随着科技的飞速发展和信息的快速传播,现实生活中出现了大量关于个人信息保护的问题,个人信息的不当扩散与不当利用已经逐渐发展成为危害公民民事权利的一个社会性问题。庞理鹏案是由网络购票引发的涉及航空公司、网络购票平台侵犯公民隐私权的纠纷,各方当事人立场鲜明,涉及的焦点问题具有代表性和典型性,因此被选为最高人民法院第一批涉互联网典型案例。

思考题

1. 你认为个体在社交媒体平台上披露的信息是否属于隐私?

2. 数字化生产的背景下,你认为逝者隐私该如何保护?

3. 互联网时代,个体的隐私权面临着哪些风险?

4. 请谈谈新媒体时代隐私权保护的困境与对策。

5. 你认为当下各平台推出的隐私保护协议是否能够真正保护用户隐私,亦或是只是企业的免责条款?

第四章　新闻传播与个人信息保护

第一节　个人信息保护的基本知识

一、个人信息的概念及其发展

（一）个人信息的定义及构成要件

《网络安全法》第七十六条第 5 项规定："个人信息，是指以电子或者其他方式记录的能够单独或者与其他信息结合识别自然人个人身份的各种信息，包括但不限于自然人的姓名、出生日期、身份证件号码、个人生物识别信息、住址、电话号码等。"

《民法典》第一千零三十四条第二款基本沿袭了《网络安全法》的规定："个人信息是以电子或者其他方式记录的能够单独或者与其他信息结合识别特定自然人的各种信息，包括自然人的姓名、出生日期、身份证件号码、生物识别信息、住址、电话号码、电子邮箱、健康信息、行踪信息等。"

欧洲更多采用"个人数据"的叫法，欧盟《一般数据保护条例》(GDPR)将个人数据定义为"已识别到的或可被识别的自然人的所有信息"①。"个人信息"与"个人数据"两个概念的出现是各地法律传统和使用习惯所致，其实并无本质区别，只存在表述方式的差异，可以相互替换使用②。不论是我国法律体系下的"个人信息"，还是

① 瑞柏律师事务所.欧盟《一般数据保护条例》GDPR（汉英对照）[M].北京：法律出版社,2018, 42.

② 谢远扬.个人信息的私法保护[M].北京：中国法制出版社,2016, 6.

欧洲法律体系中一直沿用的"个人数据"的概念,构成个人信息(个人数据)要满足以下三个要素:

第一,实质要素:具有识别性。

"识别"是个人信息的实质要素,也称为一般要素或不可或缺的要素,是个人信息概念界定的重中之重。所谓识别,即通过信息将特定个人认出来。识别包括直接识别和间接识别。直接识别是指通过该信息可以直接确认某一自然人的身份,不需要其他信息的辅助,例如某人的身份证号、基因信息等;间接识别是指通过该信息虽不能直接确定某人的身份,但可以借助其他信息确定某人的身份。任何可以直接或者间接识别特定自然人的信息都是个人信息。

第二,形式要素:有一定载体。

在"识别"的判断外,个人信息还必须符合形式要素要求。形式要素要求个人信息必须是有载体的、固定化的。根据《民法典》第一千零三十四条规定,形式要素即是"以电子或者其他方式记录"。个人信息必须要以电子或者其他方式记录下来,没有以一定载体记录的信息不是个人信息。

第三,主体要素:自然人。

个人信息的主体只能是自然人,法人或者非法人组织不是个人信息的主体。

（二）个人信息保护在我国的发展

我国对个人信息的保护是随着改革开放进程而启动的。1986年制定的《民法通则》只规定了部分人格权,并未对个人信息权加以规定,甚至个人隐私权在当时也没有受到关注。

从立法层面来看,随着互联网兴起,直到 1990 年代后期才出现了对个人信息进行保护的相关法律。2000 年通过的《全国人大常委会关于维护互联网安全的决定》是对个人信息保护的最早规定,其中将信息安全视为互联网安全的重要内容,并提出采用刑事制裁手段来维护公民的个人信息权利,对非法截获、篡改、删除他人电子邮件等数据资料,侵犯公民通信自由、通信秘密的行为构成犯罪的,可依法追究行为人的刑事责任①。

---

① 乔榛,蔡荣.《民法典》视域下的个人信息保护[J].北方法学.2021,15(01):38-45.

2017 年 6 月《网络安全法》颁布,其中对个人信息的范围作了新扩展,对自然人个人信息的定义采取"识别说",可以概述为以电子或者其他方式记录的,能够单独或者与其他信息结合,识别自然人个人身份的各种信息。《网络安全法》采取列举的方式,列举了个人信息的具体类型,包括自然人姓名、出生日期、身份证件号码、个人生物识别信息、住址、电话号码等。该法还规定了损害个人信息权益,要依法承担民事责任。

2017 年 10 月 1 日开始实施的《民法总则》,历经数次修改,最终把保护个人信息单独列为一个条款,即第一百一十一条。该条规定实现了个人信息私法保护的一大进步,体现为将个人信息作为一项单独的法益来加以承认和保护,并列举了不得非法侵害他人个人信息的七项禁止性规定。《民法总则》第一百一十一条作为保护个人信息的条文,在立法中经历了一个从无到有、从粗放到细致的过程。但也有一些缺憾,在该条款中没有对个人信息的概念加以界定,也没有对个人信息是否是一项民事权利作出明确的规定。

2021 年 1 月 1 日开始实施的《民法典》,在人格权编的第六章"隐私权和个人信息保护"中对个人信息保护做出了具体规定。从第一千零三十四条到第一千零三十九条,《民法典》用了六个条款对个人信息的基本概念、处理规则、抗辩事由、具体路径及其与隐私权的关系等进行了规定,并与第一百一十一条、第九百九十九条以及"侵权责任编"中若干条款相互配合,共同确立了我国个人信息保护的基本方向,为构建科学、合理的个人信息法律保护体系打下了基础①。2018 年,《个人信息保护法》已被列入十三届全国人大常委会立法规划,这标志着中国个人信息保护法治建设进入新的阶段,个人信息即将迎来系统的法律规定保护。

二、个人信息主体权利

(一)个人信息主体的定义

个人信息主体就是通过个人信息已识别或可识别的自然人,具

---

① 周冲.《民法典》个人信息保护条款解读及其对新闻报道的影响[J].新闻记者.2020(10):87 - 96.

体是指通过姓名、身份证号、个人生物识别数据、住址、通信记录、财产数据、行踪轨迹、住宿数据、健康生理数据以及交易数据等能够被直接或间接识别到身份的自然人[1]。

2020年3月6日发布的《信息安全技术个人信息安全规范》第3.3条规定,"个人信息主体"(personal data subject)为"个人信息所标识或者关联的自然人"。欧盟《通用数据保护条例》(GDPR)第4条则明确"个人数据"主体是一个已识别或可识别的自然人。《民法典》第一千零三十四条第二款对个人信息进行了界定,同时,《民法典》第一百一十一条规定:"自然人的个人信息受法律保护。任何组织或者个人需要获取他人个人信息的,应当依法取得并确保信息安全,不得非法收集、使用、加工、传输他人个人信息,不得非法买卖、提供或者公开他人个人信息。"

大数据时代,数据已成为重要资源,数据权利也应该得到重视。数据可分为个人数据(即个人信息)和非个人数据两类,其中可以单独识别出特定自然人,或者与其他数据结合后能够识别出自然人的为个人数据,反之则为非个人数据。"可识别性"是区分两者的关键标准,本书下一小节将详细分析个人信息与数据的区别。另外,大数据背景下,自然人的个人信息兼具人格权和财产权属性。民法典第一百二十七条,及第一千零三十四条至第一千零三十九条对个人信息保护做出了详细规定。

（二）个人信息主体权利分类

有学者在对各国及国际组织、区域性组织出台的与个人数据权利相关的法律法规内容进行整理后,认为个人数据权包括知情同意权、被遗忘权、数据可携带权和个人数据财产权四种权利[2]。也有学者认为,个人数据承载了数据主体的人格利益和财产利益,个人数据权利兼具人格权与财产权双重属性,个人数据权利体系分为个人数据人格权与个人数据财产权。其中,个人数据人格权包括自决权、同

---

[1]　何渊.数据法学[M].北京:北京大学出版社,2020,86.

[2]　相丽玲,高倩云.大数据时代个人数据权的特征、基本属性与内容探析[J].情报理论与实践.2018,41(09):45-50+36.

意权、修改权和被遗忘权,个人数据财产权包括使用权、收益权和数据可携权①。实际上,上述两种观点都是从个人信息权利的人格权属性和财产权属性角度出发,本质上并无区别。

20 世纪 70 年代,知情同意原则开始作为个人隐私保护的基本原则并付诸实践。1970 年欧洲的第一部个人信息保护法《德国黑森州信息法》便将知情同意原则作为个人信息收集原则予以确定。2018 年欧盟颁布的《通用数据保护条例》(GDPR)将"用户同意"作为首要的合法性基础,确立并细化了同意的适用条件,包括规定了数据主体享有撤回同意的权利、同意应是基于自由作出的等等。我国《民法典》也将知情同意原则作为个人信息处理的基础。各国(地区)的个人信息保护法(条例)中,基本上都是以公民的知情同意为核心来建构保护机制或模式的。赋予公民对自身信息(数据)自治的权利,在大数据时代中已成共识,成为个人信息保护的必然选择②。

个人信息的知情同意权在法律中主要体现在两个方面:一是个人被告知同意或拒绝的权利;二是查询权与修改权。

被告知权指公民的个人信息被政府、企业、他人收集或使用时,有被提前通知并同意或拒绝的权利。《民法典》第一千零三十五条第一款规定:"处理个人信息的,应当遵循合法、正当、必要原则,不得过度处理,并符合下列条件:(一)征得该自然人或者其监护人同意,但是法律、行政法规另有规定的除外;(二)公开处理信息的规则;(三)明示处理信息的目的、方式和范围;(四)不违反法律、行政法规的规定和双方的约定。"

在我国,个人数据查询权一般指公民依法拥有向其个人数据持有者就其个人数据的来源、类别、内容、加工状态及加工目的等进行查询的权利。个人数据修改权一般指公民依法拥有向其个人数据持

---

① 温昱.个人数据权利体系论纲——兼论《芝麻服务协议》的权利空白[J].甘肃政法学院学报.2019(02):84-96.

② 范海潮,顾理平.探寻平衡之道:隐私保护中知情同意原则的实践困境与修正[J].新闻与传播研究.2021,28(02):70-85+127-128.

有者就其个人数据的完整性、准确性和及时性进行补充或更改的权利。《民法典》第一千零三十七条规定:"自然人可以依法向信息处理者查阅或者复制其个人信息;发现信息有错误的,有权提出异议并请求及时采取更正等必要措施。自然人发现信息处理者违反法律、行政法规的规定或者双方的约定处理其个人信息的,有权请求信息处理者及时删除。"

（三）个人信息主体权利救济

目前市场对于个人信息的采集利用方面尚存种种乱象:电信诈骗、广告轰炸、算法歧视、跟踪……《民法典》通过总则中民事权利、民事责任的一般规定,人格权编和侵权责任编中的有关规定,对个人信息权益受到侵害如何进行救济建立了相应的制度。

我国《民法典》第一千零三十八条第二款规定:"信息处理者应当采取技术措施和其他必要措施,确保其收集、存储的个人信息安全,防止信息泄露、篡改、丢失;发生或者可能发生个人信息泄露、篡改、丢失的,应当及时采取补救措施,按照规定告知自然人并向有关主管部门报告。"

《民法典》第一千一百八十三条规定:侵害自然人人身权益造成严重精神损害的,被侵权人有权请求精神损害赔偿。《民法典》第一千零三十四条规定:个人信息中的私密信息,适用有关隐私权的规定;没有规定的,适用有关个人信息保护的规定。因此,侵害以私密信息为内容的个人信息造成了对受害人的隐私权具体人格权的侵害,引起严重精神损害的,可以请求精神损害赔偿。

三、大数据时代侵犯个人信息的表现

大数据时代给人们带来改变和便捷的同时,也产生了海量的冗余信息难以应付、虚假信息难以辨认、个人信息和隐私被随意侵害、滋生新型信息网络犯罪等信息伦理问题,使传统的法律和道德规范受到了冲击和挑战,增加了民众在个人信息和隐私方面的不安全感,发出"在大数据时代,所有人实际上都在裸奔"的感慨,每个人都需要面对在享受大数据带来的便捷的同时承受个人信息权被随意侵害的现实的伦理困境①。大数据时代个人信息侵权主要有以下几种表现：

（一）个人信息被非法收集

大数据时代,信息技术的发展使得系统通过"云端"实现不同客户终端之间的个人信息传输成为现实。一些网络运营商采取创建账号等形式要求用户填写详细的个人信息,不完整填写则无法登陆和使用,用户没有选择权,网络运营商可以轻松收集海量的客户信息,甚至有一些网络运营商利用一些噱头或包装成合法合理的理由骗取客户填写个人信息,或者利用钓鱼程序或木马链接盗取个人信息,个人信息采集途径愈发轻松和隐秘,且在为用户提供网络服务前就收集了客户个人信息,收集成本做到了最低。收集个人信息后,通过大数据处理技术进行分析处理,通过部分个人信息甚至可以收集客户的行为偏好、行踪轨迹、性格特征等信息,然后再根据分析结果对客户进行精准推送信息,采取定向营销的方式获取利润,甚至在网络上出现大量的公开打包售卖个人信息的非法组织和个人,将收集的个人信息销售给有需求的商家甚至犯罪组织。

（二）个人信息被非法披露

信息保密权是指未经本人同意不得擅自披露其个人信息。一些运营商或掌握客户个人信息资源的机构和个人在利益驱使之下,在未获得法律授权及客户本人同意的情况下,擅自对外提供或披露个人信息,使诸如姓名、身份证号码、手机号码、家庭住址、工作单位、购房情况、购车情况、子女教育、健康情况等个人信息通过各种非法途径被泄露,使得客户在不知情的情况下接到大量的电话或受到短信骚扰。更严重的是,近年来频发的"人肉搜索"等恶意披露特定对象的个人信息事件,导致该特定对象的名誉甚至人身安全受到极大损害,酿成了大量悲剧。

前文所述的 2007 年发生的"博客第一自杀案",是典型的由网络

---

① 赵正东,王乃冬.大数据时代个人信息侵权及保护问题探索[J].延边大学学报(社会科学版).2021, 54(01):116–112.

披露个人信息引发网络暴力的案件。此案件也被称为"网络暴力第一案",是国内最早由网络"人肉搜索"曝光个人信息,造成公民物质和精神损失,并且最终诉诸司法程序的案件。由于个人信息的非法披露和网络传播的无序性使得原本的私人事件曝光在公众视野之下,貌似承载了公愤,具有公共价值。而实际上,博客自杀案中原告虽然于私德有亏,但仍无关乎"公共利益",个人信息仍应受到保护。

（三）个人信息被非法利用

云计算技术的快速发展已经渗透到日常工作、生活和学习中,人们在日常生活的人际交往、查询信息、沟通传递等过程中,任何一个随意的行为都有可能泄露个人信息。信息控制者获取个人信息后,利用信息技术进行分析处理,将处理后的信息出售给有需求的商家。商家利用分析结果实现精准广告推送,人们不得不被各种垃圾电话、短信及其他形式的信息"狂轰滥炸",占用和浪费了大量的私人时间。一些网络运营商通过用户浏览网页的时间和种类、购物习惯、付款信息等数据进行分析,可以实现向用户精准推送商品推荐,诱导甚至欺骗用户购买等行为时有发生,不同程度地侵犯了公民个人信息权利,甚至通过个人信息严重损害了公民名誉权及人身安全。

一般情况下,个人信息会经历"被收集、遭泄露、被买卖"等环节,最后落入不法分子手中,成为电话骚扰、网络诈骗的有力工具。如今虽然网络带给我们的生活很多便利,但是各类电话骚扰、网络诈骗令人不堪其扰,尤其是基于网络个人信息的"精准诈骗"让人防不胜防①。

【案例 4-1　徐玉玉个人信息泄露引发电信诈骗案】

2016 年 8 月,即将入读南京邮电大学的 18 岁山东女孩徐玉玉,接到以发放助学金为由的诈骗电话,被骗取了学费 9900 元。在报警回家的路上,徐玉玉突发心脏骤停,经医院抢救无效,不幸离世。案发后公安机关调查了徐玉玉个人信息泄露的源头,以及电信网络诈骗的经过。经查明,犯罪嫌疑人利用技术手段攻击了"山东省高考网

---

① 黄瑚.网络传播法规与伦理教程[M].上海:复旦大学出版社,2020,195.

上报名信息系统",并在网站植入木马,获取了网站后台登录权限,盗取了包括徐玉玉在内的大量考生的报名信息。

网络非法获取个人信息已经形成了一个黑色产业链。公然售卖考生信息者大有人在,这些卖家对于考生姓名、学校、电话、住址在内的信息进行打包出售。由于作案分子常常在电话里能够准确无误地说出受害者的姓名、院校等信息,实施"精准诈骗",非常容易让被害人受到蒙蔽。

徐玉玉案发生一年后,2017年通过审议的《民法总则》规定了:自然人的个人信息受法律保护,任何组织或者个人需要获取他人个人信息都应当依法取得,并确保信息安全,不得非法收集、使用、加工、传输他人个人信息,不得非法买卖,提供或者公开他人个人信息。

(四)个人信息被非故意泄露

个人信息的非故意泄露是指主观上没有泄露个人信息的故意,客观上没有利益交换行为,个人信息的泄露是由于个人信息本人或他人疏忽或无意间造成的。例如,掌握个人信息的政府机构、企业或商户由于缺乏信息保护意识、设备不完善、技术不成熟、管理不规范等原因,造成个人信息缺乏保护而被泄露。日常生活中的快递单据、证件复印件遗失、电脑及手机不设置密码、银行单据或体检报告等未经处理随意丢弃等,均造成了大量的个人信息非故意泄露。

思考题

1. 构成"个人信息"需要满足哪些要件?你如何理解"识别性"?

2. 结合本章内容和相关法律条文规定,谈谈个人信息保护在我国的发展经历了哪几个阶段?具体有哪些变化?

3. 个人信息主体是什么?个人信息主体享有哪些权利?

4. 个人信息被侵犯有哪些表现形式?可能产生哪些后果?

5. 结合你本人的生活实践,列举一些你的个人信息被侵犯的例子,并谈谈从个人角度出发,如何避免个人信息被侵犯?以及你可以通过哪些法律条文维权?

第二节 个人信息与隐私、数据的关系

在传统理论框架内，个人信息与隐私、数据之间的关系扑朔迷离。因此，有必要在个人信息权的框架下厘清这些近似概念及相对应权利。

一、个人信息权与隐私权的关系

《民法典》人格权编第六章将个人信息保护与隐私权并列。这种立法上的体例安排显示了立法者认为隐私权与个人信息保护具有极为密切的联系，但将隐私权与个人信息保护合并规定也容易模糊隐私权与个人信息的性质和法律保护方法①。个人信息与隐私既不是包含与被包含的关系，也不是简单的交叉关系。二者具有一定的交叉与重叠关系，但在总体上是两个不同的法律概念，在价值基础、内涵外延、保护原则、权能范围、救济方式等方面均存在区别。

（一）个人信息权与隐私权的联系

第一，二者的权利主体都仅限于自然人。隐私权的主体限于自然人，法人不享有隐私权，法人所享有的商业秘密是作为财产权的内容加以保护的。同样，个人信息的权利主体限于自然人。个人信息具有可识别性，能直接或间接指向某个特定的个人。虽然个人信息的实际控制者（controller）可能是法人，但其并非个人信息权的权利主体（information subject）。

第二，二者都体现了个人对其私人生活的自主决定。无论是隐私还是个人信息，都彰显了个人的人格尊严和人格自由。隐私权产生的价值基础就是对人格尊严和人格自由发展的保护，尤其是文艺复兴以后，伴随西方对自由财产权保护的明确和巩固，以个人尊严和人身自由为主的人格权利不断得到强调和彰显，其中包括私密信息

---

① 程啸.民法典编纂视野下的个人信息保护[J].中国法学.2019(04):26-43.

在内的隐私内容的社会评价也开始从负面转向正面,其背后的人格价值也在不断提高,并逐渐以一种私人权益的形式得到社会普遍认知和接受①。就个人信息而言,其之所以日益获得强化保护,也与其体现了人格尊严和人格自由存在密切关系。个人信息常常被称为"信息自决权(informational self-determination right)",同样体现了对个人自决等人格利益的保护。例如,在网上披露他人的裸照,不仅侵害了隐私权,而且侵害了个人信息权,从本质上讲损害了他人的人格尊严。

第三,二者在客体上具有交错性。一方面,个人信息中包含了个人不愿对外公开的私密信息,其本身就属于隐私的范畴,如个人行踪、生物识别信息等,即使这些信息已经被政府或商业机构收集,也并不意味着就已经丧失了其私密性。另一方面,部分隐私权保护客体也属于个人信息的范畴。隐私本身包含了私密信息、私密活动、私密空间。数字化技术的发展使得许多隐私内容同时具有个人信息的特征,如个人通讯甚至谈话内容等,通过技术处理而被数字化记录下来,因其兼具身份识别的特性而被纳入个人信息的范畴。

第四,二者在侵害后果上具有竞合性。所谓竞合性,是指行为人实施某一行为可能同时造成对多种权利的侵害,产生责任竞合的现象。一方面,随意散播具有私密性特征的个人信息,可能也会同时涉及到对隐私权的侵犯。例如,随意传播个人病历资料,既会造成对个人隐私权的侵害,也会侵害个人信息权。另一方面,侵害个人信息权的表现形式与侵害隐私权非常类似,侵权人多数采用披露个人私密信息的方式。所以,在法律上并不能排除这两种权利的保护对象之间的交叉。

概括而言,个人信息权和隐私权在价值内核和侵权内容上具有紧密联系,但是这不等于个人信息保护可以被完全纳入隐私权范畴,两者在权利属性、权利客体、权利内容、保护方式上皆有显著区别。

---

① 周冲.《民法典》个人信息保护条款解读及其对新闻报道的影响[J].新闻记者.2020(10):87-96.

（二）个人信息权与隐私权的区别

1. 权利属性的区别

第一，隐私权主要是一种精神性人格权，其财产价值并非十分突出。隐私主要体现的是人格利益，侵害隐私权主要导致的是精神损害。而个人信息权在性质上属于一种集人格利益与财产利益于一体的综合性权利，并不完全是精神性人格权，既包括了精神价值，也包括了财产价值[①]。

第二，隐私权是一种消极的、防御性的权利，只能在遭受侵害的情况下请求他人排除妨害、赔偿损失等。个人信息权是一种主动性的权利，权利人可以对其进行积极利用。个人信息权具有隐私权没有的知情权、更正权、删除权、封锁权等积极功能[②]。在他人未经许可收集、利用其个人信息时，权利人有权请求行为人更改或删除其个人信息。

2. 权利客体的区别

《民法典》第一千零三十四条第三款规定，"个人信息中的私密信息，适用有关隐私权的规定；没有规定的，适用有关个人信息保护的规定"，但是这并不能简单理解为个人信息包含隐私。个人信息权与隐私权的权利客体不同，个人信息重在识别，无论直接还是间接指向个人，只要此种信息与个人身份有一定的关联，就可看作是个人信息。而隐私重在隐匿，凡是个人不愿公开披露且不涉及公共利益的部分都可成为个人隐私。总体上二者是不同的法律概念，隐私对"秘密性"的关注具有当事人不愿公开的主观因素，而个人信息对"识别性"的关注则是客观上能否将特定个人"认出来"，并不涉及当事人的主观因素。本质上个人信息保护建立在信息流通之上，而隐私权则是建立在信息封锁之上。个人信息保护关注个人信息的利用，维护个人外在的行动自由；而隐私权关注的则是与内在的人格尊严密切相关的私生活秘密是否泄露。

内涵与外延之别是个人信息与隐私最为明显的区别。个人信息

---

　　①　王利明.论个人信息权的法律保护—以个人信息与隐私权的界分为中心[J].现代法学.2013(4):62-72.

　　②　何渊.数据法学[M].北京:北京大学出版社,2020，49.

无法包含生活安宁的隐私与没有形成记录的隐私。隐私不限于信息的形态，它还可以以私密空间、私密活动等方式体现，且并不需要记载下来，而个人信息必须以固定化的信息方式表现出来，或者以数字化的形式表现出来。另一方面，隐私无法包含公开的个人信息。隐私必须是隐匿的，一旦公开就不再属于隐私，而个人信息则包含着非秘密性的公开信息，包括姓名、性别、形貌特征、种族、年龄、身高、教育经历、职业身份等，许多个人信息都是公开的。

3. 权利内容的区别

隐私是自然人的私人生活安宁和不愿为他人知晓的私密空间、私密活动、私密信息。隐私权特别注重"隐"，主要包括三个方面，一是私人生活安宁权；二是私人事项免于干扰；三是私密空间免受侵扰。与之相应，侵害隐私权的方式主要是非法披露隐私和侵入私密空间。而个人信息主要是指对个人信息的支配和自主决定。个人信息权的内容主要包括个人对信息被收集、利用等的知情权，以及自己利用或者授权他人利用的决定权等内容。与之相应，对个人信息权的侵害主要体现为未经许可而收集和利用个人信息，其中，大量侵害个人信息的行为都表现为非法篡改、加工个人信息的行为①。

隐私权作为一种典型的具体人格权，保护的是个人的隐秘人格利益，具有较强的排他性，属于绝对权利范畴。而个人信息则不同，它除了人格利益之外，还承载着重要的社会和经济价值。比如新冠肺炎疫情期间"健康码"等程序应用个人信息的收集和处理，就具有很强的公共属性，而各种数据产业发展对于个人信息的依赖，也意味着对个人信息的保护不能采取类似隐私权保护的那种绝对控制模式，而要兼顾各方利益。这实际上也构成了我国《民法典》针对个人信息保护采用强调多元利益平衡的"法益保护模式"，而摒弃主体一家独大的"权利保护模式"的主要因素②。

---

① 王利明.论个人信息权的法律保护—以个人信息与隐私权的界分为中心[J].现代法学.2013(4):62-72.

② 周冲.《民法典》个人信息保护条款解读及其对新闻报道的影响[J].新闻记者.2020(10):87-96.

4. 保护方式的区别

保护对象及保护内容不同也导致保护方式有所差别。对隐私权的保护应注重事后救济,而对个人信息的保护则注重预防。隐私权是一种被动保护的权利,其救济方式通常表现为受到侵犯可要求停止侵害或者排除妨碍。而个人信息保护则强调主动控制,包括要求转移、更正、删除等各种权能性救济模式,且其权利行使的先决条件已不再局限于"权利受到侵害",即使信息控制者的行为目前来看不必然带来真实损害,只须构成抽象危险,个人就可以行使相关权利,具有预防作用。

其次,侵犯隐私权的情况下,带来的损害一般是精神上的,而非物质损害,所以一般以主张精神损害赔偿作为救济手段;在侵犯个人信息权的情况下,由于个人信息通常包含商业价值,则有可能造成权利人的财产性损害,因而权利人可以通过主张财产性赔偿得到救济。

总体而言,在《民法典》中,"个人信息保护"与"隐私权"一同被纳入"人格权编",在具体条款中又被区别开来,体现了二者既有交叉场合又有本质区别的关系(表 4-1)。从法理上说,个人信息权与隐私权尽管有着相同的价值内涵和理论渊源,但两者在权利属性、权利客体、权利内容、保护方式上存着明显差异,对于信息传播活动尤其是新闻传媒行业的影响也大为不同。

表 4-1　个人信息权与隐私权的关系

权利类型	价值内核	权利属性	权利主体	权利客体	权利内容	保护方式	救济手段
个人信息权	人格尊严	综合性人格权	自然人	识别性	多元平衡	主动控制	财产赔偿
隐私权	人格尊严	精神性人格权	自然人	私密性	绝对权利	被动保护	精神赔偿

二、个人信息权与数据权的关系

首先,"个人信息"与"个人数据"两个概念的出现是各地法律传统和使用习惯所致,其实并无本质区别,只存在表述方式的差异,可以交互替换使用。实践中,"个人信息"与"个人数据"也常被混用。联合国《数据保护指导原则》、英国《数据保护法》以及《美国—欧盟的隐私安全港原则与常涉问题》(FAQ)均在文本中将二者等同使用。

但是,"个人信息"与我们所说的"大数据"或"数据"是存在区别的。作为数据权客体的数据并非"个人数据",而是匿名化的、不具可识别特征的数据。数据信息应属于无形财产权的客体,而个人信息应属于作为具体人格权的个人信息权的客体。与数据权相比,个人信息权在权利位阶上具有优先性(图 4-1)[①]。

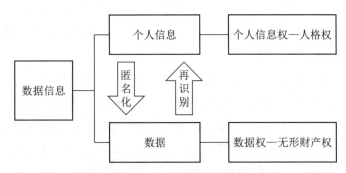

图 4-1　个人信息权与数据权的关系

第一,作为财产权客体的只能是数据而非个人信息。从《民法典》的体例编排可见,个人信息是人格权的客体,而数据是财产权的客体。从《刑法》第 253 条之一的规定亦可知,在我国,个人信息原则上是禁止"出售或提供给他人"的。个人信息不可能是财产权的客体。就属于财产权客体的数据而言,存在"物权客体说""知识产权客体说"及"无形财产权客体说"三类学说。然而,"信息"不是民法上的"物",不能作为物权的客体。同时,许多数据本身并没有独创性,并非智力成果,不属于知识产权的客体。因此,数据整体应属于知识产权的上位概念,即无形财产权的客体。

第二,数据权与个人信息权绝不可等同。数据权一般被认为是数据控制者对数据的占有、处理、处分的财产权。数据权与个人信息权在主体、客体、性质、内容上均有所区别。数据权的主体为数据控制者,并不限于自然人;数据权的客体必须排除个人信息,只能是不

---

①　何渊.数据法学[M].北京:北京大学出版社,2020，50.

可识别特定个人的电子数据；数据权性质上是财产权而非人格权；数据权内容上体现为财产权的占有、使用、收益、处分的权能，并不具有个人信息权的知情权、更正权、删除权、封锁权等权能（表4-2）。

表4-2　个人信息权与数据权的差异

	权利主体	权利客体	权利属性	权利内容
个人信息权	自然人	可识别性	人格权	知情权、更正权、删除权、封锁权
数据权	数据控制者	不可识别	财产权	占有、使用、收益、处分的权能

第三，个人信息权具有优先性，个人信息权的优先性体现在三个方面。第一，信息控制者只有在对个人信息进行匿名化处理后才能享有数据权。第二，对于合法掌握可识别信息，信息控制者虽有财产利益但不享有财产权，控制者只能行使商业秘密以及《反不正当竞争法》上的请求权。归根到底，这些可识别信息都无法成为控制者的财产，而是保有信息主体的人格权性质，使用个人信息保护规则。第三，当数据权中的匿名信息通过再识别手段被恢复识别可能性时，这些数据即成为个人信息，控制者无法再行主张财产权。

思考题

1. 如何理解个人信息权和隐私权在侵害后果上的"竞合性"？

2. 个人信息权和隐私权有哪些区别？两者的区别会导致两者对于信息传播活动，尤其是新闻传媒行业的影响存在哪些差异？

3. 个人信息权和数据权有什么关系？如何理解个人信息权具有优先性？

第三节　新媒体时代侵犯个人信息的案例分析

一、凌某某诉抖音侵犯个人信息及隐私权案

2019年2月9日，凌某某在手机通讯录除本人外没有其他联系

人的情况下,使用手机号码注册登录抖音 App,在"关注"列表中发现大量好友被推荐为"可能认识的人",包括多年未联系的同学、朋友。经比对,大部分为其微信好友,但凌某某从未使用微信账号登录抖音,亦未在抖音中绑定过微信账号。凌某某认为在抖音没有授权的情况下,非法窥探和使用其隐私和个人信息,导致生活安宁、对社交关系的控制受到干扰和破坏,以侵犯个人信息权益与隐私权为由,将抖音告上法庭①。

(一)侵犯隐私权的判定

《民法典》第一千零三十二条规定:"自然人享有隐私权。任何组织或者个人不得以刺探、侵扰、泄露、公开等方式侵害他人的隐私权。隐私是自然人的私人生活安宁和不愿为他人知晓的私密空间、私密活动、私密信息。"第一千零三十四条第三款规定:"个人信息中的私密信息,适用有关隐私权的规定;没有规定的,适用有关个人信息保护的规定。"

隐私包含两个方面的内容:一方面是自然人的私人生活安宁;另一方面是自然人不愿为他人知晓的私密空间、私密活动、私密信息。就私人生活安宁来说,在判断是否构成侵害隐私权时,应考量其个人生活状态是否有因被诉行为介入而产生变化,以及该变化是否对个人生活安宁造成一定程度的侵扰;就不愿为他人知晓的私密空间、私密活动、私密信息来说,可以综合考量社会一般合理认知以及有无采取相应保密措施等因素进行判断。因不同类型人群的隐私偏好不同,且互联网具有开放、互联和共享的特点,在网络环境中对隐私的界定及判断是否构成侵权需要结合具体场景具体分析。

本案中,要从是否侵犯私密信息、是否侵扰私人生活安宁两个方面判定抖音是否侵犯凌某某隐私权。首先,凌某某的姓名和手机号码,并不属于私密信息。其次,抖音 APP 推荐的"可能认识的人"中,虽与原告有一定的社交关系,但这些社交关系并不具有私密性,抖音也不知悉其具体关系。因此,这种社交关系,不属于私密信息。再

---

① 参见北京市互联网法院民事判决书,(2019)京 0491 民初 6694 号.

者,针对抖音手机凌某地理位置,地理位置会在一定范围内被人知悉,也不具有私密性。因此,凌某某的姓名、手机号码、地理位置,并不属于私密信息。

抖音 App 作为短视频分享平台,具有个性化音视频推荐、网络直播、发布信息、互动交流等功能,凌某某在注册登录抖音 App 时,对上述功能包括互动交流应当有合理预期。抖音读取手机通讯录和匹配行为并未对凌某某产生打扰,因此向凌某某推荐有限的"可能认识的人",也不构成对其生活安宁的侵扰。综上,抖音推荐"可能认识的人"并不侵犯凌某某的隐私权。

(二)侵犯个人信息的判定

《民法典》第一百一十一条规定:"自然人的个人信息受法律保护。"第一千零三十四条第二款规定:"个人信息是以电子或者其他方式记录的能够单独或者与其他信息结合识别特定自然人的各种信息,包括自然人的姓名、出生日期、身份证件号码、生物识别信息、住址、电话号码、电子邮箱、健康信息、行踪信息等。"

构成个人信息应当满足两个要件,一是具有可识别性,即通过该信息可以识别特定自然人,这是个人信息的核心要件;二是要有一定的载体,应以电子或者其他方式记录,这是个人信息的形式要件,没有以一定载体记录的信息不是个人信息。"可识别性"既包括对个体身份的识别,也包括对个体特征的识别;对个体身份的识别确定信息主体"是谁",对个体特征的识别确定信息主体"是什么样的人"。同时,在考量是否具有可识别性时,不应机械、割裂地对每一个单独的信息进行判断,而应结合具体场景,以信息处理者处理的相关信息组合进行判断,如已经收集了能识别特定自然人的信息,该信息与其他信息组合亦可以识别特定自然人,这种信息组合同样属于个人信息。

依照《民法典》第一千零三十五条规定:"处理个人信息的,应当遵循合法、正当、必要的原则,不得过度处理,并符合下列条件:征得该自然人同意或其监护人同意,但是法律、行政法规另有规定的除外;公开处理信息的规则;明示处理信息的目的、方式和范围;不违反法律、行政法规的规定和双方的约定。"因此,网络运营者处理个人信息要遵循合法、正当、必要的原则,处理行为通常需要征得被收集者同意,否则可能构成对个人信息权益的侵害。

姓名是自然人作为社会个体与他人进行区别,在社会生活中具备可识别性的称谓或符号。手机号码是电话管理部门为手机设定的号码,随着"手机实名制"政策的推行和普及,手机号码与特定自然人的关联性愈加紧密。因此,自然人的姓名与其使用的手机号码无论单独抑或组合均具有可识别性,属于个人信息。手机通讯录是存储记录联系人姓名和手机号码等联系方式的信息集合,整体能够在一定程度上反映该手机用户的社交关系,属于个人信息。

本案中,在凌某某未注册时,抖音 App 从其他用户手机通讯录中收集到凌某某的姓名和手机号码,通过匹配可以知道软件内没有使用该手机号码作为账户的用户,应当及时删除该信息。但抖音并未及时删除,该信息仍然存储于抖音的后台系统中,超出必要限度,不属于合理使用,构成对原告该项个人信息权益的侵害。抖音在未征得原告同意的情况下,通过读取其他用户手机通讯录收集、存储凌某某的社交关系,并基于此种关系向凌某某推荐可能认识的人,抖音没有删除凌某某的个人信息,且凌某某注册后,未征得凌某某同意的情况下,进行推荐的行为构成对凌某某个人信息权益的侵害。

抖音 App 的《隐私政策》条款中有"你发布音视频等信息并选择显示位置时,我们会请求你授权地理位置这一敏感权限,并收集与本服务相关的位置信息。这些技术包括 IP 地址、GPS……"可见,根据《隐私政策》,通过 IP 地址获得地理位置亦应征得用户同意。但抖音在未征得当事人同意的情况下收集其地理位置信息,侵犯了凌某某的个人信息权益。凌某某的姓名、手机号码、社交关系、地理位置属于个人信息的范畴,抖音 APP 未征得同意处理上述个人信息的行为构成对凌某某个人信息权益的侵害。

二、冈萨雷斯诉谷歌侵犯被遗忘权案

2011 年,西班牙男子冈萨雷斯在谷歌上搜索自己的名字时,发现了早在 1998 年他因为财务问题而被法院强制拍卖物业的新闻报道。于是冈萨雷斯向西班牙数据保护局提交了投诉,以媒体和搜索引擎侵害其隐私权为由要求《先锋报》删除数据信息,并要求谷歌西班牙分部或谷歌公司删除数据链接。西班牙数据保护局支持冈萨雷斯对谷歌西班牙分部和谷歌公司的诉求,要求删除链接并保证其他用户无法通过搜索引擎打开该信息,但驳回了当事人对《先锋报》的投诉。因此,谷歌西班牙分部和谷歌公司分别向西班牙高等法院提起了诉讼,西班牙国立高等法院将两案合并后,提交到了欧盟法院。欧盟最终以新闻自由为由,判决《先锋报》不承担责任。

不过,欧盟法院认为,谷歌作为搜索引擎运营商,应视为《个人数据保护指令》中的数据控制者,为保障公民的被遗忘权,不能以新闻自由为由予以豁免,认定谷歌应当承担删除责任。2014年"冈萨雷斯诉谷歌案"终审判决支持了冈萨雷斯保护其被遗忘权的诉讼请求。判决指出,关于"不充分、不相关(或不再相关)、过分的(超出其最初处理目的)"的数据,数据主体享有请求网络服务运营商删除链接的权利。

(一) 被遗忘权的确立

被遗忘权是指数据主体要求网络服务提供者或数据控制者永久删除与其相关的个人数据的权利(网络服务提供者或数据控制者有合法理由保留的数据除外)。其中,搜索引擎、网站运营商和社交网络等数据控制者是删除数据的义务主体①。

1995年,欧盟颁布的《个人数据保护指令》第12条b款规定:各成员国应确保数据主体对个人资料的控制,当信息资料不完整、不正确或不需要时,数据主体有权要求修正、删除相关信息。2012年,欧盟在《关于涉及个人数据处理的个人保护以及此类数据自由流动的第2012/72、73号草案》(以下简称《2012欧盟草案》)中首次提出了"被遗忘权",草案规定,数据主体有权要求数据控制者永久删除其相关的个人数据,有权被互联网所遗忘,除非数据的保留有合法的理由。2014年5月,欧盟法院对2011年西班牙男子冈萨雷斯诉谷歌案

---

① 何渊.数据法学[M].北京:北京大学出版社,2020,86.

作出终审判决,支持冈萨雷斯本人的诉讼请求,判决谷歌公司删除包含其个人信息的网络链接。通过该判例,欧洲正式确立"被遗忘权"为个人的基本权利之一①。2016年4月,《通用数据保护条例》(GDPR)正式被欧盟委员会及欧盟议会通过。由此,"被遗忘权"第一次成为明文规定的正式法律。②经过两年的过渡期之后,《欧盟通用数据保护条例》于2018年5月25日正式生效。③

(二)被遗忘权的内涵

首先,《欧盟通用数据保护条例》第17条第1款载明,数据主体享有要求控制者擦除关于其个人数据的权利。《欧盟通用数据保护条例》第4条第1款定义了"数据主体":一个可识别的自然人是一个能够被直接或间接识别的个体,特别是通过诸如姓名、身份编号、地址数据、网上标识或者自然人所特有的一项或多项的身体性、生理性、遗传性、精神性、经济性、文化性或社会性身份而识别个体。由此得知,被遗忘权的权利主体就是"数据主体",亦即产生个人数据并能通过直接或间接手段被识别身份的自然人(表4-3)。

其次,《欧盟通用数据保护条例》第4条第1款也对第17条第1款中提及的"数据控制者"作出了定义:"控制者"指的是那些决定——不论是单独决定还是共同决定——个人数据处理目的与方式的自然人或法人、公共机构、规制机构或其他实体。同理可得,被遗忘权的义务主体就是响应数据主体要求的"数据控制者",亦即经过个人同意或者有其他合理理由而控制个人数据的人。在互联网时代,各类搜索引擎公司、社交网站、科技企业往往就是收集个人数据的主要主体。

再次,根据《欧盟通用数据保护条例》第17条第1款可以得知,被遗忘权的权利客体就是"个人数据",也就是任何已识别或可识别

① 郭小安,雷闪闪."数据被遗忘权"实施困境与我国的应对策略[J].理论探索.2016(06):108-114.

② 刘学涛,李月.大数据时代被遗忘权本土化的考量——兼以与个人信息删除权的比较为视角[J].科技与法律.2020(02):78-88.

③ Right to Erasure(Right to Be Forgotten),GDPR(17 may 2021),https://gdpr-info.eu/art-17-gdpr/.

的自然人("数据主体")相关的信息。同时,第 17 条第 1 款还对可以被适用被遗忘权的个人数据作出了如下分类和限定:一是对于实现其被收集或处理的相关目的不再必要的个人数据;二是经数据主体撤回"让数据主体处理其数据的同意"的个人数据;三是经数据主体行使"反对权"的个人数据;四是经过非法处理的个人数据;五是为遵守法定义务必须删除的个人数据;六是经未意识到风险的儿童作出处理同意的个人数据。综上所述,这六类个人数据即为被遗忘权的权利、义务共同指向的权利客体。

最后,《欧盟通用数据保护条例》第 17 条第 2 款载明:"当控制者已经公开个人数据,并且负有第 1 段所规定的擦除个人数据的责任,控制者应当考虑可行技术与执行成本,采取包括技术措施在内的合理措施告知正在处理个人数据的控制者们,数据主体已经要求他们擦除那些与个人数据相关的链接、备份或复制。"也就是说,被遗忘权的权利内容是,权利主体(数据主体)有权要求义务主体(数据控制者)删除并通知其他相关数据控制者删除与权利客体(上述六类个人数据)相关的链接、备份或复制。

表 4-3　被遗忘权的内涵①

权利主体	数据主体
义务主体	数据控制者
权利客体	六类个人数据
权利内容	数据主体有权要求数据控制者删除并通知其他数据控制者删除与上述六类个人数据相关的链接、备份或复制

三、任甲玉诉百度公司侵权纠纷

"任甲玉诉百度公司案"被称作我国"被遗忘权"的第一案,也是被遗忘权首次在我国司法案例中出现。任甲玉于 2014 年 7 月 1 日起在无锡陶氏生物科技有限公司从事相关的教育工作,至 2014 年 11 月 26 日解除劳动关系。从 2015 年 2 月初开始,任甲玉在百度中将

---

① 李扬,林浩然.我国应当移植被遗忘权吗[J].知识产权.2021(06):50-65.

其姓名作为关键词进行检索时,发现许多包含"陶氏教育任甲玉""无锡陶氏教育任甲玉"等包含其名字和陶氏教育等字段的链接。

任甲玉认为,无锡陶氏教育在外界颇受争议,业内评价不佳,这些链接不仅严重侵犯了他的隐私,也对他的名誉造成极大侵害,影响到了他的日常生活、就业和工作。此后,任甲玉不断向百度公司发送邮件,提出删除这些链接的请求,但是百度公司并没有采取相关措施。任甲玉随即便就姓名权、名誉权及一般人格权中"被遗忘"的权利被侵害为由,向北京市海淀区人民法院提起诉讼,要求百度公司在百度搜索引擎中显示包含其姓名的搜索链接之时,屏蔽掉"无锡陶氏教育"和"陶氏教育"等字段,并赔礼道歉、消除影响。而百度公司辩称,本案事实中百度公司只提供了互联网搜索引擎服务,且客观上也不存在任甲玉姓名权和名誉权与"被遗忘权"受侵犯的情形。

在一审判决中,法院以本案涉诉相关搜索显示词条并未受到百度公司人为干预且不存在侵犯原告姓名权、名誉权以及"被遗忘权"民事利益为由,判决驳回原告任甲玉的全部诉讼请求。任甲玉不服,向北京市第一中级人民法院提起上诉。二审法院与一审法院的意见一致①。

(一)搜索引擎侵犯姓名权的判定

姓名权是自然人享有的依法决定、使用和依法变更自己姓名的权利,禁止他人干涉、盗用、假冒。在本案中,相关检索词的出现虽然未经任甲玉本人允许,但搜索结果中的"检索词"只是动态反映过去特定时间内网络用户使用检索词的客观情况,本身是百度搜索引擎经过相关算法的处理过程后显示的客观存在网络空间的字符组合。在这一前提下,对于作为机器的"搜索引擎"而言,"任甲玉"这三个字在相关算法的收集与处理过程中就是一串字符组合,是网络用户在搜索引擎中键入的指令,并为当前用户的信息检索提供客观的参考指引,并无姓名的指代意义。百度公司并未针对"任甲玉"这个特定人名存在盗用或假冒行为,故未侵犯任甲玉的姓名权。

———————————

① 参见北京市第一中级人民法院民事判决书,(2015)一中民终字第 09558 号.

（二）搜索引擎侵犯名誉权的判定

《民法典》将名誉定义为：民事主体的品德、声望、才能、信用等的社会评价。名誉权是自然人、法人和非法人组织享有应该受到社会公正评价和要求他人不得非法损害这种公正评价的权利①。侵害名誉权责任的法定构成要件包括：行为人实施了侵权行为，行为指向特定的受害人，行为造成受害人精神损害，行为人的主观上存在过错。

在本案中，涉案的"陶氏任甲玉""陶氏超能学习法""无锡陶氏教育任甲玉"等检索词明显不存在对任甲玉本人的侮辱，而任甲玉的确有过在陶氏教育工作的经历，因此也可以判定其并没有捏造事实，对任甲玉进行诽谤。任甲玉主张"无锡陶氏教育"在业界口碑欠佳，自己的姓名与其关联会对他的声誉造成影响，但这仅是任甲玉个人的主观评价，并不能作为认定相关词汇对他进行了侮辱和诽谤的依据。其次，由第一部分的讨论可知，"任甲玉"与"无锡陶氏"或"陶氏教育"等关键词在百度上同时出现，是基于特定时间内网络用户所使用的检索词频率的客观情况的反映，"陶氏"等关键词在搜索结果中出现并不是百度公司的主观过错。因此，百度公司既不存在侵权事实，也不存在主观过错，故对任甲玉的名誉权不构成侵犯。

（三）被遗忘权与删除权的区别

被遗忘权是指数据主体要求网络服务提供者或数据控制者永久删除与其相关的个人数据的权利（网络服务提供者或数据控制者有合法理由保留的数据除外）。"被遗忘权是欧盟法院通过判决正式确立的概念，我国现行法律中并无对'被遗忘权'的法律规定，亦无'被遗忘权'的权利类型。"这也就是说，"被遗忘权"实际上并没有被纳入我国现有的法律体系框架之中。《民法典》赋予了自然人对个人信息保护的删除权。《民法典》第一千零三十七条规定："自然人发现信息处理者违反法律、行政法规的规定或者双方的约定处理其个人信息的，有权请求信息处理者及时删除。"本案中，任甲玉主张的应"被遗

---

① 魏永征，周丽娜.新闻传播法教程（第六版）[M].北京：中国人民大学出版社，2018，139.

忘"信息的利益在我国不具有正当性和受法律保护的必要性,不应成为侵权法保护的正当法益。

虽然我国《民法典》规定了"删除权",但是这一权利与"被遗忘权"仍存在较大差别。"被遗忘权"的实现手段不仅包括"删除",还可包括"限制传播""隐藏链接""隐匿身份""追加注解"等多元救济方式。同时,两者在性质、适用范围和功能上都存在着显著的区别。

从性质上看,被遗忘权是典型的事前主动防御性措施,而删除权则属于典型的事后被动救济机制。被遗忘权是因时空语境变化而触发的权利主张,信息主体在感知到其"人格尊严"受损的未知风险后,在获得法律救济之前须向"数据控制者"履行"通知"程序。删除权则是在信息主体已经受到数据控制者实质性损害时,防止负面信息的进一步扩散的被动手段。因此,遗忘权和删除权可看作是事前事后相辅相成的两项配套权利①。

从管辖范围上看,删除权调适的是被智能化收集的权利主体的个人数据和信息,主要是针对数据主体的个人隐私信息和数据。被遗忘权的调适范围则与之不同,其主要是规范对个体人格、名誉可能构成损害的公开信息,侧重于调适信息主体自主生产且已被他人转发的信息,或是来自第三方生产与发布的与信息主体相关的信息。这些信息多已超出用户可以自行控制的范围,必须通过向信息控制者诉诸遗忘权才可以减少对自身的伤害。数据控制者不仅仅只是"删除"自己发布的内容,同时负有通知"转载"或"复制链接"的第三方"遗忘"信息和数据的责任。②

从立法目的上看,删除权的立法目的是有效遏制企业不法收集、抓取和处理用户信息的行为,而被遗忘权侧重于那些以合法性为基础而收集并控制的信息,但是这些信息已经过时、不相关或者存在有害性。被遗忘权的功能聚焦于保证个人不会因过于担心未来的后果

---

① 李媛.被遗忘权之反思与建构[J].华东政法大学学报.2019(2).

② 王琰,赵婕.大数据时代被遗忘权的现实逻辑与本土建构[J].南昌大学学报(人文社会科学版).2020(06).

而在表达自由上受到约束①。

（四）关于被遗忘权与知情权的讨论

早在 1890 年，美国学者 Wallen 和 Brandeis 在《论隐私权》一文中，对"私人信息"与"公共信息"作出了明确的区分，自此，私人信息落在隐私权的保护范围，而公共信息则落在知情权的射程范围。②然而，被遗忘权模糊了私人信息与公共信息之间的界限，豁免了本应由数据主体来承担的信息曝光的责任，强行将已经进入公共领域、被公众知情权涵盖的公共信息收回个人囊中，确立了一种绝对、霸道的个人信息权，进而挤压了公众知情权的生存空间。同时，被遗忘权的特性决定了被遗忘权实现的过程也需要"被遗忘"，因此数据主体行使被遗忘权的相关记录也不得不被删除，公众将无法获悉哪些信息被删除以及为何被删除，知情权将蒙上厚厚的一层幕布。③

本案中，任甲玉的诉求是"要求百度公司在百度搜索引擎中显示包含其姓名的搜索链接之时，屏蔽掉'无锡陶氏教育'和'陶氏教育'等字段"。但是，陶氏教育的工作经历是任甲玉真实从业经历的一部分，如果将其进行遮盖和隐藏，很可能对其潜在客户或雇主在了解任甲玉本人工作情况时造成影响。任甲玉希望通过自己良好的业界声誉在今后吸引客户或招收学生，但是包括任甲玉工作经历在内的个人资历信息正是客户或学生藉以判断的重要信息依据。加之任甲玉是中国著名管理设计大师、中科院中科博大特聘高级工程师、国家高级人力资源师，具有一定的社会影响力，承担着公共人物的角色，实际上，这些个人数据信息是应当被社会公众知晓的，因为它事关公共社会生活和公共利益，为了保护个人利益而删除该数据信息，可能会对公共利益造成侵害。

"任甲玉诉百度公司案"被称作我国"被遗忘权"的第一案，这是

---

① 满洪杰.被遗忘权的解析与构建：作为网络时代信息价值纠偏机制的研究[J].法制与社会发展.2018(2).

② Samuel D. Warren & Louis D. Brandeis, The Right to Privacy[M]. 4 Harv. L. Rev, 1890, 193.

③ 李扬，林浩然.我国应当移植被遗忘权吗[J].知识产权.2021(06)：50－65.

被遗忘权首次在我国司法案例中出现。但是，任甲玉的败诉也反映出"被遗忘权"这一新兴的法律概念想要进入我国的司法实践中所要面临的困境和挑战。

思考题

1. 在凌某某诉抖音侵犯个人信息及隐私权案中，法院的判决依据是哪些？

2. 被遗忘权是什么？谈谈它的确立过程。

3. 欧盟的被遗忘权和我国《民法典》规定的删除权有什么区别和联系？"被遗忘权"这一法律概念对我国后续司法实践有什么启发意义？

4. 谈谈你对被遗忘权和知情权之间关系的理解，你认为两者之间存在冲突吗？

第五章　新闻传播与肖像权

第一节　肖像和肖像权的基本知识

一、肖像的基本知识

（一）肖像的概念

我国《民法典》第一千零一十八条规定:肖像是通过影像、雕塑、绘画等方式在一定载体上所反映的特定自然人可以被识别的外部形象。从定义上看,肖像是特定自然人外貌形象的固定形态。自然人的外貌形象,借助一定的手段,在某个物质载体上固定下来,就成为其肖像[1]。

肖像的载体多种多样,可以是纸张、胶片等实体材料,可以是数字化的虚拟载体。固定手段又可分为绘画、雕塑等人工方式,及摄影、摄像等科技方法。固定后的表现方式,可以分为静态及动态两种。但是如若未经固定,则不能构成肖像。当前最常见的肖像形式就是特定人的照片。

（二）肖像的特征

肖像有三个重要特征,分别是可辨认性、专属性和财产性[2]。

1. 可辨认性

人们往往从肖像,即面部容貌,来辨认特定自然人。这就要求无

---

①　魏永征,周丽娜.新闻传播法教程(第六版)[M].北京:中国人民大学出版社,2019，171.

②　魏永征,周丽娜.新闻传播法教程(第六版)[M].北京:中国人民大学出版社,2019，172.

论是摄制还是绘制,正面还是侧面,单人还是多人,必须能够清楚地反映出某人的容貌,将其与别人区分开来,才能构成肖像。如果只是背面形象,或者身体某些部位的形象,如手、足、胸、背、臀部等;或者虽然是面部形象,但掩盖了例如眼睛这一主要部分时,则一般不构成某人的肖像。只有在特别情况下,一个人的某种姿态或衣着已被公认为其独有特征,则除容貌之外的其他身体部位也可能被认定为其肖像。此外,若在画像中体现了某个个体的基本特征,并有文字或其他记号指明其身份,同样可能构成某人的肖像。

【案例5-1　叶璇诉安贞医院、交通出版社、广告公司侵犯肖像权案】

叶女士曾在中国人民解放军空军总院星源激光医疗中心就脸部先天的青黑色斑痕进行治疗,后来却意外发现自己治疗前后的形象对比照片出现在了《北京交通旅游图》上,作为病案刊登在由被告广告公司经营的安贞医院的广告上。叶女士以侵害肖像权为由将交通出版社及安贞医院告上了法庭。被告方辩称,这只是一张局部照片,人物眼睛以上部分被遮挡了,因此不能证明照片中的人物就是原告。

法院认为:肖像应该是一般人能够直观辨认的自然人形象。如果载体所表现的内容,只有凭借技术手段的比对才能确定是某自然人特有的一部分形象,而一般人无法凭借直观辨认识别出来,那么就不能称之为"肖像"。涉案照片上只有鼻子和嘴的部分形象,并不是完整的特定人像,不是法律意义上的肖像,因此判决驳回原告诉讼请求。二审也维持了原判。①

2. 专属性

肖像是特定个人形象的客体化,一切肖像都来自于特定的肖像人主体。因此,那些不属于任何特定人的,例如艺术家靠想象构思出来的人像,不构成肖像。专属性特征使得肖像成为了自然人最直观的代表物。当我们要描述某个人时,直接使用他的肖像会比使用其

---

① 叶璇诉安贞医院、交通出版社、广告公司肖像权纠纷案[J].中华人民共和国最高人民法院公报.2003(06):21-22.

他语言文字形容更为便捷和准确。因而在现代社会,肖像成了最重要的个人标识,是个人资料中不可或缺的一部分。在日常生活中,我们可以使用书面证明物来证明身份,包括:身份证、护照、学生证、会员卡等,其中大多数证件上都印有肖像,这有利于减少错认、误认身份带来的损失和尴尬情况。

3. 财产性

与名誉权所代表的精神性人格权利不同,肖像兼具精神利益和物质利益两方面。不同的人,由于后天经历、际遇、成就、社会评价等差异,其肖像本身就具有了不同的价值。比如职业为模特、演员、运动员等的人,他们对自己的形象付出了巨大投入,他们的肖像也因此成为了一种"无形资产",这就是肖像的财产性价值。在现代商业宣传中,为了说明某种产品或服务的效用,也常常需要用到肖像。因而,肖像是可以直接被投入使用进而实现物质利益的,这也是肖像权与名誉权等其他精神性人格权利不同的地方。

【案例 5-2 葛优诉康力士公司侵犯肖像权案】

2016 年 7 月 18 日,康力士公司在其官微中推送了一篇题为"一上班你就想葛优躺? 赶走疲劳有神招!"的文章,并在文中插入了多张演员葛优的图片。葛优方认为,康力士公司没有经过己方的授权许可便擅用了自己的照片,而且在文章中使用了"康力片""恒力片""对抗疲劳,恒力做男人"等目的性极强的广告词语和产品宣传图等商业信息,侵犯了葛优的肖像权,故将其告上法庭。

法院认为,葛优对其在影视作品中的角色形象享有肖像权,他人未经许可不得以营利为目的使用其肖像。康力士公司未经葛优许可,在其官方微信公众号中使用葛优肖像图片,并结合相关宣传文字,吸引公众关注、阅读,推广公众号及其产品,具有显著的商业性质。康力士公司该行为侵害了葛优的肖像权,应当承担停止侵害、赔礼道歉、赔偿损失的侵权责任。法院一审判决康力士公司向原告葛优公开赔礼道歉,并赔偿经济损失 8000 元。[①]

---

① 参见北京市海淀区人民法院民事判决书,(2019)京 0108 民初 20322 号.

（三）法律对肖像的双重保护

肖像是特定自然人外貌形象的固定形态。自然人的外貌形象，需要借助一定的手段，在某个物质载体上固定下来，才能称其为肖像。因此肖像是需要经过一定的制作步骤的，无论是以绘画、雕塑等手工方式制作，还是以摄影、录像等科技手段制作，肖像都是人类智力成果的体现，是一种作品。因而，我国法律对肖像予以肖像权与著作权的双重保护。一幅肖像作品，它的肖像权属于肖像人，著作权属于制作者即作者，如无特别规定，两者是不可替代的。在法律上，肖像权是一种人格权利，受民法保护；而著作权属于知识产权，受著作权法保护。

《民法典》第一千零一十九条第二款规定：未经肖像权人同意，肖像作品权利人不得以发表、复制、发行、出租、展览等方式使用或者公开肖像权人的肖像。法律对肖像作品权利人使用他人肖像做出的严格限制，体现了人格权保护优于著作权的原则。也提醒了今后各类媒体在非新闻报道中使用他人肖像作品时，为了避免侵权行为，必须取得肖像权人和著作权人的"双同意"。

二、肖像权的基本知识

（一）肖像权的概念

肖像权是指自然人享有的、以自己的肖像为内容的专有的人格权利。我国法律保护公民的肖像权不受任何组织或者个人的侵害，公民本人对自己的肖像拥有绝对所有权。

我国法律对肖像权的保护逐渐明晰。1987年实施的《民法通则》第一百条仅规定了"不得以营利为目的的使用公民的肖像"，司法实践中制裁侵害肖像权行为一般只限于出售他人肖像牟利、将肖像用于广告商标等。2021年实施的《民法典》规定"未经肖像权人同意，不得制作、使用、公开"其肖像，明确了肖像权保护的范畴。特别是第一千零一十九条规定"不得以丑化、污损，或者利用信息技术手段等方式侵害他人肖像权"，有利于制止和制裁当前网络传播中日益猖獗的技术侵权行为。同时，《民法典》第一千零二十条规定了五项包括可以不经肖像权人同意的合理使用行为,其中包括了"实施新闻报道",赋予新闻报道等行为合理使用他人肖像的权利。

(二)肖像权的内容

具体而言,可以从肖像制作权、肖像使用权、肖像利益维护权①和《民法典》规定的肖像权的合理使用四个方面来理解肖像权,从而更好地掌握肖像权的相关内容。

1.肖像制作权

肖像制作权,是指公民有按照自己的意愿制作自己肖像的权利和许可或者禁止他人制作自己肖像的权利。它包括两方面:一是肖像权人自己有权决定自己制作肖像或由他人制作自己的肖像,他人不得干涉;二是肖像权人有权禁止他人未经自己的同意或授权,擅自制作自己的肖像。因此,非法制作他人的肖像构成侵权行为。

2.肖像使用权

肖像使用权,是指公民有按照自己的意愿使用自己肖像的权利和许可或者禁止他人制作自己肖像的权利。尽管肖像被制作出来后可以为他人所知晓和利用,但享有肖像专有使用权的只能是肖像权人。它具体包括以下四方面内容:(1)自然人有权以任何方式(但不得违反法律和公序良俗)使用自己的肖像而不被他人干涉,包括使用肖像来获得精神上的满足和财产上的收益;(2)自然人有权允许他人使用自己的肖像并从中获得报酬,可以利用平等协商、签订肖像使用合同等手段来保证肖像权人与肖像使用者双方的利益;(3)自然人有权禁止他人非法使用自己的肖像,并追究相关责任;(4)肖像权的使用要受法律和社会公共利益的限制,不得违背社会道德和法治观念。

3.肖像利益维护权

肖像利益维护权,是指肖像权人享有的维护自己肖像利益的权利。当侵权行为发生时,公民可以采取法律手段来维护自己的利益。肖像利益维护权的内容包括:(1)公民有权禁止他人未经自己允许制作自己的肖像;(2)公民有权禁止他人未经允许使用自己的肖像;

---

① 　陈绚.新闻传播伦理与法规教程[M].北京:中国人民大学出版社,2016,305.

（3）公民有权禁止他人毁损、玷污、丑化和歪曲自己的肖像。

4. 肖像权的合理使用

《民法典》第一千零二十条规定：合理实施下列行为的，可以不经肖像权人同意：

（一）为个人学习、艺术欣赏、课堂教学或者科学研究，在必要范围内使用肖像权人已经公开的肖像；

（二）为实施新闻报道，不可避免地制作、使用、公开肖像权人的肖像；

（三）为依法履行职责，国家机关在必要范围内制作、使用、公开肖像权人的肖像；

（四）为展示特定公共环境，不可避免地制作、使用、公开肖像权人的肖像；

（五）为维护公共利益或者肖像权人合法权益，制作、使用、公开肖像权人的肖像的其他行为。

在如上肖像权合理使用的情况中，"为实施新闻报道，不可避免地制作、使用、公开肖像权人的肖像"是合法的，本项规定是对《民法典》第九百九十九条规定的进一步落实和细化，"为公共利益实施新闻报道、舆论监督等行为的，可以合理使用民事主体的姓名、名称、肖像、个人信息等；使用不合理侵害民事主体人格权利的，应当依法承担民事责任"。在具体适用本项时应注意，因为新闻报道而制作、使用、公开肖像权人的肖像，必须是不可避免的情况下的合理使用，使用不当也会造成侵权。

思考题

1. 什么是肖像权？你能想到侵犯肖像权的典型行为或案例有哪些？

2. 摄影爱好者在拍摄风景时路人偶然入镜，拍摄者行为是否构成侵权？

3. 照相馆未经被拍摄者小王同意，展出带有小王半边脸的人物照片，你认为小王是否可以主张照相馆侵犯其肖像权？

第二节　新闻传播侵害肖像权

一、侵害肖像权的方式

从总体上来说,只要有下列情形之一,即被视为侵害他人肖像权①。

（一）未经同意制作他人肖像

擅自制作他人肖像是指未经本人同意,擅自创制、占有他人肖像、照片的行为。对于摄影人来说,就是偷拍他人照片的行为。肖像是公民人格的外在表现,只有本人有权决定是否再现自己的形象。至于制作、拍摄的肖像作品,是为了公开发表还是以私藏为目的,并不影响侵害肖像权行为的构成。

（二）未经同意使用他人肖像

在没有阻却违法事由的情况下,未经肖像权人同意而使用其肖像的行为,也称为"不当使用他人肖像"。我国民法有关肖像权的法律规定基本上是针对肖像的"不当使用"行为的。这种不当使用可以区分为"以营利为目的"的非法使用和"非以营利为目的"的非法使用。所以,不能认为只要不以营利为目的,或者经肖像权人同意就可以非营利地任意使用公民的肖像。在未经本人同意、非以营利为目的的使用他人肖像的行为中,只有具有阻却违法事由的行为才是合法行为,如为新闻报道、公安机关为缉拿犯罪嫌疑人而发的"通缉令"等。

非法使用肖像权的构成要件有二,一是未经本人同意;二是以营利为目的。首先,肖像权与姓名权一样,具有专属性特征。对于自己肖像的占有、使用和处分,只能归公民本人所有,未经本人同意,他人不得享有。侵害肖像权的核心在于不尊重公民对其肖像的专有权。

---

① 陈绚.新闻传播伦理与法规教程[M].北京:中国人民大学出版社,2016,305.

因此,无论出于何种目的,将公民肖像予以复制、传播、展览等,都应征得公民的同意,否则就构成对肖像权的侵害。第二,以营利为目的,即使用者在主观上希望通过对他人肖像的使用,获得经济利益。这里所谓的"营利"并不是我们通常理解上的要有营利事实,而是只要有营利的主观意图,无论行为人是否实现营利目的,都构成"以营利为目的"。

（三）恶意侮辱、污损他人肖像

恶意侮辱、污损他人肖像,即不法行为人恶意的以侮辱、丑化、玷污、毁损等方式,侵害他人的肖像或破坏他人肖像的完整性,包括涂改、歪曲、焚烧、撕扯或倒挂他人照片等行为。这种行为不仅构成对肖像权的侵害,还往往会构成对名誉权的侵害。

《民法典》第一千零一十九条规定:任何组织或者个人不得以丑化、污损,或者利用信息技术手段伪造等方式侵害他人的肖像权,体现了法律对社会现实的反映和关照,有利于制止和制裁当前网络传播中日益猖獗的技术侵权行为。

【案例 5-3　哔哩哔哩网站与蔡徐坤名誉权、肖像权纠纷】

蔡徐坤是 2018 年《偶像练习生》节目 C 位出道的选秀偶像,因其在节目中言及自身爱好"唱跳 rap 打篮球"而引起了广泛争议。在哔哩哔哩(简称 B 站),以 UP 主创作视频为主要内容的国内最大年轻人文化社区里,有许多鬼畜区 UP 主自发剪辑了素材来调侃蔡徐坤的篮球水平,其中不乏一些含有血腥暴力、色情黄色内容的素材。出于对蔡徐坤公众形象的维护,其经纪公司于 2019 年 4 月 12 日在微博上向 B 站发了律师函,认为这些视频侵害了蔡徐坤的名誉权、肖像权,督促平台方 B 站及时整改和下架相关视频。

在这起纠纷中,B 站部分 UP 主事先没有获得蔡徐坤本人的许可而擅自使用其肖像来制作视频,属于擅自使用他人肖像。其次,一些诸如把蔡徐坤的头 p 没了或者拿他的头当篮球打的视频就涉及到丑化、污损肖像的问题。还有一些涉及血腥暴力、色情黄色的内容,都对蔡徐坤的肖像权造成了侵害。不仅如此,制作这些视频的主体并不是为了满足公共利益需要,因此不属于肖像权的合理使用范围。

综上所述,B 站部分有关蔡徐坤的鬼畜视频确实侵害了他的肖像权,作为平台方的 B 站,有责任通知 UP 主整改和下架相关视频。

与此同时,这类视频也涉及到对蔡徐坤名誉权的侵害。首先,B 站对蔡徐坤的鬼畜视频是出于创作者本身的主观意愿而制作的,并无过失侵权情形的存在;其次,B 站对蔡徐坤的鬼畜视频是以蔡徐坤本人为恶搞对象的,含有大量清晰可辨别的有关蔡徐坤的图像和画面,指向了特定的受害人;再有,鬼畜区这类视频的确包含了对蔡徐坤本人的侮辱及人身攻击等内容,经由广泛传播后,对蔡徐坤的名誉造成了影响,蔡徐坤本人也因为一系列鬼畜视频,社会评价大大降低,确有名誉被损害的事实。因此,这类视频也侵害到蔡徐坤的名誉权。

二、媒体传播侵害肖像权

在媒体活动中,侵害公民肖像权的行为可以分为营利性与非营利性两种方式。

(一)未经许可的广告使用

新闻媒体对他人肖像的营利性使用,最常见的就是广告①。媒体在广告活动中主要承担着广告发布者的角色,有时也承担了广告制作者的角色。

媒体作为广告制作者,可参考《广告法》对使用他人肖像的明文规定:"在广告中使用他人名义、形象的,应当事先取得他人的书面同意。"这里的"名义、形象"便包含了肖像。因此,媒体未经同意在广告制作中使用他人肖像,是公认的侵权行为。

媒体作为广告发布者,亦可参考《广告法》规定,新闻媒体对广告内容的真实性、合法性也需要依据法律法规进行查验核实。如果疏于查验,发布了侵害肖像权的广告,应当与广告主、广告制作者承担共同侵权责任。

---

① 魏永征,周丽娜.新闻传播法教程(第六版)[M].北京:中国人民大学出版社,2019,173.

在网络环境下,一些企业自设网站或网页介绍自身及产品和服务,也属于广告,如果未经同意利用他人肖像,也会造成侵害肖像权。

【案例5-4　韩雪诉中奢网侵犯肖像权案】

中奢网是一个提供奢侈品文化、高品质生活方式及娱乐资讯的媒体。在2012年至2018年间,中奢网发布的14篇文章中,共使用了40张演员韩雪的肖像照片作为配图。韩雪认为中奢网的行为侵犯了其肖像权。

一审法院认为:公民享有肖像权,未经本人同意,不得以营利为目的使用公民的肖像。本案中,该网站在刊登韩雪照片的文章中设有图片广告等商业链接,应认定上述链接具有商业宣传性质,中奢公司作为上述网站的经营管理者,未经韩雪本人同意在涉案网页中使用其照片作为配图,目的在于增加网站的关注度和浏览量,进而推广相关业务,具有营利目的,其使用韩雪照片的行为侵犯了韩雪的肖像权,应承担相应侵权责任。因此,一审法院判决中奢网侵犯肖像权成立,判令其在中奢网首页连续十天公开发表致歉声明,并赔偿韩雪经济损失30万元。二审维持原判。[①]

（二）新闻报道的不当使用

通常情况下,新闻报道活动中使用他人肖像属于国际公认的对公民肖像的合理使用范围,可以无需征得肖像人的同意[②]。《民法典》第一千零二十条规定的肖像权合理使用的情况,包括"为实施新闻报道,不可避免地制作、使用、公开肖像权人的肖像"。但这并不意味着只要不以营利为目的,新闻报道就可以任意使用公民的肖像,新闻报道的"不当使用"也会对公民肖像权造成侵害,主要有以下两种情形:

1. 非法拍摄并使用肖像

肖像权不仅包括肖像使用权,还包括了肖像制作权。《民法典》第一千零一十九条规定"未经肖像权人同意,不得制作、使用、公开肖

---

① 参见江苏省苏州市中级人民法院民事判决书,(2019)苏05民终7149号.

② 王利明.民法　侵权行为法[M].北京:中国人民大学出版社,1993,296.

像权人的肖像",强化了对公民肖像权的保护。在新闻采访中,记者可能会采用秘密拍摄的方法来获取信息,即我们通常说的"隐性采访",这是一种特殊情况下获取信息的必要手段,但是如果新闻媒体通过偷拍私人空间或私人生活中的镜头,来制作肖像并加以发表,就会涉及到侵害当事人的肖像权。同时,新闻媒体发表偷拍偷录的肖像,不仅侵害了当事人的肖像权,也侵害了当事人的隐私权。

2. 歪曲使用他人肖像

在新闻报道活动中,采取涂改、歪曲、焚烧、撕扯或倒挂他人照片等手段侵害他人的肖像或破坏他人肖像的完整性,都可能涉及到侵害他人肖像权。《民法典》第一千零一十九条明确规定"不得以丑化、污损"方式侵害他人肖像权,不仅如此,此类侵害肖像权的行为还可能涉及到侵害他人名誉权,构成双重侵权。随着技术的迅速发展,当下网络环境中侵害公民肖像权的现状愈演愈烈,利用 PS 技术恶搞图片、利用人工智能技术换脸等行为都可能侵害到他人的肖像权。因此《民法典》第一千零一十九条还规定了"不得以信息技术手段伪造等方式侵害他人肖像权"的内容来更好地保护公民肖像权。

(三) 媒体的其他不当使用

媒体侵害肖像权的方式,除了上述未经许可的营利性使用和新闻报道中的不当使用,还存在较大的中间地带。例如,使用他人肖像制作配图、封面等也是媒体传播中的常见行为。新闻报道合理使用他人肖像应该是指为配合新闻报道而使用他人肖像,如"封面故事""封面人物""期刊配图"等与新闻专题密切相关时。否则,如果肖像的使用和新闻报道无关,而是单独在封面或配图上刊登肖像,为达到美化或装饰效果,或为吸引读者注意、营造卖点等,就失去了合理使用肖像的理由。

【案例5-5　刘翔诉《精品购物指南》侵犯肖像权案】

2004 年 10 月 21 日,《精品购物指南》杂志以刘翔在 2004 年奥运会 110 米栏比赛中的跨栏照片为封面,封面下方是一幅约占页面六分之一的中友公司购物节广告。刘翔以侵害肖像权为由将《精品购物指南》报社、北京精品卓越科技发展有限公司、北京中友百货有限责任公司诉至法院。

初审法院经审理认为,该专刊的相关内容属于回顾性报道,是正常的新闻报道,被告行为不构成侵权,判决驳回刘翔诉求。刘翔不服上诉。二审法院认为,虽然该期专刊内容中有关于刘翔奥运夺金的信息,但封面的刘翔肖像画面已作了较大改动(奥运现场背景为红旗所取代,跨栏上的奥运标志和刘翔运动服装上的耐克商标被去掉等),可见并不是完全为了报道刘翔奥运夺金这一事件,故不属于单纯的新闻报道,不能排除刘翔肖像与下方购物节广告的关联性。根据当时《广告法》第十三条规定"广告应当具有可识别性,能够使消费者辨明其为广告",法院认为被告在专刊的整体封面设计中,有使社会公众产生"刘翔为购物节做广告"的合理误解,进而使刘翔人格受到购物节广告的商业化侵害。最终判决《精品购物指南》报社向刘翔公开赔礼道歉,赔偿其精神抚慰金 2 万元。①

三、新闻报道对肖像的合理使用

新闻报道对肖像的合理使用包括:使用具有新闻价值的人物的肖像;使用参加具有报道价值的活动的人的肖像,为行使正当舆论监督而使用他人肖像等。

新闻报道对肖像的合理使用的理由有以下三点②:

(一)公共利益需要

在公共利益面前,个人的肖像权应有合理的退缩。新闻传播蕴含重大公共利益,是国际共识。以图像方式报道各种具有新闻价值的经济、政治、文化活动和社会事件,还有公众关注的突发事件,不可避免要出现各种人物的肖像。对于公众来说,看到各类新闻事件中的主角肖像,包括普通人、各级官员、各领域内知名人士等,才能对他

---

① 参见北京市第一中级人民法院民事判决书,(2005)一中民终字第 8144 号.
② 魏永征,周丽娜.新闻传播法教程[M].北京:中国人民大学出版社,2019,174-177.

们的形象形成具体的认知。有些批评性的新闻报道会披露某些违法犯罪人员的肖像,这虽然违背了肖像人的意愿,但是符合社会公共利益需要,只要不是宣扬隐私或带有损害人格尊严的性质,肖像人不得主张肖像权。

（二）肖像人默示同意

许多被新闻报道的人物是公众人物（包括但不限于官员、企业家、艺人等）,新闻报道他们的职业活动和在公共场合的形象,不但是受众关注的内容,而且对他们本身的工作和事业有好处（能够提升一定的社会地位和扩大影响力）,符合他们的期待,因而可以看作是肖像人默示同意的。此外,大多数被新闻报道的事实是在公共场合发生的、具有一定影响的事件或场面,例如公开举行的会议、公开的生产和服务活动、公众集会游行等。在新闻报道中公开显示参加者的形象,不会对他们自身造成不利的影响,而是与他们的目的和诉求相一致,应该推定为肖像人默示同意在新闻报道中使用他们的肖像。

（三）肖像主体淡化

有些新闻图片、录像是对大型公开场面的记录,图像上出现的个人只是群体的一部分或是某个场景的点缀,并不是刻意表现某个特定的个人形象,则可以认为肖像主体被淡化了。这里单个人的形象即使尚可辨认,也成为了整体的一部分,对肖像人的影响微不足道,肖像人一般不会也不应主张肖像权。

思考题

1. 公民去世后,其肖像权是否还受到法律保护？

2. 集体照片中的个人形象是否具有肖像权？

3. 随着新兴媒体发展日新月异,新闻报道使用人物肖像图片,如果事先都要征得肖像权人的同意才去拍摄和使用,不仅极大增加社会成本,也会影响新闻的真实性和时效性,媒体在哪些情况下可以不经肖像权人同意,合理使用其肖像？

第三节　肖像权与其他权利的竞合

一、肖像权与著作权的竞合

肖像权在不同国家的法律中,有着不一样的含义。在大陆法系国家如德国,肖像权是从版权中分离出来的;而在传统的英国普通法中,人体肖像只有版权而没有肖像权。我国法律对肖像予以肖像权和著作权的双重保护。一帧肖像作品,肖像权属于肖像人,著作权属于制作人即作者,如无特别约定,两者是不可替代的。著作权属于知识产权,受著作权法保护;肖像权则是一种人格权,受民法保护。这两个权利主体的关系是比较复杂的,尤其是当肖像人与作者不一致时,有可能会出现以下几种侵权情况[①]:

（一）侵犯肖像作者的著作权

如果肖像人自己将肖像在媒体发表,却未征得作者许可也不署名、不支付报酬,那么他就（与媒体一起）侵犯了肖像作者的著作权。如果有人违反《著作权法》的有关规定,将他人作品用于非营利目的,如将肖像摄影作品用于新闻报道却不署名也不付报酬或者冒称自己的作品,那么也侵犯了作者的著作权。如果有人征得肖像人同意将其肖像用于营利目的（如做广告）,但却没有按《著作权法》规定向肖像作者取得使用许可,那么也有可能侵犯肖像作者的著作权。

（二）侵犯肖像人的肖像权

肖像作者本人或者同意他人将其作品用于公益目的,如新闻报道时,肖像人不得主张肖像权。肖像作者本人或者同意他人将其作品用于广告等营利目的,则应征得肖像人同意,否则肖像人有权主张肖像权。例如有人按照《著作权法》的有关规定取得了肖像作品的发表权并用于广告等营利目的却没有征得肖像人同意,那么他虽然没

[①]　魏永征,周丽娜.新闻传播法教程[M].北京:中国人民大学出版社,2019,178.

有侵犯肖像作者的著作权,但却侵害了(与作者共同侵害)肖像人的肖像权。

(三)既侵犯作者的著作权又侵犯肖像人的肖像权

如果有人违反《著作权法》的有关规定,将他人制作的肖像用于营利目的(例如擅自出版、复制出售获利或者用于广告、商标之上等),那就既侵犯了作者的著作权又侵犯了肖像人的肖像权。

【案例 5-6　于德水等诉大千广告公司等侵犯肖像权、著作权案】

1996 年 11 月 12 日,《南方周末》第 9 版刊登了一则题目《中国,万家乐》的大幅图片广告。经对比发现,该广告主体图片来源于著名摄影家于德水的经典摄影作品《当年知青回乡来》的其中一幅,画面内容为一位农民老汉高兴地拉着一位当年的女知青回家。但这幅曾获 1995 年新闻摄影大赛非突发新闻类金奖的作品却被改头换面用于"万家乐牌热水器"的广告上,在未改变画面主体构图的情况下,将该女知青的头换成了一位男青年,修改了衣服上的英文字母为"江北大学"几个字。

发现摄影作品遭到篡改侵犯的于德水向法院提起了诉讼。与此同时,在热心人的帮助下,照片中的老汉轩金生也向法院进行起诉。此案中广告主"万家乐"公司和广告经营者大千广告公司,未经肖像作品的肖像权人和著作权人同意即在广告中使用该作品,并且对作品作了篡改;广告发布者《南方周末》对使用肖像作品的广告未经查证核实就刊登,都有明显过错,其行为均构成侵犯于德水的著作权和侵害轩金生的肖像权。三家侵权行为人同两受害人分别达成调解协议,三家就侵犯于德水摄影著作权一行为在《南方周末》上向于德水公开声明道歉,并赔偿一定数目金额;大千公司对侵害轩金生肖像权行为向轩金生口头道歉,三家共同向轩金生赔偿侵犯肖像权损失费5000 元。①

---

① 欧阳一杰.新闻照片被改头换面制作广告——一起摄影作品篡改侵权案在郑州不审而结[J].新闻记者.1997(08):20-24.

二、肖像权与隐私权的竞合

在美国,侵害肖像权是作为侵害隐私权来处理的。肖像是一种个人资料,同隐私有密切关系。但在我国,两者是不同的独立权利,都受法律保护。当侵犯了一些涉及个人隐私的肖像权,就会造成隐私权与肖像权的双重侵权。

【案例5-7　刘某诉《南方都市报》侵犯肖像权、名誉权案】

2003年12月18日,《南方都市报》以整版方式,刊登了一篇人物专访。该报道称,吴晶(刘某的化名)从2000年起的3年时间里已连续整容12次,包括眼睛、鼻子、下巴、酒窝、隆胸等,吴晶认为这些钱花得很值。吴晶从小就特别爱美,在3岁的时候就立志成为世界上最美的女人……吴晶特别喜欢扮靓,特别喜欢照镜子,一天最少照100次镜子,如一天不让她照镜子她会很难受。记者问吴晶想嫁个什么样的人,吴晶回答:"如果可以选择的话,我想嫁个整容医生",原因:"如果我丈夫是个整容医生,那我生日时他会送一个手术,万圣节送我一个手术,情人节还会送我一个手术,结婚纪念日再送我一个手术,那我岂不是变得更美了?"该报还在显著位置刊登了两张刘某的大幅照片,左侧照片下配注"整容前,吴晶就是个容貌俏丽的姑娘",右侧照片配注"整容后,吴晶自认为美上加美了"。看过报道,刘某很气愤。2004年1月7日向中山市人民法院起诉,她认为虽然自己同意记者拍照,但记者不守信,报道也严重失实,侵犯了自己的名誉权、肖像权、隐私权。刘某称,自己只是做过4次小的整容手术而不是12次之多。她对"人造美女"称呼也大为不满,认为只做了几次小手术,就是人造美女,心里不能接受。

法院认为,原告所接受的(有关整容的)人物专访并不涉及社会公共利益,不存在合理使用肖像的情形。此外,报道公开了刘某曾整容及极端爱美等个人信息和私人活动,造成了刘某的隐私被泄露。刘某的照片并未按照本人要求进行过任何技术处理,具有明显的可识别性,致使认识刘某的人可以比较容易辨别出该报道的女主角就是刘某,客观上造成了刘某隐私被泄露的损害后果。最终判决《南方都市报》的新闻报道侵犯了刘某的名誉权、肖像权、隐私权,判令该报登报予以道歉并赔偿 1 万元的精神损失费。①

三、肖像权与名誉权的竞合

肖像是仅次于姓名的个人识别标志。肖像的使用同样可以起到赋予肖像人地位(提升或是贬低)的作用。当肖像所表示的意义具有非法贬低肖像人社会评价的性质时,就会侵害肖像人的名誉权。

【案例 5-8　女星孟某诉《南都娱乐周刊》侵犯肖像权、名誉权案】

2011 年 9 月,女星孟某将《南都娱乐周刊》告上法庭,称其侵犯了自己的肖像权和名誉权。法院经查明,2010 年 6 月 9 日出版的《南都娱乐周刊》(总第 424 期)第 63 页整页系关于整形美容的相关信息。其中,该页左上角使用了孟某一张大幅半身照片,照片中央写有较大字号的"女星豪门夜宴:我的美貌,我做主!——能够进入豪门,所以有了更多拥有美貌的资本,任时光逝去,如何让美貌永驻!"字样。照片右下角附有较小字号的"(资料图片与内容无关)"字样。

一审法院认为,《南都娱乐周刊》未经孟某许可,以营利为目的使用孟某照片,侵害了孟某的肖像权。同时,孟某的照片被置于有关整形美容内容的页面并在照片上附有与整形美容相关的文字说明,基于孟某作为演员、歌手的职业,该情况确会令读者产生与事实不相符的判断,对孟某造成一定不良影响,令孟某的社会评价降低,已构成对其名誉权的侵害。一审判决《南都娱乐周刊》向孟某赔礼道歉,并赔偿孟某经济损失 4.4 万元。二审维持原判。②

四、肖像权与人格尊严

在司法实践中,以侮辱或者恶意丑化的形式使用他人肖像的情况,往往会被认定为侵害名誉权行为,其侵害客体主要是人格

---

① 参见广东省中山市中级人民法院民事判决书,(2005)中中法民一终字第 1003 号.
② 参见北京市第三中级人民法院民事判决书,(2014)三中民终字第 03103 号.

尊严①。

【案例 5-9　臧天朔诉网站"评丑"侵害人格权案】

2000 年 10 月 17 日——2000 年 11 月 13 日,三九网蛙音乐网和网易网站联合发起"国内歌坛十大丑星评选"活动,经过网友票选,歌手臧天朔被评为"十大丑星"中的第三名。在评选过程中,网站未经臧天朔的同意,使用了他的三帧肖像,并配有调侃性文字,引得众多网民纷纷围绕"丑"字进行评说。臧天朔以"评丑"活动侵害其肖像权、名誉权、人格权诉至法院,一审判决两网站的行为侵害了臧的肖像权和人格权,承担停止侵害、赔礼道歉、连带赔偿经济损失 1500 元和精神抚慰金 2 万元(侵害肖像权和人格权各赔偿 1 万元)等责任。二审维持原判。②

思考题

1. 代拍人员闯入拍摄基地偷拍明星照片并发布剧组非公开内容,可能侵犯了哪些权益?

2. 自媒体时代街拍图片、短视频盛行,这一行为可能侵犯被拍摄者哪些权利?

3. 人脸识别、大数据等新式技术挤压着公民的个人隐私、肖像权等私权利空间,怎样才能更有效地应对此类挑战?

第四节　新媒体时代侵犯肖像权案例分析

信息技术的发展使得肖像的制作和传播越来越大众化,人们不再需要掌握复杂的工具就可以生产或更改自己及他人的肖像,例如 PS 制图、AI 换脸等。但相关科技的发展使得侵害肖像权行为呈现出与新技术、新场景相结合的趋势,因此也给肖像权保护带来了新的

---

① 魏永征,周丽娜.新闻传播法教程[M].北京:中国人民大学出版社,2019,179.
② 参见北京市第二中级人民法院民事判决书,(2002)二中民终字第 397 号.

挑战。

一、读图时代的表情包侵权纠纷

互联网时代，图片因其直观性、生动性以及获取信息的快速性等优势成为重要的传播方式之一。在日常生活中，表情符号和表情包凭借其与数字网络时代的高度适配性而广泛渗透进当下网络生态中，成为网民喜闻乐见的表达方式。在此背景下，有许多人物肖像或影视剧照都被制作成表情包，在网络上流传。那么制作和使用这些涉及到人物肖像的表情包会不会构成侵权？在法律上，表情包的使用不当，尤其是未经同意的营利性使用，涉及到侵害肖像权的问题。

（一）葛优诉艺龙网侵犯肖像权案

2016 年，葛优起诉艺龙网信息技术（北京）有限公司侵犯其肖像权。2016 年 7 月 25 日，艺龙网在未获取葛优方肖像授权的情况下，在其新浪微博号"艺龙旅行网"中发布了"葛优躺"表情包的配图微博，使用了 7 张葛优肖像共计 18 次。整篇微博以图文结合的形式，在每张图片中添加人物台词，将"葛优躺"内容代入酒店预订业务，并配合文案"不经历周一的崩溃怎知道周五的可贵。为了应对人艰不拆的周一，小艺爆出葛优躺独家教学，即学即躺，包教包会"等。该微博被转发 4 次、评论 4 次、点赞 11 次。

葛优以艺龙网侵犯其肖像权为由向法院提起诉讼。2016 年 8 月 18 日，艺龙网在收到葛优律师的通知后删除了相关微博。2016 年 12 月 7 日，艺龙网未经葛优同意自行在其微博发布致歉信："真诚向人民艺术家葛优先生致歉。葛优老师是喜剧界瑰宝，给当代人塑造了太多形象，让小编铭记于心。小编微博使用过葛优躺图片，给葛优老师造成困扰，在此诚挚的道歉。招来官司实非小编所愿，实属对葛优老师的个人崇拜犹如滔滔江水连绵不绝，一发不可收拾。小编以后一定严格控制自己的情绪，将对葛优老师的崇拜之情放在心里不再炫耀。21 世纪什么最贵？服务。艺龙将继续给消费者带来最舒适的服务和享受，借用葛优老师的一句经典台词：帝王般的享受，就是把脚当脸伺候着。Fighting，fighting！"该微博被转发 24 次、评论

197 次、点赞 58 次。葛优认为该致歉中艺龙网公司承认了侵权事实，但就此作出的致歉实为再次利用其进行商业宣传，致歉没有诚意。

2017 年 7 月 29 日，法院经过审理，认为被告在涉案微博中的表情包使用行为侵犯了原告的肖像权，应承担相应的法律责任。一审判决被告艺龙网在其微博账号公开致歉，置顶 72 小时，三十日内不得删除，同时赔偿原告葛优经济损失及维权合理支出共计 7.5 万元。判决后，被告不服一审判决，提起上诉。2018 年 1 月 25 日，二审驳回上诉，维持原判。①

本案引发的法律思考主要有三个方面：一是艺龙网使用"葛优躺"表情包构成侵权的判断依据是什么；二是删除博文并道歉后为何还需要承担侵权责任；三是使用影视剧照是否侵害演员本人的肖像权。

（二）侵犯肖像权的判定

肖像是通过绘画、摄影、电影等艺术形式使自然人的外貌在物质载体上再现的视觉形象。肖像权，是指自然人对自己的肖像享有再现、使用或许可他人使用的权利。《民法典》"人格权编"第一千零一十九条规定：未经肖像权人同意，不得制作、使用、公开肖像权人的肖像，法律另有规定的除外。《民法典》"侵权责任编"第一千一百九十四条规定：网络用户、网络服务提供者利用网络侵害他人民事权益的，应当承担侵权责任。

法律规定，未经本人许可擅自对公民的肖像进行商业性使用时，肖像人有权要求侵权人赔偿损失并赔礼道歉。本案艺龙网在使用以葛优肖像为主要内容的"葛优躺"表情包时，并未向葛优本人征得许可，且存在明显的商业性目的，侵害了其肖像权。艺龙网微博使用了一张葛优本人身着西服给其他企业代言的非剧照图片，配文"如何一招学葛优躺出人生新高度"，引导受众将葛优与被告酒店业务相联系起来；还将"葛优躺"图片的背景变更为床、浴室等酒店背景，附上艺

---

① 参见北京市海淀区人民法院民事判决书，(2016)京 0108 民初 39764 号；北京市第一中级人民法院民事判决书，(2018)京 01 民终 97 号.

龙网宣传文字和标识、二维码,虽然上述方式并不能使网友认为双方存在代言关系,但仍有一定商业性质,故艺龙网在涉案微博中的行为侵犯了葛优的肖像权,应承担相应的法律责任。

（三）承担侵权责任的判定

一审法院判决,艺龙网在其微博账号上公开发布致歉声明,置顶72小时,三十日内不得删除。针对这一点艺龙网提起二审上诉时称,其在接到葛优通知后立即删除了涉案剧照,向葛优表达了歉意并尝试协商解决,一审法院仅因葛优对道歉内容不满就判决再次在微博中道歉,缺乏法律依据。对此主张,二审法院不予以支持。

首先,赔礼道歉作为一种向对方表示歉意进而请求对方原谅的表达行为,既是道德责任,也是法律责任,两种责任的区别在于,作为民事法律责任承担方式,法律赋予了其强制性的力量。当赔礼道歉作为民事责任承担方式以法院判决的形式作出时,能够更有效地平息当事人之间的纷争,并对社会形成行为指引,其起到的社会效果、公示效果及法律效果与当事人在诉讼之外的道歉显然不同。

其次,赔礼道歉作为民事责任承担方式的一种具有承认错误、表示歉意并请求对方谅解的功能,是对被侵权人内心伤害的一种填补,与其他责任承担方式不同的是,赔礼道歉的效果难以量化。艺龙网确实发布了含有致歉内容的微博,但从整体来看,致歉微博的语气表达轻松诙谐,缺乏严肃性,且再次涉及宣传品牌的表述。因此,在葛优不认可原致歉微博且坚持要求法院判决赔礼道歉的情况下,原致歉微博不能达到相应的致歉效果,一审法院判决艺龙网公司在其微博上公开发布致歉声明并无不当。

（四）不当使用剧照构成双重侵权

对于剧照使用是否涉嫌侵犯葛优肖像权,艺龙网辩称,"葛优躺"系葛优在《我爱我家》电视剧中饰演的角色纪春生的躺姿在网络发酵后的衍生物,是表现人们在重压下一种慵懒状态的文化象征,其效果并非肖像性质。艺龙网引用"葛优躺"这一生活态度是想体现其背后的文化现象和内涵,受众看到"葛优躺"时联想到的也是其背后的文化意义而非葛优本人,因此不具有肖像性质。

　　但是法院认为,肖像的载体可以包括人物画像、生活照、剧照等。剧照涉及影视作品中演员扮演的剧中人物,当一般社会公众将表演形象与演员本人真实的相貌特征联系在一起时,表演形象亦为肖像的一部分,影视作品相关的著作权与肖像权并不冲突。《我爱我家》中的"葛优躺"造型确已形成特有网络称谓,并具有一定的文化内涵,但一般社会公众看到该造型时除了联想到剧目和角色,也不可避免地与葛优本人相联系,该表现形象亦构成原告的肖像内容,并非如艺龙网公司所称完全无肖像性质。即便该造型已成为网络热点,商家亦不应对相关图片进行明显的商业性使用,否则仍构成对葛优肖像权的侵犯。

　　需要特别指出的是,我国法律对肖像权予以肖像权与著作权的双重保护。由于表情包中演员葛优的肖像属于《我爱我家》影视作品的剧照,是经过制作的肖像作品,属于智力成果的体现。我国法律规定,除在肖像权的合理使用范围内使用他人肖像作品,其他情况下必须得到肖像权人和著作权人的"双同意",尤其是用于商业目的时。在本案中,艺龙网既没有获得葛优肖像权的授权,也没有获得《我爱我家》这一影视作品著作权的授权,因而存在双重侵权。二审法院在判决中专门进行了如下说明:因涉案图片大部分为剧照,本案判决仅涉及葛优个人的肖像权,应为剧照权利人留有部分赔偿份额。

　　(五)影视剧照与形象商品化问题

　　在美国与日本,"影视形象权"是区别于"明星肖像权"的一种商品化权。在一般意义上,形象是指表现人的思想或感情活动的具体"形状相貌",或是指文学艺术作品中作为"社会生活描写对象"的虚构人物形象或其他生命形象。形象与人格因素或角色因素有关,但在商品经济的条件下,知名形象的某些特征具有"第二次开发利用"的价值。这种利用的目的,并不局限于该形象的知名度与创造性本身,而在于该形象与特定商品的结合而给消费者带来的良好印象,这即是"形象的商品化"[①]。形象的商品化包括人格商品化,指将人物

---

　　① 　吴汉东.形象的商品化与商品化的形象权[J].法学.2004(10):77-89.

的声音、形象等人格权作为商业活动中的使用对象。

当表情包被用作以营利为目的使用时,作为商业化权载体的表情包就应当受到商品化权的保护。而当表情包上所承载的内容为真实的人物形象时,就可称之为人格商品化。人格商品化所要求的人物形象是具有一定影响力的、在人民群体中较为知名的形象。当商家利用具有知名度的人物形象进行商业宣传时,属于一种商业性使用的行为。如果商家尚未取得权利人的同意便擅自使用其真人形象、声音等进行商业活动,则构成对权利人的侵权,侵犯了权利人所享有的商品化权①。不过我国目前尚未把商品化权作为一种独立的权利进行保护。

二、智媒时代 AI 换脸引发的侵权风险

随着人工智能技术的发展,AI 换脸应用逐渐走入大众视野,引起了广泛关注。与此同时,这一技术也带来了侵害公民肖像权、隐私权等多重风险。

(一)ZAO APP 侵权事件

2019 年 8 月 30 日,一款名为"ZAO"的智能换脸 APP 在社交媒体刷屏。用户通过上传个人照片,再选择想要出演的影视片段和替换的明星,便能轻松实现与明星共同演戏的梦想。由于其良好的人脸融合效果,再加上融入了社交功能和追星元素,ZAO 迅速获得百万下载量,一跃进入 App Store 全站排行榜前列,可谓一夜爆红。

但在海量用户刷屏朋友圈的同时,公众对 ZAO APP 用户协议和隐私协议的批评指责也随之而来。除了涉及敏感的人脸识别信息,用户协议中的"霸王条款"也引发了公众不满。9 月 1 日,这款软件的微信分享链接停止访问。9 月 3 日,针对 ZAO 用户隐私协议不规范、存在数据泄露风险等网络数据安全问题,国家工业和信息化部网络安全管理局对北京陌陌科技有限公司相关负责人进行了问询约

---

① 付迎春.表情包著作权侵权问题研究[D].石家庄:河北经贸大学,2020.

谈,ZAO APP 下架整改。①

（二）"AI 换脸"侵害用户人格权

在与用户签订的隐私协议中,ZAO APP 收集用户的隐私信息范围极其宽泛,包括肖像及面部识别特征等生物识别信息,身份证、军官证、护照、驾驶证、社保卡、居住证等身份信息,以及芝麻信用、交易信息等个人敏感信息。用户的大量隐私信息被科技公司掌控,将为自身生活带来无法预测的隐私风险。

不仅如此,"ZAO"在用户协议第 6 条第 2 款明确规定:"如果您把用户内容中的人脸换成您或其他人的脸,您同意或确保肖像权利人同意授予 ZAO 及其关联公司全球范围内完全免费、不可撤销、永久、可转授权和可再许可的权利。"也就是说,一旦用户发布自己的视频,平台即默许已获得用户和影片原主人公的肖像授权。该条例涉嫌过度攫取用户授权,用户在无形中将自身肖像权拱手让人,之后自身的肖像将完全有可能被别人随意使用、变换。

除此,ZAO 的用户协议第 7 条第 7 款规定:"若您侵害他人名誉权、肖像权、知识产权等合法权利的……ZAO 可以诉诸行政执法机构或司法机关,追究相应法律责任。若因您违反本协议或 ZAO 平台的其他规则导致任何第三方损害的,您应当独立承担法律责任并承担损害赔偿责任;ZAO 及其关联公司遭受损失的,您也应当一并赔偿。"根据此用户协议,用户将独立承担侵权风险,平台免责。倘若用户对 ZAO 及其关联公司造成了损失,用户还要承担 ZAO 及其关联公司对用户进行的追偿。

（三）肖像权和著作权的双重侵权

在我国,利用 AI 换脸技术对影视剧中明星肖像进行"换脸"早有先例。之前一位 B 站 UP 主就用演员杨幂的脸替换了 1994 年版《射雕英雄传》中黄蓉的扮演者朱茵的脸而上了热搜,该视频十分流畅,换脸后也毫不违和,达到以假乱真的程度。此类视频值得探讨的点

---

① 赵超.AI 换脸技术的法律风险评估——从 APP"ZAO"谈起[J].江苏工程职业技术学院学报,2020, 20(01):103－108.

在于：一是否侵犯演员的肖像权；二是否侵犯影视剧的著作权。

这里涉及到的争议点是此类视频是否以营利为目的。在互联网环境下，相当一部分侵害肖像权的行为以恶意损害或者恶作剧的形式出现，但其对肖像权的侵害并不以营利为目的，或者难以认定其营利性。而在此类 AI 换脸视频的制作中，制作者最初的目的可能是出于娱乐以及技术交流，并未涉及到营利目的。但制作明星的换脸视频极有可能通过互联网传播后为制作者带来流量、关注和粉丝，这种流量在一定程度上可以变现，对于制作者来说，很难解释为非营利行为。因此，在未经朱茵和杨幂肖像权授权的情况下，该作者擅自使用了其肖像并产生了营利，就可以认定为侵害了朱茵和杨幂的肖像权。

除肖像权问题之外，这类换脸视频的制作中还涉及到了各种影视作品。我国《著作权法》保护作品完整权，即保护作品不受歪曲、篡改的权利。以 1994 年《射雕英雄传》为例，制片人作为作者享有保护作品不受歪曲、篡改的权利。而该换脸视频作者通过"AI 换脸"技术对两位明星的头像进行更换，显然是对《射雕英雄传》的篡改，侵犯了制片人享有的保护作品完整的著作权利。

（四）可能引发的其他侵权风险

通过 AI 换脸技术，还可以将他人肖像应用到诸如情色、政治恶搞等视频制作中，存在侮辱、丑化他人肖像的意图。肖像兼具了精神利益和物质利益，因此，对肖像权的侵害既包含了财产性侵害（即营利性使用），又包含着精神损害。制作情色、政治恶搞视频侵害肖像人的肖像权；对肖像的过度恶搞、扭曲侮辱，还涉嫌侵犯名誉权等其它人格权利，甚至侵害受害者的人格尊严。此外，分享和传播"AI 换脸"情色视频，还面临着传播淫秽物品的刑事风险。

为了使法律更好地适应新情景下的技术侵权，《民法典》补充了对此类新技术侵权的规定。《民法典》第一千零一十九条规定："任何组织或个人不得利用信息技术手段伪造的方式，侵害他人的肖像权。"这是对之前《民法通则》规定的构成侵犯肖像权行为的"以营利为目的"的构成要件设定过于狭窄问题的回应。若按照之前的法律，出于单纯娱乐而不带有营利性质的换脸视频不构成侵权，但这种行为对于肖像权的损害实际上又是存在的,应当被认定为侵犯肖像权。

《民法典》第一千零一十九条还规定:"未经肖像权人同意,不得制作、使用、公开肖像权人的肖像,但是法律另有规定的除外。"这说明,肖像权的使用是没有附加条件的,未经本人同意,即便没有营利目的和主观恶意,同样构成侵害肖像权。

《民法典》一是明确了利用 AI 换脸这类技术手段伪造视频是侵害他人肖像权的行为,二是规定除了法定的其他情形,无论是否以营利为目的,未经肖像权人同意制作并发布换脸视频的行为都是违法的。《民法典》的规定进一步彰显了肖像权是人的权利,有利于加强对肖像权的保护。

三、明星照片交易背后的侵权边界

(一)秦某某诉"视觉中国"侵犯肖像权案

演员秦某某发现标有自己姓名的照片在"视觉中国"网站上被以数百元或上千元的价格公开销售,其中 200 张系肖像照,150 张系侧面照以及面部被遮挡的照片。因此将视觉(中国)文化发展股份有限公司、汉华易美(天津)图像技术有限公司告上法庭,认为二被告侵犯其肖像权,请求法院判令二被告删除侵权页面及链接,公开赔礼道歉,赔偿经济损失、精神抚慰金、合理开支共计 50 万元。

在案件审理过程中,被告视觉(中国)文化发展股份有限公司辩称己方不是涉案图片的实际使用者,也不是登载涉案图片的平台,在客观上不存在任何被控侵权行为,也不存在雇佣、教唆、帮助发布或转发等形式的共同侵权行为,因而主张其与本案无关,不是适格的被告。在判决中,法院认可其作为非"视觉中国"网站的经营者,不应承担侵权责任。

另一被告汉华易美(天津)图像技术有限公司,作为"视觉中国"网站的实际经营者,应当对网站的行为对外承担法律责任。在本案中,该被告在"视觉中国"网站上公开销售原告秦某某的照片时并未事先取得原告的许可,属于明知是他人肖像而未经许可销售获利的行为,主观过错明显,侵犯了原告秦某某的肖像权,应当承担相应的侵权责任。最终,汉华易美公司向原告公开赔礼道歉,赔偿原告经济损失 20 万元、合理开支 1800 元、精神抚慰金 1 万元。[①]

（二）图片网站对明星肖像权的侵害

我国法律对肖像予以肖像权和著作权的双重保护。在本案中,被告汉华易美公司声称已经获取了涉案作品的著作权,并辩称,其对秦某某肖像的使用,系在网站上进行涉案图片著作权展示和授权过程中不可避免的展示,不是以营利为目的使用秦某某肖像,因而不构成对秦某某肖像权的侵犯。但法院认为,在公开展示、销售这些明星图片时,由于这些图片载有自然人的肖像,也应当取得肖像权的许可。此外,这些照片在网站上被明码标价进行销售获利,被告主观过错明显,确系侵害了原告肖像权。

在本案中,汉华易美公司还辩称"视觉中国"网站在进行图片著作权授权时已明确表示授权图片的使用仅限以新闻报道为目的,避免对肖像权人肖像权的侵犯,主观上不存在过错。并且认为涉案图片客观上没有作为肖像权授权的价值,艺人无法直接将涉案图片授权给品牌方获取收益,故其展示涉案图片行为不会给秦某某带来实际的损失。但法院认为,即使汉华易美公司在进行图片著作权授权时对公众有所提示,但其凭借网站展示的形式,以对外授权并收取使用费为目的的行为,属于明知是他人肖像而未经许可进行销售获利,主观过错明显,侵犯了原告秦某某的肖像权,应当承担相应的侵权责任。

（三）明星图片背后的交易产业链

本案背后还衍生出了一条以图片公司为中心的明星图片交易产业链,如图 5-1 所示:首先,摄影师（狗仔）把偷拍或抓拍到的明星照片以一定的价格授权给图片公司;接着,图片公司把这些明星照片展示在自己的网站上进行售卖;之后,用户可以在网站上找到自己需要的照片下单购买。在这一产业链条下,图片公司通过售卖明星照片

---

① 张连勇,赵琪.视觉中国未经同意使用并出售演员照片　一审被判侵权并赔偿[E].
https://bjgy.bjcourt.gov.cn/article/detail/2019/09/id/4431159.shtml.2019-09-02.

来营利的模式已然十分清晰。

图 5-1   明星图片交易产业链

根据我国法律,一帧肖像作品,肖像权属于肖像人,著作权属于制作人即作者,如无特别约定,两者是不可替代的。因此,即使图片公司已经从摄影师手中获得了照片的著作权,但若没有从肖像人手中得到肖像权授权的话,仍旧侵害了他人肖像权。

除了利用图片公司这一中介进行明星照片的交易外,目前网上广泛流传的代拍形式也涉及到侵害他人肖像权、隐私权等人格权利。代拍是近两年火起来的饭圈职业,顾名思义,代拍就是代替拍照的意思。很多明星都拥有自己的粉丝群体、站子等,但有时候明星出席的活动这些粉丝们不一定能去,此时,他们就会去找那些能去活动的人,花钱请他们帮忙拍摄自己喜欢的明星。这些买来的照片、视频等会用于个人账号、明星站子的维持运营,获得一定的流量曝光和经济收入。[①]作为粉丝经济发展到一定阶段的产物,代拍已形成一个从上到下的完整产业链。在代拍产业链里,生产者是代拍人员,商品是照片,消费者是需要照片的人,被迫参与的"主角"是明星。更细化点来区分,从拍照到出片的过程,还可能经过"黄牛(提供明星隐私行程)-代拍(蹲守明星拍照)-第三方收图卖家(修图美化照片)"三重步骤,层层价格叠加后卖给粉丝。在这一产业链中,并没有人会向被拍的明星本人去要肖像权的授权,而从法律角度而言,未经本人同意擅用其肖像进行传播或营利都涉嫌违法。

(四)公众人物肖像权的保护边界

随着明星私生活被不断曝光,其作为公众人物似乎很难再享有不生活在镜头下不被关注的权利。在互联网上,只要有粉丝活跃的

---

① 谢冰玉.偶像工业时代饭圈应援现象观察[D].浙江:浙江大学,2019.

各大超话、网络社区,就存在诸多贩卖明星隐私行程的卖家,例如易烊千玺、王一博、杨幂、龚俊等大量明星的隐私信息、私人照片被放在朋友圈进行售卖。隐私内容包括航班信息、身份证号、护照号、手机号、微信号、网站账号甚至还有听歌 APP 播放列表等。这些被贩卖的私人信息和照片在引起人们感叹的同时,不免让人思考公众人物的社会活动和个人生活之间有没有边界? 他们身为明星,其私生活就应当被无限度曝光吗?

答案显然是否定的。以本案为例,虽然原告作为公众人物不可避免地受到公众和媒体的关注,但是其肖像权也相应受公众知情权的限制,对于与公众知情权无关的领域,其肖像权同普通大众一样需要保护。被告在网站上使用和销售这些载有原告肖像的照片来获利的行为显然不属于对公民肖像权的合理使用范畴。此外,关于涉案图片的识别性问题,即那些原告面部被遮挡,例如戴口罩、墨镜以及侧脸的图片是否能正确识别出是原告的问题。法院认为,虽然部分涉案照片的面部被遮挡或者是侧脸,但在被告已经对这些照片所载人物信息添加标签明示身份的场景下,并不会导致受众对这些照片所载肖像产生排他性的误认,仍能辨别出是原告,因此这些照片也侵害了原告的肖像权。

明星是一种相对特殊的职业,他们出席活动、塑造角色、参加综艺都是他们的工作内容。褪去职业外衣后,他们在私人生活领域内也应该享有做普通人的权利,有不被镜头打扰,不被侵犯隐私权、肖像权的自由。这是法律赋予我们每个合法公民的权利,更是我们保护自己的有力武器。

思考题

1. 朋友圈偷图、真人表情包斗图,日常生活中不以营利为目的使用他人肖像是否会侵害肖像权?

2. 某公司未经小红授权同意,使用含有小红肖像的视频作为模板供用户进行"AI 换脸"的行为,此举是否侵犯了小红的肖像权?

3. 在网络环境中,我们应如何保护肖像权?

第六章　新闻传播与著作权

第一节　著作权的基本知识

一、著作权法律制度概述

（一）著作权的概念

著作权，又称为版权，是指著作权人对其创作的文学、艺术和科学作品等智力成果依法享有的专有权利①。著作权通常有广义和狭义之分：狭义的著作权，仅指作者对其作品依法享有的权利；广义的著作权除了包括狭义的著作权之外，还包括邻接权或相关权，即作品传播者依法享有的权利，如艺术表演者的权利、录音录像制作者的权利、广播电视组织的权利、图书和报刊出版者的权利等。著作权是知识产权的一种重要类别，与工业产权（主要包括专利权、商标权、制止不正当行为的法益等）共同构成了知识产权。

（二）著作权法律制度

著作权法是确认作者对自己作品所享有的权利以及规定因创作、传播、使用作品而产生的权利和义务关系的法律规范的总称。世界上第一部版权法是 1710 年英国颁布的《安娜法令》，它废除了出版的特权，开始保护作者的权利，标志着现代版权制度的诞生。中国第一部著作权法律是《大清著作权律》，自此中国法律一直沿用著作权这一说法。

---

① 黄瑚.网络传播法规与伦理［M］.上海：复旦大学出版社，2020，202.

我国《宪法》关于公民言论、出版自由和进行科学研究、文艺创作和其他文化活动的自由等的规定，是著作权法的根本依据和原则。《民法典》规定"民事主体依法享有知识产权"（第一百二十三条），"故意侵害他人知识产权，情节严重的，被侵权人有权请求相应的惩罚性赔偿"（第一千一百八十五条），是著作权法的具体法律依据和原则。我国《著作权法》于 1990 年颁布，1991 年 6 月实施生效，同时又制定了《著作权法实施条例》等一些法规。2001 年、2010 年、2020 年《著作权法》分别进行了三次修订①。1997 年《刑法》规定了侵犯著作权罪和销售侵权复制品罪。

此外，我国已加入的著作权国际公约有：《世界版权公约》（1971）、《伯尔尼保护文学和艺术作品公约》（1971）、《保护录音制品制作者防止未经许可复制其录音制品公约》（1971）和《与贸易有关的知识产权协定》（1994）等②。

（三）网络著作权保护

为了遏制网络侵犯著作权，我国政府对相关领域的执法力度不断加大。先后出台了《互联网著作权行政保护办法》（2005）、《最高人民法院关于审理涉及计算机网络著作权纠纷案件适用法律若干问题的解释》（2006）、《著作权行政处罚实施办法》（2009）等法规文件。2006 年公布和正式实施的《信息网络传播权条例》于 2013 年进行修订后重新公布，对网络传播涉及著作权的行为进行了明确的规范。自 2005 年开始，国家版权局、中国互联网信息办公室、中国工业和信息化部、中国公安部等部门联合启动"剑网行动"，打击网络盗版侵权。2014 年，知识产权法院在北京、上海、广州相继成立，加强了知识产权的保护和运用，亦是对于机制的探索和创新③。

政府加强立法执法的同时，在道德层面，互联网行业自律意识也

---

① 本章参考《著作权法》（全国人民大表达会常务委员会 2020 年修订，自 2021 年 6 月 1 日实施）．

② 魏永征，周丽娜．新闻传播法教程（第六版）[M]．北京：中国人民大学出版社，2019，199．

③ 黄瑚．网络传播法规与伦理[M]．上海：复旦大学出版社，2020，201．

在持续提高。在中国互联网协会组织下，互联网企业先后签署了《中国互联网行业自律公约》《中国互联网网络版权自律公约》《文明上网自律公约》《博客服务自律公约》《互联网搜索引擎服务自律公约》，这些公约通过加强道德自律的手段，从网站和网民两个方面，来消除各种类型的网络侵犯著作权行为。

二、著作权的客体、主体及归属

（一）著作权的客体

著作权的客体是作品，是指文学、艺术以及科学领域内具有独创性并能以一定形式表现的智力成果。根据《著作权法》的规定，作品应具有以下条件：

第一，作品应具有独创性。独创性，又称为原创性、初创性，是作品受著作权保护的要件。独创性具体体现为两点：一是作品创作独立完成；二是体现作者个人特性。独创性要求作者在创作过程中投入精神和智力劳动，作品具有能够与其他作品区别开来的特质。如果作品是抄袭其他作品而来的，那么就不是著作权的客体，不能受到著作权法的保护。

第二，作品应具有可复制性。复制是指通过印刷、影印或其他物理手段按照作品原来的表现形式和内容把一件作品变成许多件的行为。可复制的前提是作品必须以某种有形形式存在。比如文字作品固定于纸张，摄影作品固定于胶卷，电影、电视作品固定于胶片、录像带上，这样才能使他人感知并重复使用。如无一定的表现形式，思想仅存在于脑海之中，他人无法感知，就不能称之为作品。另外，各类作品的数字化形式，也受到著作权法保护。

根据以上特征，受著作权保护的对象一般有：（一）文字作品；（二）口述作品；（三）音乐、戏剧、曲艺、舞蹈、杂技艺术作品；（四）美术、建筑作品；（五）摄影作品；（六）视听作品；（七）工程设计图、产品设计图、地图、示意图等图形作品和模型作品；（八）计算机软件；（九）符合作品特征的其他智力成果。

著作权只保护思想观念的表达，不保护思想观念本身。作品之间在思想观念上允许借鉴，而表达思想观念的表现形式则要求具有独创性，不能抄袭或仿制。例如"王子爱上灰姑娘"这一主题，就是思想，不受著作权的保护，编剧可以根据这一思想创作出无数的影视作品。著作权法保护的不是作品所体现的思想，而是对这些思想的表现。主要原因在于如果著作权法对思想进行保护的话，思想就会成为其创造者的专有财产，这样会导致思想被个人垄断，思想的交流会受到阻碍，从而影响人类社会文明的发展。

根据《著作权法》的有关规定，以下内容不受著作权法保护：（一）法律、法规，国家机关的决议、决定、命令和其他具有立法、行政、司法性质的文件，及其官方正式译文；（二）单纯事实消息；（三）历法、通用数表、通用表格和公式。

【案例 6-1　新浪诉凤凰网中超视频侵犯著作权案】

2013 年 8 月，凤凰网在其中超频道首页显著位置提供了中超比赛转播视频。2015 年 3 月，新浪公司将凤凰网诉至法院，称其经中超联赛合法授权，享有在门户网站领域独家播放中超联赛及所有视频的权利。凤凰网提供中超比赛视频的行为侵犯了其著作权并构成不正当竞争。凤凰网则辩称足球赛事不是著作权法保护的对象，对体育赛事享有权利并不等于对体育赛事节目享有权利。

2015 年 6 月，北京朝阳法院公开审理了此案，判决凤凰网停止播放中超联赛（2012.3 至 2014.3 期间）视频，并在其首页连续七日登载声明，以消除对新浪公司造成的不良影响。凤凰网赔偿新浪公司经济损失 50 万元。

本案焦点在于对著作权法保护客体的判定。北京朝阳法院认可了中超联赛比赛视频受到著作权法保护。赛事转播视频的制作程序，不仅仅包括对赛事的录制，还包括回看的播放，比赛及球员的特写，场内与场外、球员与观众、全场与局部的画面，以及全场点评和解说。足球比赛视频的形成，是编导对多台设备拍摄录制中断视听元素编排的结果，是一种创作性劳动。球赛转播视频，达到我国著作权法对作品独创性的要求，应当认定为作品。凤凰网等转播中超比赛的行为，侵犯了新浪公司对涉案赛事画面作品享有的著作权。

（二）著作权的主体

著作权的主体也称为著作权人，是指依照《著作权法》对文学、艺术和自然科学、社会科学、工程科学等作品享有著作权的民事主体，即著作权人。《著作权法》规定了著作权人包括：（一）作者；（二）其他依照本法享有著作权的自然人、法人或者非法人组织。

第一，作者即创作作品的人。创作活动是一种智力活动，智力活动主要用大脑进行，只能是自然人的个体劳动，所以著作权的最基本的权利主体就是自然人。著作权法重在保护自然人的合法权益。

第二，法人或其他组织。法人或其他组织也可成为作者，其条件是：由法人或其他组织主持创作；代表了法人或其他组织的意志；由法人或其他组织承担责任。对于这样的作品，法人或其他组织被视为作者。在新闻传播活动中最常见的就是报刊等新闻媒体的社论、评论员文章，作者就是新闻媒体。整个报刊又是一件汇编作品，其作者就是报社。例如，2021年8月25日，《人民日报》发表了一篇要闻《第十六届夏季残奥会在东京开幕》，其作者署名为人民日报。在这篇报道中，人民日报被"视为作者"，真正的执笔人还是自然人，是由于执笔人的职务要求，或者是接受了人民日报的委托，著作权属于人民日报。

著作权的主体可以分为原始主体和继受主体。原始主体，是指在作品完成后，直接根据法律规定或合同约定，对作品享有著作权的人。一般情况下，原始主体为作者，或者是依照《著作权法》享有著作权的公民、法人或其他组织。

继受主体，是指通过转让、赠与、继承或法律规定的其他方式从原始主体处获得著作权的人。继受主体能享有著作权中的财产权，不能享有著作权中的人身权。在特殊情况下，国家也可以成为著作权的主体。比如作者或者享有著作权的公民把作品赠与国家，法人或非法人组织作品在法人或非法人组织终止后没有继受人，这些作品的著作权就归国家所有。

（三）著作权的归属

著作权归属于作者，但在实际的创作和传播过程中会涉及到一些特殊问题。

第一，职务作品的著作权归属。根据《著作权法》规定，"公民为完成法人或者其他组织工作任务所创作的作品是职务作品"。一般情况下，职务作品的著作权由作者享有。但作者所在的单位有权在其业务范围内优先使用。作品完成两年内，未经单位同意，作者不得许可第三人以与本单位使用的同样方式使用该作品。如有某记者完成了一篇职务作品，首先应当供本报（台）发表，只有本报（台）明确表示不用并允许自行处理，才可以向外投稿。

有两种情况，职务作品的作者只享有署名权，著作权的其他权利（指发表权、修改权、使用权、获得报酬权等）由法人单位或者其他组织享有，后者可以给予作者奖励："（一）主要是利用法人或者其他组织的物质技术条件创作，并由法人或者其他组织承担责任的工程设计图、产品设计图、地图、计算机软件等职务作品"；"（二）法律、行政法规规定或者合同约定著作权由法人或者其他组织享有的职务作品"。

【案例6-2　中国经济时报社诉某网站侵犯职务作品著作权案】

中国经济时报社发现某网络公司未经许可在其网站上转载记者王小霞的新闻作品，遂对该网站提起诉讼。报社出示与王小霞签订"职务作品版权事宜协议书"，约定有"王小霞在经济时报社工作期间创作的、发表在本报上的所有作品均为职务作品，王小霞对其创作的职务作品享有署名权，作品的其他权利归属报社所有。但王小霞有权在自己的博客或者自办的私人网站使用其职务作品，有权将其职务作品以纸质形式结集出版等"。法院确认协议合法有效，判决被告承担删除稿件、赔偿损失等责任。①

第二，演绎作品的著作权归属。演绎作品是指对原初作品进行汇编、改编、翻译、注释、整理而产生的作品。汇编、改编、翻译、注释、整理也是一种创作活动，所以汇编、改编、翻译、注释、整理的人对演绎作品享有著作权。最常见的汇编工作就是报刊的编辑，编辑工作

① 参见北京市西城区人民法院民事判决书，(2008)西民初字第5399号.

是富有创造性的智力劳动,这种独创性是通过版面内容和编排的整体体现出来的。但演绎者、汇编者必须注意维护原初作品作者对自己作品的著作权,在使用原初作品前必须征得作者的同意并支付报酬。演绎作品著作权人在对演绎作品行使著作权时,不得损坏原初作品作者的著作权。

第三,视听作品的著作权归属。视听作品中的电影作品、电视剧作品,这类作品的创作是一个需要大量投入和复杂组织工作的综合性工程,所以著作权人同其他作品有所区别。按《著作权法》规定,这类作品的著作权由制片者享有,但编剧、导演、歌曲的词曲作者和摄影者都享有对自己创作部分的署名权,并且有权按照与制片者签订的合同获得报酬。这类作品中可以单独使用的剧本、音乐作品,作者有权单独行使自己对作品的著作权。

第四,委托作品的著作权归属。委托作品是指作者按照委托人要求创作的作品。按《著作权法》规定,委托他人创作作品,著作权的归属由委托人和受托人通过合同约定。如合同未作明确约定或者没有订立合同的,著作权属于受托人即作者。也就是说,委托人若要享有委托作品的著作权,必须通过订立合同与作者明确约定。约稿在有的情况下就是一种委托行为,在绝大多数情况下,应约写稿者对自己的作品享有著作权是不成问题的,新闻单位也不会对作品提出著作权要求。但也有约请社会作者撰写社论、编辑部文章或评论员文章的,这类文章一般应以媒体为著作权人①。

三、著作权的内容

著作权的内容包括精神权利和经济权利两种。在大陆法系的国家,著作权是基于作品的创作而产生的权利,也就是说,其看中的是作者的精神权利(moral rights),认为精神权利在著作权中的地位位于经济权利(economic rights)之上。在我国,著作权的内容也由作

①　魏永征,周丽娜.新闻传播法教程(第六版)[M].北京:中国人民大学出版社,2019,205.

者的精神权利和经济权利共同构成。著作权法也是先规定作者精神权利，然后规定经济权利，把精神权利摆在了更为重要的地位①。这两种权利互相独立又互相联系。

（一）著作权的人身权

著作人身权，又称作者的精神权利，是指作者因创作活动而产生的与人身利益密切联系的权利。该权利由作者终身享有，不可转让、剥夺和限制。作者死后，一般由其继承人或者法定机构予以保护。根据《著作权法》的规定，著作人身权包括：

第一，发表权，即决定作品是否公布于众的权利；

第二，署名权，即表明作者身份，在作品上署名的权利；

第三，修改权，即修改或者授权他人修改作品的权利；

第四，保护作品完整权，即保护作品不受歪曲、篡改的权利。

（二）著作权的财产权

著作财产权，又称作者的经济权利，是指作者对其作品的自行使用或许可他人使用而获得物质利益的权利。根据《著作权法》，著作权的财产权的内容具体包括：

第一，复制权，即以印刷、复印、拓印、录音、录像、翻录、翻拍、数字化等方式将作品制作一份或者多份的权利；

第二，发行权，即以出售或者赠与方式向公众提供作品的原件或者复制件的权利；

第三，出租权，即有偿许可他人临时使用视听作品、计算机软件的原件或者复制件的权利，计算机软件不是出租的主要标的的除外；

第四，展览权，即公开陈列美术作品、摄影作品的原件或者复制件的权利；

第五，表演权，即公开表演作品，以及用各种手段公开播送作品的表演的权利；

第六，放映权，即通过放映机、幻灯机等技术设备公开再现美术、摄影、视听作品等的权利；

---

① 李明德，许超.著作权法［M］.北京：法律出版社，2013，62.

第七，广播权，即以有线或者无线方式公开传播或者转播作品，以及通过扩音器或者其他传送符号、声音、图像的类似工具向公众传播广播的作品的权利，但不包括信息网络传播权；

第八，信息网络传播权，即以有线或者无线方式向公众提供，使公众可以在其选定的时间和地点获得作品的权利；

第九，摄制权，即以摄制视听作品的方法将作品固定在载体上的权利；

第十，改编权，即改变作品，创作出具有独创性的新作品的权利；

第十一，翻译权，即将作品从一种语言文字转换成另一种语言文字的权利；

第十二，汇编权，即将作品或者作品的片段通过选择或者编排，汇集成新作品的权利；

第十三，应当由著作权人享有的其他权利。

（三）著作权的保护期

著作权的保护期是指著作权人对作品享有专有权利的有效期限。

对于著作权中人身权的保护，《伯尔尼公约》规定了不得低于作者终生加 50 年的期限，允许国内法对人身权提供永久性保护。我国《著作权法》第二十二条规定："作者的署名权、修改权、保护作品完整权的保护期不受限制。"

对于著作财产权的保护，《伯尔尼公约》对一般作品规定了作者终生加五十年的最短保护期限。我国《著作权法》对财产权的保护期均为五十年，但保护期的起始点因著作权归属而异。

我国对自然人作品的保护期以作者死亡之日为起始。《著作权法》第二十三条第一款规定："自然人的作品，其发表权、本法第十条第一款第（五）项至第（十七）项规定的权利的保护期为作者终生及其死亡后五十年，截止于作者死亡后第五十年的 12 月 31 日；如果是合作作品，截止于最后死亡的作者死亡后第五十年的 12 月 31 日。"

我国对法人作品的保护期以作品创作或作品首次发表为起始。《著作权法》第二十三条第二款规定："法人或者非法人组织的作品、著作权(署名权除外)由法人或者非法人组织享有的职务作品,其发表权的保护期为五十年,截止于作品创作完成后第五十年的 12 月 31 日;本法第十条第一款第五项至第十七项规定的权利的保护期为五十年,截止于作品首次发表后第五十年的 12 月 31 日,但作品自创作完成后五十年内未发表的,本法不再保护。"

另外,《著作权法》第二十三条第三款规定:"视听作品,其发表权的保护期为五十年,截止于作品创作完成后第五十年的 12 月 31 日;本法第十条第一款第五项至第十七项规定的权利的保护期为五十年,截止于作品首次发表后第五十年的 12 月 31 日,但作品自创作完成后五十年内未发表的,本法不再保护。"

四、邻接权

邻接权是指作品传播者对在传播作品过程中产生的劳动成果依法享有的专有权利,又称为作品传播者权或"与著作权有关的权益",从属于广义上的著作权。没有作品,就没有作品的传播。邻接权以著作权为基础,对于著作权合理使用的限制,也适用于对邻接权的限制。

邻接权和著作权的主要区别在于:第一,主体不同。著作权的主体是智力作品的创作者,包括自然人和法人;邻接权的主体是大多是法人或其他组织。第二,保护客体不同。著作权保护的对象是文学、艺术和科学作品;而邻接权保护的对象是传播作品过程中产生的成果。第三,内容不同。著作权包括人身权和财产权两方面的内容;而邻接权的内容主要是出版者权、表演者权、音像录制者权、广播电视组织权等,其中除表演者权之外,大多不涉及人身权。第四,受保护的前提不同。作品只要符合法定条件,一经产生就可获得著作权保护;邻接权的取得须以著作权人的授权及对作品的再利用为前提。

邻接权主要包括出版者权、表演者权、录音录像作品制作者权和广播组织权等。

(一)出版者权

《著作权法》中的出版指的是图书和报刊的出版。报刊的出版权是指报社对其出版的报刊版式设计享有的专有权利。《著作权法》第三十七条规定：出版者有权许可或禁止他人使用其出版的图书、期刊的版式设计。前款规定的权利的保护期为十年，截止于使用该版式设计的图书、期刊首次出版后第十年 12 月 31 日。

（二）表演者权

表演者对其表演享有下列权利：（1）表明表演者身份；（2）保护表演形象不受歪曲；（3）许可他人从现场直播和公开传送其现场表演，并获得报酬；（4）许可他人录音录像，并获得报酬；（5）许可他人复制、发行、出租录有其表演的录音录像制品，并获得报酬；（6）许可他人通过信息网络向公众传播其表演，并获得报酬。行使表演者权时，表演者不能侵犯原作品的著作权。《著作权法》第三十八条规定，使用他人作品演出，表演者（演员、演出单位）应当取得著作权人许可，并支付报酬。

（三）录音录像作品制作者权

《著作权法》第四十四、四十五条对"录音录像作品制作者权"进行了详细规定，具体有：录音录像制作者对其制作的录音录像制品，享有许可他人复制、发行、出租、通过信息网络向公众传播并获得报酬的权利；权利的保护期为五十年，截止于该制品首次制作完成后第五十年的 12 月 31 日。将录音制品用于有线或者无线公开传播，或者通过传送声音的技术设备向公众公开播送的，应当向录音制作者支付报酬。

（四）广播组织权

广播组织权，是指对广播、电视基于其播放行为所享有的专有权利。《著作权法》第四十七条规定："广播电台、电视台有权禁止未经其许可的下列行为：（一）将其播放的广播、电视以有线或者无线方式转播；（二）将其播放的广播、电视录制以及复制；（三）将其播放的广播电视通过信息网络向公众传播。广播电台、电视台行使前款规定的权利，不得影响、限制或者侵害他人行使著作权或者与著作权有关的权利。本条第一款规定的权利的保护期为五十，截止于该广播、电视首次播放后第五十年的 12 月 31 日。"

（五）与网络有关的其他规定

《著作权法》第六十四条规定，计算机软件、信息网络传播权的保护办法由国务院另行规定。因此，涉及网络的著作权配套法规有《信息网络传播权保护条例》《互联网著作权行政保护办法》《最高人民法院关于审理侵害信息网络传播权民事纠纷案件适用法律若干问题的规定》等。

思考题

1. 与其他民事权利相比，著作权有何独特之处？

2. 随着传播技术的发展，你认为著作权客体发生了哪些变化？

3. 当下越来越多的新闻媒体都入驻了抖音等短视频平台，你认为新闻短视频作品的著作权归属该如何认定？

4. 如何理解著作权权利内容的双重性？

5. 著作权和邻接权的关系是什么？

第二节　新闻传播与著作权

一、著作权侵权的基本知识

（一）著作权侵权

著作权侵权是指未经著作权人许可，又无法律许可，擅自对他人享有著作权的作品剽窃、篡改、假冒或以其他非法手段行使作者的专有权利，从而损害著作权人人身权利和财产权利的行为。著作权侵权包括直接侵权、间接侵权等。

根据《著作权法》规定，著作权的侵权责任包括民事责任、行政责任和刑事责任。著作权的侵权行为需要承担民事责任的情形有两种：一种是当事人不履行合同义务或履行合同义务不符合约定条件的，应承担民事责任，称为违约责任；另一种是《著作权法》具体规定的十一种应承担民事责任的侵权行为（第五十二条）。行为同时损害公共利益的，还应承担行政责任（第五十三条）；构成犯罪的，依法追究刑事责任，我国《刑法》规定了侵犯著作权罪和销售侵权复制品罪。

【案例 6-3　周海婴诉光明日报社侵犯著作权案】

2001 年 4 月，原告周海婴与南海出版公司签订了《海婴回忆录》（暂名）的图书出版合同。双方约定在合同有效期内，周海婴授予南海出版公司享有在中国大陆以图书形式、简体中文版出版发行《海婴回忆录》的专有使用权，并规定未经双方允许，任何一方都无权将上述权利许可第三方使用，如有违约，另一方有权要求经济赔偿并终止合同。没有经过周海婴的书面许可，南海出版公司不得行使上述授权范围以外的权利。

2001 年 9 月南海出版公司出版发行了该书，改名为《鲁迅与我七十年》，作者为周海婴。自 2001 年 10 月 30 日至 2002 年 2 月 8 日，光明日报社所属的《生活时报》经南海出版公司同意，分 28 期转载了《鲁迅与我七十年》一书的部分内容。周海婴认为，《生活时报》侵犯了自己的修改权和发行权，减少了《鲁迅与我七十年》正版图书的发行量，所以《生活时报》侵犯了其著作权。2003 年 4 月，周海婴将光明日报社诉至北京市第一中级人民法院。

在一审中，北京市第一中级人民法院认为，光明日报社在未经著作权人许可的情况下，以报刊连载的方式使用周海婴作品，侵犯了周海婴的著作权，应承担公开赔礼道歉、赔偿损失的法律责任。被告光明日报社对一审北京市第一中级人民法院的判决表示不服，将案件上诉到北京市高级人民法院。二审北京市高级人民法院认为，使用他人作品应当同著作权人订立许可使用合同，《生活时报》转载周海婴《鲁迅与我七十年》只经过了合同乙方南海出版公司的许可而未得到甲方周海婴的同意，违反了双方订立的合同。二审法院判：驳回上诉，维持原判①。

（二）著作权的限制

著作权的限制，又称著作权的例外，是指著作权法规定的对于著

---

① 参见北京市高级人民法院司法判决书，（2003）高民终字第 541 号.

作权的各种限制和例外。之所以设置这种限制和例外，是为了在著作权保护与社会公共利益之间作出平衡。著作权的限制主要包括合理使用和法定许可。合理使用与法定许可的区别在于，前者不需要向著作权人支付报酬，后者需要向著作权人支付报酬。

第一，合理使用。合理使用是指使用人在《著作权法》规定的范围内，使用享有著作权的作品，而不用征得著作权人的同意，也不需要支付报酬。《著作权法》第二十四条规定了十三条合理使用的情况，根据这些条款，可以把它们划分为五大类：（1）为学习、研究和教学科学目的而使用；（2）为新闻传播而使用；（3）其他公益使用；（4）免费表演；（5）特定群体使用①。

第二，法定许可。法定许可又称非自愿许可，是指使用人根据著作权法的规定，使用著作权人的作品不需要经过其同意，但必须向其支付相应的报酬。《著作权法》规定了法定许可的五种情形：（1）报刊转载的法定许可（第三十五条）；（2）教科书的法定许可（第二十五条）；（3）制作录音制品的法定许可（第四十二条）；（4）电台电视台播放的法定许可（第四十六条）；（5）网络传播的法定许可。（《信息网络传播条例》第八、第九条）

二、新闻传播与著作权侵权

（一）新闻传播侵犯著作权的形式

新闻传播侵犯著作权的形式主要集中在剽窃和抄袭行为上，两者具有一致性。新闻作品的抄袭现象在现实生活中分为直接抄袭和间接抄袭两种。直接抄袭形式比较直露，表现为挪用他人的作品整篇、整段或只是稍加改动，将其变成自己的作品发表。这种抄袭形式在辨认时比较容易。另一种为间接的抄袭形式。抄袭者对他人的作品斩头去尾、改头换面，在语句等方面进行增减或删改，然后作为自己的作品加以发表。这种形式比第一种形式在手段上更为隐蔽，他

① 牛静.新闻传播伦理与法规：理论及案例评析（第三版）[M].上海：复旦大学出版社，2021，290.

人较难发现，所以在认定上有一定困难。对于这种抄袭行为，在认定的时候必须进行严格的比较鉴别，从作品的实质性内容、专门用语等方面加以细致甄别。

（二）新闻传播对著作权的合理使用

《著作权法》第二十四条第三、四、五款规定了新闻传媒可以合理使用作品的情况，分别是："（3）为报道新闻，在报纸、期刊广播电台、电视台等媒体中不可避免地再现或者引用已经发表的作品；（4）报纸期刊、广播电台、电视台等媒体刊登或者播放其他报纸、期刊、广播电台、电视台等媒体已经发表的关于政治、经济、宗教问题的时事性文章，但著作权人声明不许刊登、播放的除外；（5）报纸期刊广播电台、电视台等媒体刊登或者播放在公众集会上发表的讲话，但作者声明不许刊登播放的除外。"

（三）法定许可中与新闻传播有关的情形

第一，报纸相互转载中的法定许可。《著作权法》第三十五条第二款规定：作品刊登后，除著作权人声明不得转载、摘编的外，其他报刊可以转载或者作为文摘、资料刊登，但应当按照规定向著作权人支付报酬。

第二，电台、电视台播放中的法定许可。《著作权法》第四十六条规定，广播电台、电视台播放他人已发表的作品，可以不经著作权人许可，但应当按照规定支付报酬。

第三，网络传播中的法定许可。《信息网络传播权保护条例》设置了两项法定许可，并规定不得直接或间接从这两条法定许可中获得经济利益。分别是通过信息网络实施九年制义务教育或国家教育规划（第八条）；为扶助贫困通过信息网络向农村地区的公众免费提供作品（第九条）。

（四）新闻传播不适用于著作权法保护的情形

《著作权法》规定了排除在著作权保护之外的成果类型。根据《著作权法》第五条规定，在不适用著作权法保护的成果中，"单纯事实消息"即是其中之一。这也是第三次修订《著作权法》带来的一个重要变化。《著作权法》在不适用于著作权法保护的成果中，与之对应的都是"时事新闻"。但是,"时事新闻"的概念外延过于宽泛,因此《著作权法实施条例》第五条对其进行了限缩:"时事新闻,是指通过报纸、期刊、广播电台、电视台等媒体报道的单纯事实消息。"而本次在《著作权法》第三次修订中的使用概念的变化,更是对此予以明确。

将"单纯事实消息"排除在著作权保护之外,一方面是由于单纯事实消息的独创性较低,不能达到著作权法规定的独创性要求;另一方面可以使此类消息更为便捷地转载、转播,满足社会公众了解国家大事和国际形势的需要。在各类新闻报道中,除了"单纯事实消息"不受著作权法的保护,其他的新闻报道,如调查报道、专访、述评等新闻作品,都是受著作权法保护的,所以任何人都不得以保护新闻自由或者时事新闻不受著作权法保护为由,随意转播、转载他人的新闻报道或者电视节目。

三、网络侵犯著作权的表现

网络侵犯著作权表现形式一般包括未经权利人侵权的网络传播、破坏版权保护技术的措施手段,以及提供协助侵犯版权的网络服务三个方面①。

（一）未经权利人授权的网络传播

这是当前网络传播侵犯著作权的一种最广泛的行为特征。这一特点可具体表现为如下行为:未经权利人许可,将权利人的作品上传到互联网供他人下载;未经权利人许可,将权利人的作品通过互联网传输给他人复制;未经权利人许可,将网络上盗版的作品下载到本地供己所用;行为人将他人在网上授权的合法作品超越授权范围地使用;行为人将他人作品的著作权权利信息删除、窜改;行为人将他人的网络作品通过图文框链接等行为,使他人网页的完整性受到破坏。

（二）破坏版权保护技术的措施手段

技术措施是指用于防止、限制未经权利人许可浏览、欣赏作品、表演、录音录像制品的或者通过信息网络向公众提供作品、表演、录

---

① 黄瑚.网络传播法规与伦理[M].上海:复旦大学出版社,2018,210.

音录像制品的有效技术、装置或者部件。随着非法盗版行为的大量涌现,版权保护技术措施越来越成为权利人维护自己版权利益的一个重要手段。借助高效的数字版权管理(DRM)技术,权利人试图构筑起自己在网络时代的数字防线,以对自己的数字作品进行控制访问和控制使用。破坏版权保护技术的技术措施主要有两类。第一类是既擅自破解了他人采取的技术措施,又直接实施了版权侵权行为;第二类是制造、销售破解技术措施的装置或者提供破解技术措施的服务,但是并未直接侵犯版权①。

为保护版权权利人的合法利益,我国法规将以上两类破坏版权保护技术的措施手段均视为侵犯作品著作权的行为。2013年修订的《信息网络传播权保护条例》第四条规定:"任何组织或者个人不得故意避开或者破坏技术措施,不得故意制造、进口或者向公众提供主要用于避开或者破坏技术措施的装置或者部件,不得故意为他人避开或者破坏技术措施提供技术服务。但是,法律、行政法规规定可以避开的除外。"

（三）提供协助侵犯版权的网络服务

网络服务提供商不直接侵犯著作权人的合法权益,但是他们提供的服务将有助于大规模侵犯网络版权行为的发生。主要有:搜索引擎提供的影视、音乐作品的直接链接下载;网站提供的点对点的影音作品文件交换,如BT、Naspter;其他新型的协助侵犯版权的网络服务,如快播。

【案例6-4　上海"射手网"侵犯影视作品著作权案】

2014年9月,根据美国电影协会投诉,上海市文化市场行政执法总队对"射手网"涉嫌侵犯著作权案进行调查。经查,"射手网"(www.shooter.cn)由上海射手信息科技有限公司经营,该公司在"射手网"上开设商城,以营利为目的,销售其复制于硬盘存储设备的"2TB高清综合影音合集资源""3TB高清超级影音合集"等产品,自2013年5月起共销售约100台。2014年10月20日,该公司主动向

---

①　薛虹.网络时代的知识产权法[M].北京:法律出版社,2000,105.

执法部门上缴"2TB 高清综合影音合集资源"产品 1 台,内有其自行复制并可播放的 200 部电影作品,该公司无法提供上述电影作品的相关著作权许可证明材料。另查,该公司未经权利人许可,自 2013 年开始在"射手网"登载《驯龙高手》等影视作品的字幕,用户无需注册即可浏览、下载和使用,网站每日 IP 访问量 20 万左右,每日 PV 访问量 40 万左右,该公司无法提供上述影视作品字幕文件的相关著作权许可证明材料。经美国电影协会北京代表处认证,上述电影作品中 79 部、影视作品字幕文件中 4 部未经著作权人授权。上海射手信息科技有限公司在上海市文化市场行政执法总队开展调查后停止了侵权行为,并于 2014 年 11 月 23 日关闭了网站。上海市文化市场行政执法总队依法对该公司作出罚款 10 万元的行政处罚。

本案中,"射手网"侵犯著作权行为有两种:其一,销售存有侵权电影作品的设备,属于未经许可复制发行他人作品;其二,未经许可通过网络传播侵权字幕文件,属于通过信息网络向公众提供他人作品。上海市版权行政执法部门对上述两种侵权行为分别作出罚款 7 万元和 3 万元的行政处罚。本案的查处,给以"免费、分享"之名、行侵权盗版之实的字幕组敲响了警钟①。

思考题

1. 著作权侵权的构成要件有哪些?

2. 你认为"单纯的事实消息"为何不受著作权法保护?新闻媒体信息公开与版权利益之间如何保持平衡?

3. 当下自媒体"洗稿"乱象愈发猖獗,你认为其当下面临着哪些治理困境?是否能试着提出一个有效的规制路径?

4. 在媒体融合时代,为何更加强调对于新闻作品的版权保护?

5. 就著作权保护而言,你认为当下传统新闻媒体与新媒体之间一定是对立的吗?为什么?

---

① "剑网 2014"专项行动十大案件[N].中国新闻出版报.2015-01-19.

第三节　新技术下的著作权侵权案例分析

一、智能新闻的著作权判定

(一)腾讯诉盈讯科技侵害著作权纠纷案

2018年8月,腾讯在其网站首次发表了标题为《午评:沪指小幅上涨0.11%报2671.93点　通信运营、石油开采等板块领涨》的财经文章,末尾注明"本文由腾讯机器人Dreamwriter自动撰写"。同日,盈讯科技在其运营网站"网贷之家"发布了相同文章。腾讯公司认为,涉案文章的著作权应归其所有,盈讯科技的行为侵犯了其信息网络传播权并构成不正当竞争。2020年1月,深圳南山区法院审理认定,涉案文章属于我国著作权法保护的文字作品,是原告主持创作的法人作品①。

本案涉及智能新闻的著作权问题。Dreamwriter(幻影写手)是由腾讯自主研发的一套基于数据和算法的智能写作辅助系统。人工智能技术和产业的迅猛发展,对现有法律体系特别是著作权保护体系提出了巨大挑战。人工智能生成物能否构成著作权的客体,以及其著作权主体归属问题在司法实践中存在广泛争议。2020年腾讯诉盈讯侵害著作权纠纷案是我国"人工智能写作第一案",法院判决首次明确认定人工智能生成的文章可以构成作品。

(二)人工智能生成物构成作品的判定

《著作权法》规定,"本法所称的作品,是指文学、艺术和科学领域内具有独创性并能以一定形式表现的智力成果"。涉案文章是一篇股市财经新闻,属于文学领域的表达,具备可复制性。因此,其是否构成文字作品的关键在于对独创性的判断。

判断文字作品是否具有独创性,主要有两点依据:一是外在表现

---

① 参见广东省深圳市南山区法院民事判决书,(2019)粤0305民初14010号.

形式,是否与已有作品存在一定程度的差异,或具备最低程度的创造性;二是文章生成过程,是否符合独立创作的要求。

首先,涉案文章由腾讯主创团队运用 Dreamwriter 软件生成,其外在表现形式符合文字作品的要求,其表达内容体现出对当日上午相关股市信息、数据的选择、分析、判断,文章结构合理,表达逻辑清晰,具有一定的独创性。

其次,从文章生成过程看,腾讯 Dreamwriter 智能新闻写作主要包括"数据服务、触发和写作、智能校验和智能分发"四个环节。在上述环节中,数据类型的输入与数据格式的处理、触发条件的设定、文章框架模板的选择和语料的设定、智能校验算法模型的训练等均由主创团队相关人员进行选择与安排。因此,从其生成过程来分析,涉案文章是由主创团队相关人员个性化的安排与选择所决定的,其表现形式并非唯一,具有一定的独创性。

本案被称之为"人工智能写作第一案",但其实际上并不是国内首个关于人工智能生成物著作权纠纷案,而是首次以法院判决的形式确定了人工智能生成的文章属于著作权法保护的范畴。

2019 年 5 月,北京菲林律所诉百度侵害著作权纠纷案中,涉诉文章《影视娱乐行业司法大数据分析报告——电影卷·北京篇》是一篇数据可视化分析报告,北京互联网法院判决:该内容由计算机软件智能生成,不构成作品。同样是人工智能生成文章,为何法院判决截然不同?

北京互联网法院的判决理由为根据现行法律规定,文字作品应由自然人创作完成。具体而言,菲林律所涉诉文章在其生成过程中有两个环节有自然人作为主体参与:一是软件开发环节,二是软件使用环节。软件开发者显然与分析报告的独立创作无关;而软件的使用者,仅仅是在操作界面提交了关键词进行搜索,这种行为没有思想、感情的独创性表达,因此也不宜认定为由软件使用者创作完成。本案中软件开发者和使用者均不能作为智能生成内容的作者,该内容也不能构成作品。法院判决称:涉案文章中的图形为人工智能软件自动生成,不符合图形作品的独创性要求,不构成图形作品,原告对其享有著作权的主张不能成立①。

　　通过上述两个案件对比发现,人工智能生成物是否构成作品界定的核心在于——是否具备独创性。两个案件虽然都用到了人工智能写作工具,但在人机协同生产关系中是否以自然人作为主体而智能技术作为辅助参与,是衡量独创性的重要指标。如果在新闻生产过程中,技术的使用者作为创作主体,智能软件作为辅助工具,创作过程体现了人类思想、情感的独创性表达,就能够被认定为作品,受到著作权法的保护;反之,如果生成过程中智能技术成为了主体,使用者并不发挥主体性作用,成果不具备独创性,就不能被认定为作品,也就不受著作权法保护。

　　(三)智能新闻的权利归属

　　在菲林诉百度案的法院审理中提到"自然人创作完成是作品成立的必要条件",但这并不是说著作权的主体只能是自然人。根据《著作权法》规定,著作权的主体即著作权人可以是自然人、法人或者非法人组织等民事主体。对于人工智能生成作品而言,其著作权人通常应该是人工智能软件的使用者,而非软件的开发者。例如 A 公司开发了一款人工智能写作软件,B 公司购买并使用该产品进行创作,当人工智能写作软件生成的文章达到了独创性要求,那么其著作权人应该是 B 公司。

　　新闻机器人无论是否被赋予了称谓、形象等虚拟人格特征,在著作权法律地位上都不能成为权利人,即不能作为著作权主体。至少在当今科技背景下,虚拟人格尚不能成为法律意义上的民事主体。人工智能生成作品的权利主体只能是著作权法中规定的自然人、法人或者非法人组织等民事主体。一般来说,使用人工智能软件生成的作品大多属于团队合作的法人作品。法人单位作为著作权主体,应该享有经济权利,也就是著作财产权。对于有合同协议的职务作品,通常原作者(进行创作的自然人)享有署名权,而著作权的其他权利,如发表权、修改权、使用权、获得报酬权等由法人单位或者其他组

---

① 　参见北京互联网法院民事判决书,(2018)京 0491 民初 239 号.

织享有,后者应该给予原作者一定奖励。

（四）智媒时代的知识产权保护展望

随着弱人工智能向强人工智能技术的迭代升级,"人机协同生产"过程中智能技术的地位作用（作为内容生产的辅助工具,亦或作为创作主体）成为了著作权判定的关键点。对于新闻领域而言,在信息采集环节,利用爬虫自动抓取的信息与数据,通常不能体现作者的创造性,其最终呈现的成果只是计算机程序运算的结果。换句话说,相同条件下通过相同技术,如果换一个人来操作也会得到相同的结果。这种人工智能生成物,类似于菲林律所涉诉的数据可视化报告,尚不能达到作品的独创性要求。但在内容生成环节,利用当前的智能辅助生产工具已经可以制作出原创作品。例如,新华时政动漫短视频平台制作的时政动漫短视频;微软小冰出版的诗集《阳光失了玻璃窗》;法国研发团队 Obvious 以生成对抗网络（GAN）的智能算法创作的画作《埃德蒙·贝拉米》;以及腾讯写稿机器人 Dreamwriter生成的财经新闻。这些使用智能技术辅助完成的作品无论从外在表现形式还是内容生成过程来分析,都达到了独创性的要求,应该成为著作权法保护的对象①。

智媒背景下,人工智能生成内容的知识产权保护逐渐成为一项重要课题。人工智能是否具有独立的法律人格,具有私法上的民事主体资格,需要国家法律的明确规定。从国外知识产权法律体系回应人工智能发展情况来看,美国、英国和日本也分别进行了不同的尝试,各有利弊。我国司法实践对于人工智能自动生成的文章是否构成作品,正在进行相应的探索。一段时间以来,法院的基本观点是,司法争议的人工智能的法律主体资格有待法律予以明确规定,但对于人工智能自动生成的相关内容需要加以保护②。

①　中国记协网.机器人写稿首获版权,智能写作走向何方?［E］.http://www.zgjx.cn/2020-04/30/c_139021491.htm.2020-04-30.

②　人民法院报.腾讯诉盈讯科技侵害著作权纠纷案——首例人工智能生成文章作品纠纷案［E］.https://www.chinacourt.org/article/detail/2021/01/id/5709690.shtml.2021-01-09.

二、直播/短视频平台版权治理

（一）平台著作权侵权纠纷案例

2020 年,爱奇艺诉多玩(虎牙运营公司)播放网剧《盗墓笔记》侵犯著作权及不正当纠纷案由北京高院再审审结。原告认为虎牙主播在直播中擅自播放爱奇艺享有独家信息网络传播权的热门网剧以牟取商业利益,请求停止播放并赔偿经济损失 100 万元。被告认为其平台提供的技术具有中立性,且已尽到合理注意义务,不构成侵权及不正当竞争。最终法院认定虎牙采取了合理措施,对于主播的侵权行为不存在主观过错,不构成帮助侵权,驳回了爱奇艺的再审申请①。关于虎牙主播擅自播放网剧,虎牙直播平台是否应承担侵权责任,爱奇艺自 2016 年起分别在广州和北京起诉,历时四年、历经反转,最终广东高院②和北京高院都驳回了其诉求。

同样,在短视频领域也存在平台著作权侵权纠纷。2018 年北京互联网法院第一案抖音诉伙拍小视频著作权侵权纠纷案中,抖音认为伙拍未经许可擅自传播涉案短视频造成其经济损失,请求法院判令赔偿 100 万元。被告辩称伙拍小视频提供的是信息存储空间服务,涉案短视频系平台注册用户上传,被告不对用户上传内容做任何编辑、整理和修改,不知道也没有合理理由应当知道用户的上传行为,已经尽到合理注意义务。最终法院判决,被告在收到原告通知后及时删除了被控侵权短视频,行为符合进入"避风港"的要件,作为网络服务提供者不构成侵权③。

过去十余年是我国互联网产业融入日常生活的重要阶段,也是著作权司法实践发展的重要时期,尤其对于网络平台的版权治理来说,法院对上述两案件的认定维护了"避风港"规则,即"通知-删除"规则的价值。

---

① 参见北京市高级人民法院民事裁定书,(2019)京民申 2693 号.
② 参见广东省高级人民法院民事裁定书,(2018)粤民申 2558 号.
③ 参见北京互联网法院民事判决书,(2018)京 0491 民初 1 号.

（二）避风港规则（通知-删除规则）的确立

1996年，"通知-删除"规则最早出现在世界知识产权组织通过的《世界知识产权组织版权条约》和《世界知识产权组织表演和录音制品条约》之中。1998年，美国《千禧年数字版权法》（DMCA）对该规则予以确认，随后逐渐被世界各国接受。"通知-删除"规则逐渐被移植到我国，先后在2000年《最高人民法院关于审理涉及计算机网络著作权纠纷案件适用法律若干问题的解释》第五条与《互联网著作权行政保护办法》第十二条中出现，并在2006年《信息网络传播权保护条例》中被确认了下来。2009年《侵权责任法》首次在法律层面将"通知-删除"规则扩张移植到涉网一般民事侵权领域[①]。

《侵权责任法》第三十六条第二款所包含的"通知规则"被认为是网络服务提供者免受侵权责任风暴的"避风港"，因此这一条款也被称为我国的"避风港"规则。主要是指网络服务商对网民上传至网络的内容没有事先审查的义务，原则上网站不为网民的版权侵权行为负责，但是版权人向服务商提示网络中存在版权侵权行为后，服务商应采取删除、屏蔽、断开链接等必要措施保护权利人合法权益；如果网络服务商接到版权人提示后怠于采取必要措施，则需承担相应责任[②]。

2011年《最高人民法院关于充分发挥知识产权审判职能作用推动社会主义文化大发展大繁荣和促进经济自主协调发展若干问题的意见》（下文简称《意见》）强调要准确把握权利人、网络服务提供者和社会公众之间的利益平衡，既要加强网络环境下著作权保护，又要注意促进信息网络技术创新和商业模式发展，确保社会公众利益。2012年《最高人民法院关于审理侵害信息网络传播权民事纠纷案件适用法律若干问题的规定》（简称《规定》）第八条第二款明确规定，人民法院不应要求网络平台服务提供者对用户侵权行

---

① 田小军，郭雨笛.设定平台版权过滤义务视角下的短视频平台版权治理研究[J].出版发行研究，2019(03)：66-69.

② 黄瑚.网络传播法规与伦理教程[M].上海：复旦大学出版社，2020，213.

为进行主动审查。

2021年《民法典》"侵权责任编"第一千一百九十五条及第一千一百九十六条详细规定了"通知-删除"规则及"反通知规则"的流程和要求,这是对《侵权责任法》的完善和补充,契合了民法"权利-义务-责任"的基本逻辑,使得权利人、网络服务提供者、网络用户三者形成了一个可沟通的闭环。目前,我国已经初步形成了以《民法典》为基础,以最高法《意见》和《规定》为细则的"避风港"规则体系,即"通知-删除"规则体系。

"通知-删除"规则设立的初衷是为了寻求权利人和网络服务提供者的利益平衡,在保护权利人权利与互联网发展中寻找平衡,并综合考虑社会公众的利益平衡。这种平衡规则的设置,在权利人的角度来看,是以牺牲权利人一定权益来维护互联网产业的发展[①]。"通知-删除"规则的天平向网络服务提供者倾斜,这与2000年后国内互联网产业的起步密不可分,在一批平台快速增长的同时,这些网络服务提供者还需尽到一定的"注意义务"。

（三）平台"注意义务"的发展

美国在《千禧年数字版权法》（DMCA）制定后,通过国会报告确立了"红旗原则"。为减少平台怠于主动审查,我国法院和政府也引入了"红旗原则"。2006年《信息网络传播权保护条例》第二十三条已对网络服务提供者的免责进行了规定:"明知或应知所链接的作品、表演、录音录像制品侵权的,应当承担共同侵权责任。"2012年《规定》第九条以六项列举、一项兜底的方式列明了网络服务提供者"应知"的情形。2021年《民法典》"侵权责任编"改进了《侵权责任法》中适用"红旗原则"的主观要件,将"知道"扩展为"知道或者应当知道",为权利人的救济提供更为广阔的空间,增加了司法操作的便利,扩大了法官自由裁量的空间,同时也要求网络服务提供者主动承担责任,不能视而不见,也不能静观事变,否则就属于放任结果的间

---

① 李文,网络平台版权治理的中间出路 https://mp.weixin.qq.com/s/grtSMtsjsWtvQZ1R7OLOIw.

接故意,需要承担连带责任①。

2017年爱奇艺诉字节跳动著作权侵权案,字节旗下今日头条平台传播多条热播影视剧集《老九门》的片段,原告以侵犯信息网络传播权为由起诉,被告辩称今日头条作为信息储存空间,应受"通知-删除"规则的保护,侵权后果应当由上传用户承担。法院审理认为,涉案短视频侵权信息明显,被告应当对侵权行为处于明知或应知的状态,因为其并未通过正常审核途径予以删除,故构成共同侵权②。

与之类似,在2018年爱奇艺诉B站《大汉情缘》案中法院认为,B站所属上海宽娱数码公司作为网站运营者,应对其用户上传视频的性质、是否是原创视频等方面具有较高的识别及判断能力,应具有应知及明知的能力,分辨网络用户上传的内容是否具有合法性,其仅对涉黄涉暴的内容进行最基本审查,怠于对著作权及相关权利进行审查,构成共同侵权③。从上述案件审理结果可以看出,我国司法实践开始强调平台"注意义务"。如果说"通知-删除"规则更多地体现了程序的客观性,而平台"注意义务"则稍显主观,其具体实施的标准也因法官对个案的自由裁量而不断变动④。

（四）与互联网产业的联动

对网络平台"注意义务"的理解首先应明确网络服务提供者的内涵。网络服务提供者(网站)提供的内容多为他人作品,其拥有的是内容的使用权,主要有两种提供内容的方式:一种是作为内容聚合平台,由网站进行内容登载,此时网站与作者的关系与传统大众媒体无异;另一种是作为信息存储空间,由用户自行上载内容,此时平台不过问内容,但是获得了作品的信息网络传播权。按照国际惯例,上述第一种称之为ICP(Internet Content Provider),即网络内容提供

①　蔡斐.《民法典》对新闻传播活动的影响[J].青年记者,2020(19):75-77.

②　参见(2017)京0108民初24103号判决书.

③　田小军.短视频火了,版权问题来了[N],中国新闻出版广电报,2018.11.29.

④　田小军,郭雨笛.设定平台版权过滤义务视角下的短视频平台版权治理研究[J].出版发行研究,2019(03):66-69.

商;第二种称之为 ISP(Internet Service Provider),即网络服务提供商。我国《民法典》中统一使用"网络服务提供者"的概念,但学术讨论中普遍遵循国际通例,认可 ISP 为提供搜索、链接服务的网络服务提供商,ICP 为提供作品等内容的网络内容提供商;司法实践(裁判文书)中也普遍如此①。本节案例中提到的平台都是 ISP,如伙拍小视频、虎牙直播平台,皆由用户上传内容,平台提供服务,实践中法院通常以 ISP 收到有效通知后是否采取删除、屏蔽、断开链接来判断是否承担责任。今日头条、B 站虽然有自制内容存在,但对其用户自行上传的内容传播而言,也是作为 ISP 仅提供信息存储空间,法院判决主要体现了平台"注意义务"中"明知或应知"的情形,应承担共同侵权责任。

从媒体业态的角度来看,近二十年互联网产业的更新迭代与"通知-删除"平衡规则的发展呈现联动关系。2001 年百度搜索引擎横空出世,是国内最早的平台媒体之一。在视频领域,2005—2006 年主打用户分享内容的土豆网、优酷网推出。2006 年《信息网络传播权保护条例》明确将"通知-删除"规则引入我国,体现了对互联网产业起步的扶持和保护。2009 年迈入我国移动互联网基础设施建设时期,快手凭借短视频差异化营销,赢得三四线青年的喜爱。同年,《侵权责任法》在法律层面确立了"避风港"规则。2010—2011 年,爱奇艺和腾讯视频先后面世,以版权视频作为主要竞争优势。2011—2012 年,最高法《意见》《规定》出台,强调了在保护权利人版权与互联网发展中寻求平衡,并综合考虑社会公众的利益平衡。2016 年移动互联网提速,短视频产业进入爆发式增长期,直播行业也迎来了"千播大战"的繁荣局面,抖音借助算法优势成为了现象级产品,移动传播的速度与渠道激增,极大地挑战了"通知-删除"规则的基础(表 6-1)。

---

① 　罗斌,宋素红.算法新闻传播主体的法律性质:ICP 还是 ISP——兼与《算法推荐新闻的法律透视》一文商榷[J].新闻记者,2019(06):77-86.

表 6-1 网络服务提供型企业发展与司法进程的对应关系

互联网产业迭代		平衡规则发展	
2001 年	百度搜索引擎推出		
2005—2006 年	土豆网、优酷网成立，主打用户分享内容	2006 年	《条例》发布，确立"通知-删除"规则
2009 年	快手上线，定位算法分发移动短视频	2009 年	《侵权责任法》法律确立"避风港"规则
2010—2011 年	爱奇艺、腾讯视频上线，以版权内容为主	2011—2012 年	《意见》《规定》发布，强调平衡与发展
2016 年	抖音上线，短视频/直播行业爆发式增长		
		2020 年	《民法典》发布，完善"避风港"规则

（五）平台侵权现状及成因

移动互联网背景下短视频及直播快速增长之时，出现了侵权屡禁不止的问题。一方面传播技术进步，短视频分享呈现多渠道、碎片化的特点，直播形式本身更具即时性、随意性，且借助于算法推荐和社交分享，短视频及直播内容的传播周期短、速度快，极具时间敏感性和传播影响力。热门影视剧集、体育赛事、综艺网游等一旦被非法"搬运"，按照"避风港"规则，历经漫长的通知-审核流程，热播期已经过去，造成的损失便难以挽回，"通知-删除"的意义荡然无存。技术进步冲击了"避风港"规则存在的价值基础。"避风港"设立的初衷是为了保护网络平台的起步发展，立法之初平台审核技术尚未成熟，而今天平台已经发展壮大，有能力采取技术过滤手段，却在"避风港"庇护下普遍缺乏主动审核的主观意愿。

另一方面，"通知-删除"规则下，权利人承担着海量维权成本，处于弱势地位。新技术背景下视频制作智能化、社交媒体发达，普通网民也具有了强大的传播能力，直播、录屏、AI换脸、饭制剧等新媒体形式层出不穷，侵权风险不断扩大。但是因为法律并未要求平台承担实质审查义务，权利人需要自行全网监测，即时发现侵权内容，保存证据并通知平台，实时跟进平台处理进度。对于热门作品，权利人必将在一时之间面临海量维权负担,但是司法实践中批量维权的成本过高而胜诉率低,权利人和平台之间的利益平衡状态被打破,使得权利人普遍无法形成良好预期,在面临侵权时不愿采取司法手段维权,反过来挫伤其原创积极性,抑制优质内容生产。

(六)对平台版权治理的建议

移动时代直播/短视频平台版权侵权泛滥,当前司法治理和行政治理难以从根本上破解治理困境。从司法角度而言,短视频/直播作品性质认定尚存争议,"避风港"规则异化为平台规避责任的工具,权利人诉讼成本过高而胜诉率低,导致其维权积极性不高。从行政角度而言,在"剑网2018"专项行动中,国家版权局通过约谈的形式督促短视频平台下架侵权视频,虽然取得了短期成效,但运动式治理的约谈方式下侵权乱象不久复现。司法治理和行政治理适用范围有限,难以形成体系化治理的长效机制。

有学者指出短视频版权侵权问题因产业创新而生,也应该用技术的思维去解决,据此建议建立版权内容过滤机制,网络服务商与著作权人合作建立版权数据库,通过技术自动识别阻止侵权行为。通过在网络版权法律体系中设立平台过滤义务,强化短视频行业的平台治理与行业自律,形成平台主导的事前事后体系化版权治理①。

还有学者建议引入社会治理手段,在法律制度框架内进行多元社会主体的协同治理,构建"以平台为核心、权利人配合、社会公众监督"的治理模式②。社会治理模式的提出,着力于调和短视频平台、权利人、社会公众之间的利益冲突,同样以建立版权过滤机制为基础。但其将版权过滤作为平台"注意义务"的延伸,与平台事先审查主要有两点不同:一是启动时间;二是承担责任。这里的版权过滤并非完全由平台主动启动,而是以权利人提出为前提,权利人可以根据自身情况决定何时加入正版作品数据库以提出过滤请求;平台承担

① 田小军,郭雨笛.设定平台版权过滤义务视角下的短视频平台版权治理研究[J].出版发行研究,2019(03):66-69.

② 冯晓青,许耀乘.破解短视频版权治理困境:社会治理模式的引入与构建[J].新闻与传播研究,2020,27(10):56-76+127.

责任的性质也因此不同。

就技术可行性而言,版权过滤机技术在国内外均已有实践探索。从 2007 年起,Youtube 就开始推行内容身份识别系统,在建立一个正版数据库基础上,对用户上传视频进行扫描,再以人工审核作为辅助。今日头条为解决资讯类平台视频搬运现象频发的问题,研发了类似于 Content ID 的 CID(Content Identification),将用户上传文件与合作伙伴所提供的版权视频相比对,一旦被认定构成抄袭,则版权方可选择下架侵权视频,或选择获取广告收益。腾讯也采取了类似的"视频基因比对技术"。平台过滤技术的进步,为版权过滤机制的建立施行提供了基础。另一方面,欧盟和美国也已经在平台"注意义务"的立法改革中做出了相应尝试,在此不做展开。

尽管如此,版权过滤机制是否适合在中国现阶段互联网产业及司法实践中引入,还有几个问题值得思考。第一,现阶段的版权过滤技术是否已经足够成熟,平台大规模投入使用造成的小概率误判错判如何补救。第二,版权过滤机制在复杂的互联网竞争中能否打破企业之间的壁垒从而轻易建立起来,这是阻碍其投入运行的最大现实障碍。第三,版权过滤机制的引入势必增加企业运营成本,是否会冲击中国互联网产业的下一步发展。总之,对于移动互联网时代的直播及短视频平台版权治理尚有许多值得探索的课题。

思考题

1. 媒介技术的发展对于著作权保护带来了哪些新的挑战?

2. ChatGPT 生成物能否取得著作权? 其著作权归属如何判定?

3. 随着人工智能技术不断迭代发展,你认为人工智能技术未来是否有可能成为著作权主体?

4. 当今抖音、B 站等视频平台大量出现视频盗用等现象,谈谈抖音等网络服务提供者在网络著作权保护中的义务。

5. "二次混剪""饭制视频"已成为一种流行现象,这其中是否会涉及著作权侵权问题?

第七章 新闻真实性及虚假新闻

第一节 新闻真实性原则

一、新闻真实性的意义

世界各国媒体都把"维护新闻真实性"作为新闻业务最重要的原则。马克思在《莱比锡总汇报的查封》中要求报刊应当"根据事实来描写事实",而不应该"根据希望描写事实",他在主编《莱茵报》时还提出"真实和纯洁是报纸的本质"。美国著名报人普利策更是一再强调新闻要做到"准确、准确、准确"。可见,真实性作为新闻的首要属性,也是新闻职业伦理中最重要的一条。对此,世界各国新闻机构都以新闻法、记者公约、自律信条等形式,规定了新闻报道必须完全真实的准则①。

《联合国国际新闻信条》第一条规定:"报业及所有其他新闻媒介的工作人员,应尽一切努力,确保公众所接受的消息绝对正确,他们应该尽可能查证所有消息的内容,不能任意歪曲事实,也不可故意删除任何重要事宜。"真实性作为新闻的首要属性,也是新闻传播事业中职业道德行为准则的重要内容,应该受到我们更多重视。

社会学家和新闻研究者塔克曼在《做新闻》这本经典著作中提

---

① 牛静.新闻传播伦理与法规:理论及案例评析(第二版)[M].上海:复旦大学出版社,2018,27.

出："是什么让新闻叙事明显区别于其他的叙事模式呢？有一点很明显，就是新闻报道的语言与日常生活的世界有着特殊联系。"新闻的真实性是指新闻叙述的表征与客观世界之间存在着一种具体的、清晰的、可验证的关系，也就是塔克曼所说的"特殊联系"，新闻作品与其他文化形式最大的不同就在这里①。

《中国新闻工作者职业道德准则》（2019）第三条要求新闻工作者："坚持新闻真实性原则。要把真实作为新闻的生命，努力到一线、到现场采访核实，坚持深入调查研究，报道做到真实、准确、全面、客观。"②可见，维护真实性是被全球新闻机构写入组织信条和职业道德准则的。

真实是新闻的生命，这不是一句空洞的口号，而是一个必须深刻嵌入新闻叙述实践的理念。如果把新闻真实想象成"1"，其它各项要求和功能就是后面的"0"，当新闻作品能实现的各种社会功能越多，其能满足的社会不同需求也越多。但是在这个简单的算式里，新闻真实作为"1"，它是一个前提，如果前面这个"1"没有了，后面多少个"0"，也没有任何意义。所以新闻生产首先就要做到真实地表现社会现实。"新闻真实"看上去简单朴实，但是它是一个让新闻和其他文化形式区别开来的与众不同的要素。

二、新闻真实性的特点

一直以来，学者们从不同的角度对新闻真实性的含义进行探讨。陆定一在 1943 年提出："新闻是对新近发生事实的报道。"知名记者范长江将新闻定义为："广大群众欲知应知而未知的重要事实。"在这两个权威定义中，我们都看到了"事实"二字。新闻是对客观事实的反映，新闻应该用事实说话。陈力丹在《论新闻真实》一文中，提出了"媒体呈现世界的真实程度是有限的"，"新闻的真实只能表现为一个

---

① 塔奇曼.做新闻[M].北京：华夏出版社,2008.

② 《中国新闻工作者职业道德准则》，由中华全国新闻工作者协会第九届全国理事会第五次常务理事会 2019 年 11 月 7 日修订.

过程,新闻是否真实还取决于接受者的认同"①。杨保军认为"新闻真实是指新闻报道与新闻事实的符合性及其符合程度"②。

具体而言,新闻真实性应该包括以下三方面特点:事实性真实、过程性真实、即时性真实。

第一,新闻真实是事实性的真实。新闻传播的信息应该是用事实说话的,不应是虚假的。新闻是对客观事实的反映,所以新闻真实要求新闻报道中的每一个具体的事实都必须合乎客观实际,即表现在新闻报道中的时间(when)、地点(where)、人物(who)、事情(what)、原因(why)和经过(how)都经得起核对③。这就要求新闻工作者在具体报道中所涉的新闻要素必须准确无误,同时必须具体、确凿,不能含糊不清。

第二,新闻真实是过程性的真实。新闻再现事实,而事实是在发展着的,同样对事实的认识也是在发展着的。新闻真实只能在新闻传播过程中得到实现。人们对事实认识到什么程度,新闻才能真实到什么程度,所以新闻真实是通过过程性的报道来实现的④。这个过程可以是一次性报道,也可以是通过多次报道、连续报道来完成的。

在范志毅诉《东方体育日报》案中,法院最终判决媒体胜诉,其中一个重要的判断原则就是《东方体育日报》对范志毅在世界杯期间的四篇报道应该被看作一个有机的整体,而不是被割裂开来⑤。虽然《东方体育日报》在最初的一篇报道中出现了"范志毅涉嫌赌球"的说法,但是经过一系列求证式的报道(表7-1),最终澄清了真相,端正了视听,客观反映了事实的全貌,这样的报道体现的正是新闻的"过程性"真实。

---

① 陈力丹.论新闻真实[J].中国广播.2011(04):8-11.
② 杨保军.新闻真实论[M].北京:中国人民大学出版社,2006,98-125.
③ 李良荣.新闻学概论[M].上海:复旦大学出版社,2011,240.
④ 陈力丹.论新闻真实[J].中国广播.2011(04):9.
⑤ 吴裕华,张君默,胡智明.范志毅诉《东方体育日报》:公众人物与名誉权保护案[E]. https://www.pkulaw.com/pfnl/c05aeed05a57db0ae6272b9f8c8d5e40bda864d50b0f6df4bdfb. html. 2021-09-10.

表7-1　《东方体育日报》对范志毅的系列报道

2002年6月16日　上海《东方体育日报》
《中哥站传闻范志毅涉嫌赌球》

2002年6月17日　上海《东方体育日报》
《知子莫如父，范九林：我儿子没赌球》

2002年6月19日　上海《东方体育日报》
再次报道前一天范志毅在其它媒体公开发表的没有参加赌球的声明。

2002年6月21日　上海《东方体育日报》
头版发表导读《真相终于大白，范志毅没有涉嫌赌球》

第三，新闻真实是即时性的真实。即时性真实指的是新闻报道在某一个时间点上的事实性真实。事物是处于发展变化中的，只要新闻报道能准确展现事物当下的状态，我们就能够称其为即时性真实。当然，这不能成为媒体为了"抢新闻"而出现失实新闻的借口。在媒体市场化的背景下，新闻媒体竞争激烈，每一家媒体都想抢到第一手信息，争发第一条消息。在"抢新闻"的过程中，往往会出现诸多不准确的信息。这些由于抢新闻而出现的不准确的报道，是对新闻真实性的违背。

新闻真实既是过程性的，又是即时性的，看似自相矛盾的说法，实则不然，过程性真实与即时性真实恰是对新闻真实性一体两面的表述。同样以《东方体育日报》对范志毅涉嫌赌球的系列报道为例，我们看到一周内四篇连续性的报道内容有所差异，媒体报道的态度也在变化：从涉嫌赌球，到声明没有赌球，再到宣告真相大白。在这个过程中，《东方体育日报》在每一个时间节点，实际上都做到了当下的真实，也就是即时性的真实。

三、新闻真实性的操作

新闻真实首先是事实性层面的真实，新闻叙述要与现实世界具备准确的对应关系。新闻真实必须是一个可操作的概念，否则我们就无法在新闻工作中落实真实性的要求。如何在新闻作品中做到新闻的真实性呢？我们将其操作步骤归纳为新闻真实的五步工作法。

第一步，要做到新闻真实，首先要做到新闻文本的内在一致性。文本的内在一致性，不仅局限于文字作品，也可包含视听文本、数字文本等。同时文本内在一致性，不仅是新闻报道的基本要求，其他文化形式的文本也同样需要。比如电视剧、电影、小说、戏剧，如果人物角色的前后发展没有内在一致性，就会让受众产生剧情不合理、不真实的感受。对于新闻文本，如果存在文本内在不一致的问题，那就是一个极为低级的错误。

第二步，要做到新闻真实，就要做到构成新闻的事实要素是准确的。新闻事实要素 5W1H，即时间（when）、地点（where）、人物（who）、事情（what）、原因（why）和经过（how），在实际操作中一篇报道里不见得这 5W1H 都要有，比如有的快讯可能就没有原因（why）和经过（how）这样的要素，但是对于新闻文本里要呈现出来的事实要素，报道者要非常仔细，确保这些要素是准确的。被采访人如果看到连自己的名字都被记者弄错，会感觉尴尬又难堪。而且确保新闻要素准确，不仅仅是为了尊重采访对象，实操中看上去只是某个新闻要素上弄错了一点点，一个小小的写作上的失误，可能就会带来严重的后果。例如美国《食评家》杂志，曾经把可食用的鹿蹄草提炼油，写成了有毒的鹿蹄草油。虽然在发现错误的时候杂志还没有出街，但是杂志已经印刷完毕，于是杂志社不得不重新印了 75 万份插页广告，再雇佣人手贴在每一份杂志上，损失可谓惨重。

第三步，各种引用材料要有依据，不能断章取义，更不能无中生有。在新闻报道中，需要注意的是引用别人的话，只是一个"声称"，它不等于已经发生了的客观事实。因此在新闻作品中引用别人的话，一定要交代出处。这样新闻读者和观众就可以知道这一"声称"是什么人在什么场合下说的。如果把"声称"的出处去掉了，那就是把某人的"声称"变成了对客观事实的陈述，这两者的意义是完全不同的。

第四步，尽可能地在报道中实现对相应具体事实的求证。当一名记者忠实记录了某人说的某话,可如果此人作为信源本身撒谎了,或者这个信源实际上并没有能力去陈述事实,那么就会导致记者忠实记录了某信源的陈述,但是这一陈述却是虚假的,并不能反映实情。如果出现这种情况,而记者没有尽到核实责任,也会造成新闻失实。

第五步,保证新闻真实性要在新闻文本中尽可能准确全面地呈现出具体事实的意义。新闻呈现事实不仅是告知人们有这件事,很多时候还在建构人们对于这件事或这类现象的理解。因此选择文字、图片、影像、声音等各种符号制作新闻的过程,也是一个意义建构的过程,新闻生产者对这一点应该有明确的意识。例如,2018 年重庆公交车坠江事件发生后,媒体为追热点、赶时效,报道称"万州小轿车女司机逆行致大巴坠江",矛头直指"女司机",短时间内引起很大网络轰动,轿车女司机因此遭受网络暴力之伤。而经过事实核查后发现该名女司机是正常行驶,且驾驶操作并无失误,但是此时新闻报道对女司机的误伤已成既定事实。从这个案例中可以看出,新闻报道中媒体对事件建构的影响之大,新闻叙述中的意义建构无处不在。

四、新闻事实认证的方法

当新闻记者面对复杂事件或复杂现象时,要准确、全面地呈现事实的意义,这将是一件很有挑战性的工作。新闻业也发展出了一套事实认证的方法来应对挑战。比如可以通过"有机运动",不断跟踪事实的变化,让真相也就是事实的正确意义逐渐浮出水面,或者可以通过"联合作业",把多个时空下的事实报道集纳起来,用联合的方式对复杂社会事件或现象进行尽可能全面真实地呈现。以下具体介绍四种不同情境下的新闻事实认证的方法[①]。

第一是三角认证法。三角认证法是通过三方独立的认证来相互印证,来确认主观认识所反映的对象是否是事实。这是西方新闻采

---

① 赵国政.试论新闻事实认证的方法与标准[J].新闻记者,2008(01):47-49.

写活动的一条重要规则。这一规则的具体内容是:新闻报道必须经过与所报道的事件或人物无关的、独立的、两个以上的来源证实,才能被认为"大致准确",才能在新闻写作中引用。这条规则也叫"三角定位法"。值得注意的是,在这里"无关""独立""两个以上",它们都是维护新闻真实性的关键字眼。因为这种认证事实的方法,实质上是一种不完全归纳法,为了确保认识符合事实,首先必须保证各方的认识是独立的、公正的、客观的,同时还要保证有足够的样本①。"三角认证法"是新闻采写活动中最常用的方法。

　　第二是亲历认证法。凡是记者耳闻目睹的,我们一般都认定为事实。虽然记者亲临现场的认识也不一定绝对符合事实,但在通常情况下,亲眼所见、亲耳所闻的、不违背生活常识的内容,都会自然地被认为符合事实。记者对事实的直接认识,尽管只是个人的认识,但记者是以客观、公正的职业眼光获得的认识,这种认识不需要与其他认识相互印证,即可认定为符合事实。这种认证方法比"三角认证法"要简单,但对记者的要求并不低,那就是记者必须在事发现场。

　　第三是权威认证法。对于复杂、重大的事实来说,由于普通人的认识能力十分有限,所以对这类事实的认识,必须有权威机构、权威人士通过比较规范的程序进行。比如对桥梁坍塌事故原因的认识,就必须由专家或专家组按照规范的方式进行分析,才会被认为是符合事实的。这种认证方法相对可靠,也经常被单独使用。需要注意的是,如果某一事实与权威机构利益相关,该权威机构也存在歪曲事实的可能性。此时,在某种特定的条件下,新闻当事人的认证,也具有权威认证的性质。尤其是对众说纷纭而当事人又没有必要做虚假陈述的事件,新闻当事人的认证,往往具有较高的权威性。但这种权威性远远低于前者,为了保险起见,后者通常情况下还要采取其他方法加以印证。

　　第四是科学认证法。对于生活常识解释不了的现象,必须通过科学实验才能被认为是事实。随着社会的发展,需要科学认证的事

① 刘明华、徐泓、张征.新闻写作教程[M].北京:中国人民大学出版社,2002,28-29.

实越来越多,而且科学认证往往具有至高无上的权威,也可以说是权威认证的最高形式。和一般权威认证方法相比,科学认证更依赖于科学仪器和专业人士的参与。

思考题

1. 如何理解"新闻真实是新闻的生命"? 你认为新闻应该具有哪些特点? 真实性和其他特点之间的关系是什么?

2. 既然新闻的真实体现为一个过程,那么是否意味着记者报道不实消息是被允许的? 结合具体案例,谈谈你对"过程性真实与即时性真实恰是对新闻真实性一体两面的表述"这句话的理解。

3. 结合本节中提出的新闻真实性的"五步工作法"和四种新闻事实的认证的方法,谈谈你认为新闻工作者应该如何在日常工作中确保新闻真实。

第二节　对真实性的违背:虚假新闻

一、虚假新闻的分类

对新闻真实性的违背会导致虚假新闻现象出现。虚假新闻是指以虚构事实为依据的"新闻"①。虚假新闻的出现,违背了新闻最本质的真实性原则。虚假新闻现象一直伴随着新闻发展,对它的特点、影响、成因和遏制方法的研究也一直持续不断。

在数字媒体时代,"假"和"真"通常不能被看成二元对立的状态,每个人都能在互联网上传播信息,虚假信息也在当代公共生活中呈现纷繁复杂的种类。2018 年联合国教科文组织出版的《新闻业、假新闻和虚假信息》指出,虚假信息可以按照两个维度分为三大类。第一个维度是这个信息是否为真的;第二个维度是发布者是否有故意

---

① 杨保军.认清假新闻的真面目[J].新闻记者.2011(02):4.

伤害的意图。根据这两个维度的交叉,虚假信息可以分为三大类:误传信息、假信息、恶意信息。参照这一标准,我们同样将虚假新闻分为三大类:误传新闻、假新闻、恶意新闻(图 7-1)。

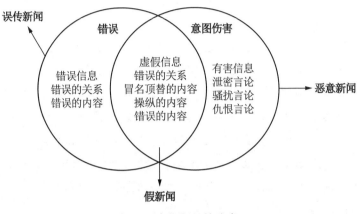

图 7-1　虚假新闻的分类 1

（一）误传新闻

误传新闻,又称误报新闻,是指新闻信息可能是错误的,但传播者并不是故意想要欺骗或伤害他人。社交媒体时代,误传新闻现象层出不穷。2020 年 9 月 8 日,一则"父母起诉 22 岁女儿拒养 2 岁弟弟胜诉"的消息被顶上了微博热搜榜。该热搜起始于微博"中国普法"于 9 月 5 日发布的一则消息"以案普法:22 岁姐姐拒养 2 岁弟弟,被父母告了! 法律怎么判?"9 月 8 日,众多机构媒体和自媒体对其进行了转发,围绕其中涉及的法律与伦理问题展开讨论,由此吸引了海量的阅读与评论。然而细究发现,这则消息没有时间、地点、人物等新闻要素。9 月 8 日傍晚"中国普法"删除该篇文章,最终证实这是一则误传新闻。

【案例 7-1　新加坡前总理李光耀病逝误传新闻】

新加坡前总理李光耀于 2015 年病故,享年 91 岁。然而在他病故之前,国内媒体就集体传出过他病逝的误传新闻。2015 年 3 月 18 日,国内多家网络媒体、主流媒体的微博相继发布了李光耀去世的误传新闻,甚至还有网络媒体煞有介事地做了一个李光耀病故新闻专题,标题为《一个时代的终结》。但是,那时李光耀其实还在医院抢救。消息发布当天,新加坡《联合早报》紧急查证并发布了辟谣文章,标题为《假网站称李光耀去世,新加坡总理公署报警》。最后经过证实,这次国内媒体集体误报源自网上流传的"新加坡总理公署"网站发布的消息,但是这个网站很快就被证实是假的,李光耀去世的消息也是该网站捏造的。随后误传新闻的国内媒体集体道歉,纷纷发布消息称:"新加坡总理公署网站通告截图系他人伪造,给大家造成误解,深表歉意。"这种媒体集体误报又集体删帖、集体道歉的乌龙事件,无疑对媒体公信力、社会声誉都带来了沉重打击。

（二）假新闻

假新闻是指没有任何客观事实来源的"新闻",也就是说,假新闻依据的"新闻事实"是想象、臆造、捏造的产物,是通过想象思维虚构的"事实"[①]。假新闻是虚构的,无论这个虚构者是媒体从业人员还是普通人,虚构的内容往往具有很高的潜在"新闻价值",一经报道,能够引起广泛的传播和关注。

【案例 7-2　北京电视台"纸包子"假新闻事件】

2007 年北京电视台《透明度》栏目播出了一期题为"纸做的包子"的节目,报道了记者暗访朝阳区一加工点使用废纸箱制作小笼包馅料的过程。节目播出后,公众极为震惊,政府部门高度重视。北京市公安局刑侦总队成立专案组,进行立案侦查。经过调查,原来这则新闻是记者人为捏造的。记者訾北佳曾接到群众电话反映包子馅里有掺碎纸的问题,但是经过一系列调查,始终没有发现实质证据。于是訾北佳使用化名,专门请了几个人来做包子,并且要求这几个人将捡来的纸箱泡水、剁碎掺入肉馅中,制成包子。记者自己则携带秘密设备进行拍摄。后来拍摄后感觉效果不佳,訾北佳又找了一个农民工,授意他编了一段充满细节的台词,增加了整个事件的戏剧性效果,并向北京电视台隐瞒了真相,播出了这期"纸包子"栏目。本案中

---

① 杨保军.新闻真实论[M].北京:中国人民大学出版社,2006，98-125.

记者訾北佳因损害商品声誉罪被判处有期徒刑 1 年,并处罚金①。

（三）恶意新闻

恶意新闻,即恶意传播的新闻,是指传播者本身带着主观恶意进行传播的新闻,其中包括了有害信息、泄密信息、骚扰言论、仇恨言论等。

【案例 7-3　利辛女子被狗咬伤恶意新闻】

2015 年 10 月,《亳州晚报》发表一篇名为《为救女童,女子被狗咬成重伤》的报道,称利辛县市民李娟 9 月 1 日为救一名女童,被两只大狗撕咬,受伤严重,面临高额治疗费用,希望寻找被救女孩作证,并呼吁爱心人士伸出援手。此报道相继被多家知名新闻网站转载推送,引发舆论关注。

但是经过查证发现,该新闻是李娟男友张宏宇和利辛县广播电视台工作人员苏魁为博取关注而恶意编造出来的。法院判决书显示,张宏宇女友李娟系被自家饲养的猎犬咬伤,因治疗费用高昂,张宏宇虚构了李娟为救他人而受伤的事实,并找朋友作伪证,通过媒体对外公布,骗取社会公众捐款 2632879.01 元（公开事实后收到的捐款不计入其中）。在此过程中,利辛县广播电视台工作人员苏魁明知张宏宇虚构事实,仍利用身份之便为张宏宇联系利辛县宣传部和地方媒体。最终,张宏宇和苏魁分别因犯诈骗罪被判处有期徒刑 8 年和 2 年②。

误传新闻、假新闻、恶意新闻,是依据信息"虚假程度"和"主观故意"两个基础维度对虚假新闻进行的划分,它们彼此之间又存在交叉的部分。虽然以上这些新闻类别不同、虚假程度不同、传播意图也不同,但是无疑都会对社会公众造成不同程度的误导。

实际上根据划分标准不同,还有许多不同的对虚假新闻进行分类的方式。我们按照新闻报道的意图,还可以分为故意性假新闻和非故意性假新闻（图 7-2）。故意性假新闻是指报道者明知是假的而

① 　贾亦凡,陈斌,阿仁.2007 年十大假新闻[J].新闻记者.2018(01):16 - 25.
② 　参见安徽省亳州市中级人民法院刑事判决书,(2017)皖 16 刑初 29 号.

报道的新闻;非故意性假新闻是指报道者不知道内容是假的而报道的新闻。但是无论故意与否,虚假新闻毋庸置疑都向受众传播了虚假信息。按照新闻事实虚假程度可以分为:假新闻和失实新闻。这里的"假新闻"是狭义的概念,指没有任何客观事实根据的新闻。与之对应,失实新闻是指具有一定客观事实依据,但没有全面、准确、恰当报道事实而形成的新闻。例如在一些正面报道中,为了塑造人物"伟光正"的形象,媒体夸大人物英雄事迹,起到轰动的宣传效果。或者在一些常规选题中,为了制造舆论热点,媒体以偏概全,制造噱头,这些都是失实新闻。失实新闻,往往带有很强的策划性,采用以偏概全、断章取义,甚至故意修图、移花接木等手段,制造"标题党",引发轰动效应。

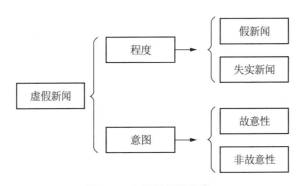

图7-2　虚假新闻的分类2

【案例 7-4　"老院士站着讲,大学生趴着睡"标题党新闻】

2014 年 9 月,某网络媒体刊登了一组题为《九旬院士站着做报告,九零后学生趴着打瞌睡》的图片新闻。随后有媒体官微根据这组图片发表了题为"老院士站着讲,大学生趴着睡"的微博,受到大量网民关注。当晚大批媒体官微跟进了这一事件,相关微博被转发过万次,迅速成为了微博舆论场的热门话题。但是,对图片进行调查发现,这组新闻图片是通过不同角度、不同景别的重复拍摄完成的。也就是说,本是一场秩序井然的学术讲座,为了提高点击率,记者对后排睡觉的几个学生进行重复拍摄,人为制造了这则"标题党新闻"。

新闻通过画面对比，首先成功抓住了受众注意，利用反差强烈的标题成为网络"噱头"，然后借助大 V 账号评论转发，策划引导了一场社交媒体的"舆论狂欢"。

社交媒体时代，"标题党新闻"形成的过程常常是多元而复杂的。在这则案例中，首先摄影记者作为事件始作俑者，通过对局部的反复拍摄，人为制造了一个话题。其次，转发媒体，盲目追逐热点，既没有对新闻现场展开调查，也没有对单一信源经过任何求证。第三，微博大 V，在二次传播的过程中任意添加修饰信息，迎合社会关注的热点议题。最后不容忽视的是，大量网民站在道德制高点，舆论审判的猛烈攻势也放大了新闻热点。而在这期间，有媒体发出质疑的声音也被舆论淹没了，有学生试图还原现场真相被"选择性忽视"。社交媒体舆论汹涌之下，新闻真相却"烂尾"了。

二、虚假新闻的特点

（一）模仿新闻样式，使人难辨真假

虚假新闻能够短时内引起轰动的一个原因就是受众难以分辨，很多虚假新闻 5W1H 要素齐全，时间、地点、人物等都很明晰，在风格上模仿新闻故事性的描述，让人很难辨别真假。尤其是一些故意编造的新闻，例如轰动一时的北京电视台"纸包子"事件，记者自编自导的故事以假乱真迷惑了受众。

（二）利用社会热点，引起轰动效应

许多虚假新闻因为主题涉及社会热议话题，比如民生问题、教育问题，围绕该话题的新闻报道很容易引起公众关注，引发舆论热议。所以一些策划性新闻专门针对这类话题展开，并在报道中夸大情节，突出矛盾，迎合公众的心理，促使失实新闻广泛传播。

（三）借助社交平台，加快传播速度

随着传播业态迭代，社交媒体已经成为传播虚假新闻的重要平台。在社交媒体环境下，新闻生产是共享的、开放的、参与的，不再是职业媒体人把关的、固态的，而是流动的。有学者称网络新闻犹如液体般充满了不确定性，各种力量都会加入，每个加入者都有

自己的目的①。同时在社交媒体时代,信息传播速度越来越快,媒体急于追求新闻时效性和话题性,疏于核实信息的真实性,极易滋生虚假新闻。

三、虚假新闻产生的原因

(一)政治原因

从历史上看,重大的失实报道大多都有政治原因。在西方,由于政治需要媒体可能会传播虚假新闻。例如在伊拉克战争期间,2003年3月23日福克斯新闻刊播字幕新闻称,伊拉克发现了大型的化学武器,联军活捉了掌管化学武器的伊拉克人。2003年4月26日美国广播公司的独家新闻称,美国军队在伊拉克发现了化学、药剂、导弹等。这些西方媒体传播的虚假新闻正是出于一种政治传播的需要。

(二)社会原因

泛娱乐化的社会背景使虚假新闻有了生存的土壤。在英国,愚人节期间,虚假新闻已成了一个固定的内容,虽然一些媒体在第二天或者隔几天将这些"新闻"推翻,并给予公众解释,但是逐渐这种"假新闻玩笑"越开越大,从"英国的财政大臣买彩票"到"法国总统手术增高",以至于一些媒体人在日常做新闻时也抱着这种娱乐的态度,英国广播公司(BBC)就发生过一个主持人在节目中宣称"英国女王驾崩"的事件,引起了社会各界的批评。

(三)媒介素养原因

媒体人员素养缺失是虚假新闻屡禁不改的重要原因。我国改革开放以来,媒体产业迅猛发展,从业人数急速膨胀,导致部分新闻从业者媒介素养缺失。有些新闻从业人员没有接受过专业的、正规的新闻训练;也没有接受过职业道德、职业操守的教育;还有些新闻从业者是因为缺乏生活或工作经验,被采访对象或者其人员误导,从而写出了虚假新闻。

---

① 陆晔,周睿鸣."液态"的新闻业:新传播形态与新闻专业主义再思考——以澎湃新闻"东方之星"长江沉船事故报道为个案[J].新闻与传播研究.2016,23(07):24-46+126-127.

（四）文化心理原因

心理学家戴维·邓宁和戴维·舍曼指出："刻板印象会扭曲人们对事件的认知和解释。"当事件和个体的刻板印象契合时，个体对文本的解释便会与文本信息趋向一致；相反，个体则会产生抵制情绪。例如2008年汶川地震中，被证实为杜撰的"母爱短信"新闻就是利用了受众对"母爱"的刻板印象。

从众心理也会影响虚假新闻的传播，网络谣言在从众心理的影响下，迅速被当成事实传播。此外，窥视欲和好奇心使受众对怪异离奇、荒诞不经，甚至是神秘虚妄的事件趋之若鹜。他们在追求猎奇的过程中，并不是要获得有价值的信息，也没有兴趣去探查事件的真假，而只是追求一时的刺激和宣泄。

（五）媒体竞争驱使

随着我国经济体制和文化体制改革的不断深化，一部分原来是事业单位的媒体被推向市场，成为独立核算、自主经营、自负盈亏的经营实体。一些媒体无法适应转变，转而把经济效益作为唯一的追求目标，这些媒体成为虚假新闻泛滥的重灾区。互联网的发展以及媒体市场化的运行模式使媒体出现了过度商业化的倾向，尤其是许多公关公司、策划公司伙同网络推手，制造标题、混淆视听，令人防不胜防。

有些媒体从业者缺乏社会责任感，为了谋取利益，大肆炒作夸大新闻事件。部分媒体把版面、播段、栏目作为盈利的工具，同企业、公关公司合作炮制虚假新闻。例如，2014年10月份某报整版刊载了一条新闻《95后女子用身体换全国游，每到一地临时征男友》。这则新闻发布后，在网上引起了巨大关注，当晚就上了微博的热榜话题，各大权威网站纷纷转载。最后事实证明，这是一家软件公司企图利用色情信息进行新闻炒作，最终达到推广其开发的社交软件的目的。

（六）惩处力度不足

长期以来，虚假新闻的炮制者除了被批评和谴责，实质性的惩处力度不足，从而导致虚假新闻屡禁不绝。从《新闻记者》披露的历年"十大假新闻"材料看，这些假新闻发表的报刊、传播的网站以及作者的姓名均是清楚明白、准确无误的。但是这种制假、造假、传假的单位或者是个人，很少受到严肃的查处，更不用说是经济和法律的制裁。打假不力，处理措施不痛不痒，是虚假新闻频出的一个重要的原因。虚假新闻干扰正常的生产、生活秩序，造成严重的经济损失和恶劣的社会影响。

四、虚假新闻的危害

虚假新闻危害的范围很广，从被报道对象到读者受众，从个人到社会，包括传播新闻的媒体自身都会受到影响，特别是故意性虚假新闻，利用媒体权利谋求利益，它的危害往往更加严重。

（一）造成财产损失

造成财产损失是虚假新闻给社会带来的最为常见的负面作用。由于财产损失可以量化，所以成为判定社会危害程度最普遍使用的标准。

虚假新闻造成财产损失的案例在国内外都很常见。在国外，一个名叫马克·雅各布的大学生，散布了一条假新闻，赚取了 21 万美元，但是造成了埃穆雷克斯公司在一个小时之内赔了整整 25 亿美元。在国内，2008 年 9 月 11 号，北京某报刊载了一条题为《招行投资永隆浮亏百亿港元》的虚假消息，成为招商银行当日股价暴跌的一个诱因，并带动了整个银行板块整体下跌。当天，招行 A 股的流通市值净损失了 127.5 亿元，H 股下跌了 5.16%。2007 年 3 月 13 号，某报推出广州香蕉感染了"蕉癌"的报道，造成了全国香蕉大面积的滞销，广东、海南两地的蕉农损失约 7 亿元。

（二）扰乱社会秩序

随着市场经济的推进，我国在食品安全、公共安全等涉及民生领域的问题越来越多，政府和民众的关注度也越来越高。在这样敏感的领域之中，媒体刊登的虚假新闻增加了政府的管理成本，也加深了公众的不安定感。例如，"2012 年食盐防辐射"导致一夜之间超市食盐抢尽；"2020 年双黄连口服液可抑制新型冠状病毒"导致新冠疫情防控期间药房双黄连口服液卖空。这类食品卫生安全类的虚假新闻报道,可以很直观地展现虚假新闻给社会带来的不安定性。

（三）影响国家形象

虚假新闻对国家形象的影响是不言而喻的,这个影响主要体现在两个方面:一方面直接影响我国相关产品的对外贸易,即使虚假新闻很快被证实为假的,但负面影响在短时间内也难以消除。例如,媒体出现"注水西瓜"的虚假新闻报道,境外立刻停止了对我国海南、广东西瓜的进口,直接导致了大量的西瓜滞销。另一方面,虚假新闻影响中国政府的国际形象。例如,国外媒体对拉萨"3·14事件"的虚假新闻报道,国外媒体对"中国新疆棉花"的污名化虚假新闻等,都直接影响到中国政府的对外形象。

（四）危害媒体公信力

所谓媒体公信力,指的是公众对媒体的信任程度。由于虚假新闻的影响,公众对媒介的信任程度会不断下降。调查统计显示,十年前40%的美国人相信主流媒体和电视机构报道的新闻,但近十年以来该数据下降了一大半,目前可信度最高的《华尔街日报》也只有25%的读者完全相信它的大部分或者所有的报道,《纽约时报》次之,有18%的读者相信它的大部分或者所有报道。尽管互联网高居新闻接触各种渠道榜首,但是它的可信度远远低于上述传统媒体。谷歌新闻的可信度在互联网新闻中居首位,但是也仅有13%的受众相信它,雅虎新闻次之,只有11%的受众对它表示信任。

（五）侵害报道对象权利

当传媒机构捏造当事人违纪违法的新闻,会给当事人造成人格、名誉的侵害,虚假新闻会侵犯被报道对象的权利,并使新闻当事人正常的工作生活受到干扰。例如,媒体报道贪官尹冬桂时,称她为"女张二江",私人作风败坏,与多名下属发生性关系等,而后尹起诉媒体,认为个人名誉受辱,最终媒体被判败诉,因为落马贪官同样有名誉权,新闻不能侵害被报道对象的人格权利。

（六）剥夺受众知情权

虚假新闻还会侵害受众的知情权。受众通过媒体希望获得的是真实信息,从而消除信息的不确定性,为生活提供便利。但媒介提供虚假新闻,会使受众无法获得准确信息,甚至影响其正常的生活决策。例如,2021年国内多家媒体有关日本"核废水"倾倒的报道中频繁出现"排放核废水57天,就可以扩散至半个太平洋",台湾地区的东森电视台甚至打出"日核废水57天内'全球扩散'"的标题。然而没有任何科学模型及论文证实了这一结论,受众对公共事件的知情权被剥夺了,这在某种程度上就是由虚假新闻的传播造成的。

思考题

1. 误传新闻、假新闻、恶意新闻的区分依据是什么?你还能想到哪些虚假新闻的分类方法?

2. 结合具体的案例,尝试归纳虚假新闻往往集中于哪些领域。谈谈你的发现,并分析为什么这些领域是虚假新闻的高发区。

3. 媒体竞争的加剧也是促使虚假新闻产生的一个重要原因。作为新闻工作者,你如何理解这种冲突?应该如何处理好社会效益与经济效益的关系?

4. 虚假新闻有哪些危害?为什么说虚假新闻剥夺了受众的知情权?

第三节　网络虚假信息的内涵与治理

一、网络虚假信息的内涵

网络虚假信息涉及政治、经济、文化等各个方面:不仅有针对公民个人的诽谤,损害个人名誉权;也有针对公共事件的捏造,扰乱经济秩序;严重的甚至将矛头指向国家政权,影响社会稳定和国家安全,危害极大。

（一）网络虚假信息的表现

网络虚假信息涉及面广泛,在不断的发展和演化过程中呈现出多种表现形式,包括网络虚假新闻、网络虚假评论、网络诈骗等。在此我们主要讨论网络虚假新闻的表现。首先,虚假新闻指报道的信息与事实不符,包括对全部事实的想象和捏造,对部分事实细节的杜撰和不准确叙述,以及出于政治、商业需要的新闻失实等①。形式上既有无中生有、断章取义,又有道听途说、捕风捉影,还有偷梁换柱、编排策划等。网络新闻对信息时效性、可读性、趣味性、轰动性的追求超过了对信息真实性、准确性、可靠性的关注,虚假新闻在互联网上呈泛滥之势,并且在不断的发展和演化中日益呈现新的特征。

近几年来,随着监管水平不断提高和职业道德理念不断深化,传统媒体生产的对全部事实进行捏造的虚假新闻已经越来越少,但这类子虚乌有的新闻在网络空间中仍大有市场。无中生有地人为制造话题赚取点击率,传播虚假新闻,引发互联网和传统媒体的双重舆论热潮。2016年2月6日19时28分,网络社区篱笆网上一名"上海女孩"讲述自己第一次去江西男友家被年夜饭吓到分手逃离的贴子蹿红网络。随后事件在微博上发酵,引发数万网民热烈讨论,《人民日报》、光明网、澎湃新闻等主流媒体也纷纷发文,导致事件热度进一步上涨。经两名疑似男主角回应、江西女网友致信上海女孩、上海本地媒体为上海女孩发声,事件几度引发舆论高潮。然而21日,在网民、主流媒体及网络部门的质疑与核实下,证实该事件是彻头彻尾的网络虚假新闻。

"网络标题党"也是网络虚假新闻的一种表现形式,即用夸张、歪曲等手段加工制作耸人听闻的、与实际内容不相符合的标题,以吸引受众注意。许多"标题党"来源于网络媒体编辑对传统媒体报道新闻的"改头换面",存在对事实细节的杜撰或大量不准确描述。以某网站新闻为例,为了博取眼球,赚取浏览量,大量篡改新闻标题,与原新闻南辕北辙。例如,《环球时报》的原报道《俄媒:中国或造几千架四代战机数量在世界居首》,而该网站将其替换为《俄媒:中国三代发动机都不达标　歼20难成功》,实际上原文并无一字提到发动机。类似的形式在众多网络媒体中大量存在,误导网民。

---

① 陈力丹、周俊、陈俊妮.中国新闻职业规范蓝本[M].北京:人民日报出版社,2012,119.

此外,网络新闻的多媒体、多模态传播模式也催生了大量虚假图片新闻和虚假视频新闻的产生。2007 年 10 月 12 日,陕西省林业厅公布了一组华南虎照片。随后,照片真实性受到来自部分网民、华南虎专家和中科院专家等多方质疑,引发全国性关注。10 月 15 日,网友称虎照原形系年画,并将年画传到网上。12 月 2 日,联合专家组从摄影学和数码影像技术学两个方向分析认为,这些影像不能作为华南虎存在的证据。直到 2008 年 6 月 29 日,图片的提供者周正龙才承认虎照是使用 PS 技术合成的假照片,周受到法律制裁,相关政府官员亦受到处分。

（二）网络谣言不等于网络虚假信息

媒体报道和日常生活中人们常常使用"网络谣言"指称网络虚假信息,一些国家监管部门文件或行动中,也多有提到"网络谣言",但两者的内涵和外延都不尽相同。《现代汉语词典》(第七版)将谣言解释为"没有事实根据的消息"。与其对应的英文单词是"rumor",《韦伯斯特英文大群典》将其解释为"一种缺乏真实依据,或未经证实、公众一时难以辨别真伪的闲话、传闻或舆论"。两者都提出了谣言可能存在的虚假性,但也没有否认谣言所传达的内容可能会是真实的①。大部分日常社交谈话总是包含着谣言。我们与朋友聊天时,也充斥着各种有根据或无根据的小道消息。可以说,谣言是每个人生活中存在的一种现象,但无根据的信息并不一定是虚假信息。

将谣言这一概念作为学术研究的对象,最早起源于二战时期,作战双方通过制造假消息、假情报以扰乱军心,或诱使敌人掉入陷阱。美国社会学家纳普(Robert Knapp)受命研究谣言对军队士气的不良影响,他收集了 1942 年间的战时谣言并对它们进行了系统的分析,这一研究为后来谣言相关理论的发展奠定了重要的基础。1947年,谣言研究的奠基人奥尔波特(Gordon W. Allport)和波斯特曼(Leo Postman),提出了著名的谣言传播公式:"谣言 =(事件的)重要性×(事件的)模糊性。"②研究者认为有两个主要的因素决定着谣言

---

① 邵国松.网络传播法导论[M].北京:中国人民大学出版社,2017,60.

② [美]奥尔波特等:谣言心理学[M],刘水平、染元元、黄鹏译.辽宁:辽宁教育出版社,2003,17.

的传播，即一件事情要足够重要才能吸引公众的普遍注意力，而同时该事件的模糊性又会增强它的神秘感，两者合力造就谣言的盛行。

网络谣言是未经证实的信息，它在网上的流通是因为在一定程度上满足了人们对特定信息的需求。然而其中的一些虚假的、不实的信息，常常会导致负面效果。对于网络谣言，人们常常抱着"宁可信其有"的心理，只要把内容编得看似有理有据，就很容易让这一部分人信服，再加上一些怂恿传播的话语，谣言就这样流传开来。而且，网络谣言常常是众多网民集体行为的结果，甚至很难预测谣言何时停止、何时扩散，这对当事人的损害无疑是巨大的。在公共领域，网络谣言的传播甚至会危及社会公共秩序和国家安全。因此，世界各国对网络谣言都进行了不同手段的管控，但同时也注意到了并非所有的谣言都是虚假信息，对谣言的管控应限制在一定范畴，否则就有可能构成对言论自由和公众知情权的侵犯①。

有学者对谣言的概念进行了梳理，认为"谣言未必是虚假的，只是在传播过程中未经证实而已，在事后被证实的谣言也不乏存在"②。可见谣言可能是真实的，也可能是虚假的，目前我们提到这一概念时所取的主要是它的贬义所指，即所谓"造谣"。因此，在法律的视野下看待这一同题，为保证概念用词的准确性和可操作性，尽可能避免歧义，我们更倾向使用"网络虚假信息"这一概念，即在互联网上生成或传播的、与事实不符的虚假信息或言论③。

（三）网络虚假信息的界定标准

网络虚假信息的界定，遵循以下四个标准④。

第一，无根据性。无根据性是虚假信息的本质特征，是指此信息本是子虚乌有的、捏造的。有一定的事实根据但与事实并不完全相符的信息在法律层面上不属于虚假信息。2013 年 8 月，安徽砀山网

---

　　①　邵国松.网络传播法导论[M].北京:中国人民大学出版社,2017, 62.

　　②　王佳宁.网络谣言对态度改变的影响[D].吉林:吉林大学,2012, 20.

　　③　黄瑚.网络传播法规与伦理教程[M].上海:复旦大学出版社,2018, 72.

　　④　孙万怀,卢恒飞.刑法应当理性应对网络谣言——对网络造谣司法解释的实证评估[J].法学,2013(11):3 - 19.

民于和玉在个人微博上发帖,将一起 10 人死亡的车祸描述为 16 人死亡,被砀山公安局行政拘留 5 日。5 天后砀山县公安局发微博,称此处罚不妥,决定撤(撤)销对其作出的行政处罚决定。一方面,网络虚假信息的认定范围不能无限制扩大,特别是上升到法律规制的层面,要谨慎有度,否则不利于正常的言论表达和信息流通;但另一方面,从更普遍的社会认知来看,部分失实的信息仍然属于虚假信息,仍然具有社会危害性,只不过情节轻微,未上升到法律规制的层面。

第二,具体性。网络虚假信息必须对信息的内容有明确的表述,对已发生的事件的基本要素有具体的描述。笼统地称"××地方出大事了"等语焉不详的表述不具有信息的性质,也很难判定其是否虚假、是否具有社会危害性。当然,语言表达在不同的环境中具有不同的意义,如果结合具体情况,公众能够从其描述中获知或推测出一些信息内容,即使没有具体描述也具备信息的具体性。

第三,可信性。可信性也称误导性,是指能够使公众信以为真。可信性是虚假信息与情绪发泄式的过激言论的关键区别。2013 年 9 月 30 日,刘某因对某医院医疗纠纷处理不满而在微博上发表了要炸地铁的言论,被广州警方刑事拘留。后因检察院不予批捕,警方以情节显著轻微为由撤案。类似的言论如果没有其他证据予以辅佐,就因不具有可信性而不属于网络虚假信息的范畴。

第四,关联性。关联性是指虚假信息与公众的实际生活有关联,与公共事务相关联。只有虚假信息与公共生活关联,才会引起人们公共生活的变化,才有可能影响到公众舆论、公众行动、公共秩序等。换句话说,网络虚假信息必须与公共事务相关联,严重的网络虚假信息必须有引起社会秩序混乱的可能。否则,就会像网上调侃的那样,李白也会因一句"飞流直下三千尺"而涉嫌传播网络虚假信息了。

二、网络虚假信息的危害

(一)传播谬论,扰乱经济秩序

网络虚假信息往往与普通人的真实生活紧密相连,利用人们最广泛的需求心理传播谬论,最典型的当属利用"食品安全""环境安全"等关键问题,激发人们的恐惧从众心理,加速虚假信息传播。相关信息或为实现商业利益不择手段,或为提高点击量严重扰乱经济秩序,导致巨额经济损失。

2011年网络上曾盛传的《内地"皮革奶粉"死灰复燃　长期食用可致癌》一文,一经发布即刻被众多大型网络平台媒体所转载,直接导致我国多家牛奶制造厂商股价大跌。2012年5月,西瓜上市之际,一条关于"针打西瓜"的网络虚假信息在微博上疯传,15000余人转发,近3000条评论。后经专家辟谣,西瓜打针不仅容易烂,而且操作起来费时费力,不符合实际。但"针打西瓜"致使瓜农经营受挫,蒙受巨额经济损失。类似的"蛆橘""香蕉致癌"等网络虚假信息的盛传,严重扰乱了经济秩序。这类利用普通群众对健康的迫切需求,使用夸张的数据炮制出的虚假信息,在互联网上的传播特别"走俏"。不仅增加了人们的心理负担和生活压力,更影响了相关产业的健康有序发展。

（二）蛊惑人心,危害社会稳定

从社会秩序的角度看,网络虚假信息传播已成为危害社会和谐稳定的一大公害。2003年"非典"事件爆发时,网络新闻还未普及,当时的信息传播仍以传统媒体报道为主。但是由于早期官方的疫情通报比较模糊,传统媒体信息发布不能满足人们对于这种传染疾病的探知欲望,一时间网络上虚假信息满天飞,像"北京患者数量已经过万""北京已经全面封锁各条道路"等虚假新闻借助强大的网络平台传播,闹得人心惶惶。

2011年日本发生9.0级地震,导致福岛核电站发生核泄漏事故。"食盐中的碘可以防辐射""国内盐产量将出现短缺"等网络虚假信息开始在迅速扩散,直接导致了我国一些地区出现影响面巨大的"抢盐风波",一些商家趁机哄抬物价,一度使经济秩序混乱。

2020年新型冠状肺炎肆虐全球,一则"双黄连可治新冠肺炎"的虚假新闻,使得药房中的双黄连口服液在一夜之间被一抢而空,甚至连制作双黄连汤剂的药材也被抢空。此类虚假新闻造成的社会恐慌在新冠肺炎期间层出不穷,造成了群众的极大恐慌心理,严重危害社会稳定。

（三）瓦解信任，引发政治风波

互联网诞生之后，以美国为代表的西方国家很快发现了互联网在实施舆论战领域所具有的特殊能力。1995 年美国国防部分管隐秘行动与低烈度冲突副部长办公室的战略评估助理查尔斯·修特撰写了名为《互联网：战略评估》的机密报告，其中明确提到互联网的战略价值之一就是有助开展"心理战"，即通过提供具有迷惑性的信息，甚至是虚假信息，改变他国受众的观念与行为模式，离间他国公众和政府之间的关系，最终实现"让其他国家的公众自发地去实现原先必须派遣美国特种部队才能实现的目标"。当网络虚假信息涉及民族问题、宗教信仰、领土争端、政党政权等国家敏感问题时，若不加控制，其煽动性的内容传播极易导致民众对政府的质疑，导致民众信任危机和社会治理风险的加剧和恶化，引发政治波动，威胁国家安全。

三、对网络虚假信息的治理

网络虚假信息的社会危害程度不同，会受到民事法规、行政法规和刑事法规等不同层面的法律制裁。除了《侵权责任法》《治安管理处罚法》《刑法》等，《全国人大常委会关于维护互联网安全的决定》《计算机信息网络国际联网安全保护管理办法》《互联网信息服务管理办法》等法律法规也作了原则性规定。但总体来看，有关网络虚假信息法律规制的研究集中于行政法规和刑事法规的探讨，衡量其犯罪化的边界是该领域研究的核心问题。

（一）行政法规规制及案例

《中华人民共和国治安管理处罚法》第 25 条规定：散布谣言，谎报险情、疫情、警情或者以其他方法故意扰乱公共秩序的，处 5 日以上 10 日以下拘留，可以并处 500 元以下罚款；情节较轻的，处 5 日以下拘留或者 500 元以下罚款。《计算机信息网络国际联网安全保护管理办法》《互联网信息服务管理办法》《网络出版服务管理规定》等行政法规规定，通过互联网制作、复制、发布、传播谣言的，扰乱社会秩序、破坏社会稳定的，依法予以处罚。此外，《关于严防虚假新闻报道的若干规定》《关于加强新闻采编人员网络活动管理的通知》《即时通信工具公众信息服务发展管理暂行规定》《互联网用户账号名称管理规定》《互联网新闻信息服务单位约谈工作规定》等行业规范中也有相关规定。

【案例 7-5　网络虚假信息引发的抢盐风波】

2011 年 3 月 11 日，日本东北部地区突发 9.0 级大地震，位于本州岛福岛的核电站发生爆炸并出现核泄露。3 月 15 日上午 10 时左右，一名浙江省杭州市某数码市场的普通员工，用网名"鱼翁"在几个 QQ 群上发布："据有价值信息，日本核电站爆炸对山东海域有影响，并不断地污染，请转告周边的家人朋友储备些盐、干海带，暂时一年内不要吃海产品"，在网上散布有关近期日本地震引发核污染影响我国海域的虚假信息。此后的短短几个小时之内，这条消息不胫而走。3 月 15 日起，中国大陆居民大量抢购、囤积碘盐。

3 月 17 日下午，国家发改委和工业和信息化部等部委紧急发文称，我国食盐生产和供应有充分保障，价格主管部门要积极与相关部门协调配合，多方组织货源，保障食用盐等商品的市场供应，稳定价格。中国盐业总公司也发布声明称，食盐储备十分充足，完全能够满足群众需求，请消费者不要相信谣传，不要盲目抢购囤积。卫计委也通过媒体向公民普及有关知识，表示"吃碘盐不能预防放射性碘的摄入"。紧接着，全国包括上海、广东、北京、江苏、海南等多地政府紧急部署稳定当地食盐市场，召开新闻发布会，及时向公民公布当地政府保障食盐供应的具体措施并及时澄清"盐荒"的谣言。截至 18 日晚，全国各地盐价逐渐恢复正常，"抢盐风波"逐渐平息。

经杭州市公安局治安支队会同西湖分局巡特警大队调查，确定网上散布谣言者为杭州教工路上一家电脑公司的员工陈某。3 月 20 日，杭州市公安局西湖分局做出处罚决定，依法给予在网上散布日本核电站爆炸污染山东海域谣言的杭州网民陈某行政拘留 10 天，并处罚款 500 元人民币。陈某的行为属于严重违反治安管理规定但不构成犯罪，因此被处以行政处罚。

（二）刑事法规规制及案例

《中华人民共和国刑法》设定了"煽动分裂国家罪""编造并传播

证券、期货交易虚假信息罪""损害商业信誉、商品声誉罪""诽谤罪"
"诈骗罪"等与网络虚假信息紧密相关的法律法规。

第一百零五条　以造谣、诽谤或者其他方式煽动颠覆国家政权、
推翻社会主义制度的,处五年以下有期徒刑、拘役、管制或者剥夺政
治权利;首要分子或者罪行重大的,处五年以上有期徒刑。

第一百八十一条　编造并且传播影响证券交易的虚假信息,扰
乱证券交易市场,造成严重后果的,处五年以下有期徒刑或者拘役,
并处或者单处一万元以上十万元以下罚金。

第二百二十一条　捏造并散布虚伪事实,损害他人的商业信誉、
商品声誉,给他人造成重大损失或者有其他严重情节的,处二年以下
有期徒刑或者拘役,并处或者单处罚金。

第二百四十六条　以暴力或者其他方法公然侮辱他人或者捏造
事实诽谤他人,情节严重的,处三年以下有期徒刑、拘役、管制或者剥
夺政治权利。

第二百六十六条　诈骗公私财物,数额较大的,处三年以下有期
徒刑、拘役或者管制,并处或者单处罚金;数额巨大或者有其他严重
情节的,处三年以上十年以下有期徒刑,并处罚金;数额特别巨大或
者有其他特别严重情节的,处十年以上有期徒刑或者无期徒刑,并处
罚金或者没收财产。

《刑法修正案三》(2001 年 12 月 29 日颁布)增设"编造、故意传播
虚假恐怖信息罪"。第二百九十一条之一:投放虚假的爆炸性、毒害
性、放射性、传染病病原体等物质,或者编造爆炸威胁、生化威胁、放
射威胁等恐怖信息,或者明知是编造的恐怖信息而故意传播,严重扰
乱社会秩序的,处五年以下有期徒刑、拘役或者管制;造成严重后果
的,处五年以上有期徒刑。

《最高人民法院、最高人民检察院关于办理利用信息网络实施诽
谤等刑事案件适用法律若干问题的解释》(2013 年 9 月 5 日颁布),对
办理利用信息网络实施诽谤、寻衅滋事、敲诈勒索、非法经营等刑事
案件适用法律的若干问题进行了细化,明确量刑标准,并将网络服务
商纳入刑事责任主体范畴。

　　第一条　具有下列情形之一的,应当认定为刑法第二百四十六条第一款规定的"捏造事实诽谤他人":(一)捏造损害他人名誉的事实,在信息网络上散布,或者组织、指使人员在信息网络上散布的;(二)将信息网络上涉及他人的原始信息内容篡改为损害他人名誉的事实,在信息网络上散布,或者组织、指使人员在信息网络上散布的;明知是捏造的损害他人名誉的事实,在信息网络上散布,情节恶劣的,以"捏造事实诽谤他人"论。

　　第二条　利用信息网络诽谤他人,具有下列情形之一的,应当认定为刑法第二百四十六条第一款规定的"情节严重":(一)同一诽谤信息实际被点击、浏览次数达到五千次以上,或者被转发次数达到五百次以上的;(二)造成被害人或者其近亲属精神失常、自残、自杀等严重后果的;(三)二年内曾因诽谤受过行政处罚,又诽谤他人的。

　　第三条　利用信息网络诽谤他人,具有下列情形之一的,应当认定为刑法第二百四十六条第二款规定的"严重危害社会秩序和国家利益":(一)引发群体性事件的;(二)引发公共秩序混乱的;(三)引发民族、宗教冲突的;(四)诽谤多人,造成恶劣社会影响的;(五)损害国家形象,严重危害国家利益的;(六)造成恶劣国际影响的;(七)其他严重危害社会秩序和国家利益的情形。

　　第四条　一年内多次实施利用信息网络诽谤他人行为未经处理,诽谤信息实际被点击、浏览、转发次数累计计算构成犯罪的,应当依法定罪处罚。

　　第五条　利用信息网络辱骂、恐吓他人,情节恶劣,破坏社会秩序的,依照刑法第二百九十三条第一款第(二)项的规定,以寻衅滋事罪定罪处罚。编造虚假信息,或者明知是编造的虚假信息,在信息网络上散布,或者组织、指使人员在信息网络上散布,起哄闹事,造成公共秩序严重混乱的,依照刑法第二百九十三条第一款第(四)项的规定,以寻衅滋事罪定罪处罚。

　　第七条　违反国家规定,以营利为目的,通过信息网络有偿提供删除信息服务,或者明知是虚假信息,通过信息网络有偿提供发布信息等服务,扰乱市场秩序,具有下列情形之一的,属于非法经营行为

"情节严重",依照刑法第二百二十五条第(四)项的规定,以非法经营罪定罪处罚:(一)个人非法经营数额在五万元以上,或者违法所得数额在二万元以上的;(二)单位非法经营数额在十五万元以上,或者违法所得数额在五万元以上的。实施前款规定的行为,数额达到前款规定的数额五倍以上的,应当认定为刑法第二百二十五条规定的"情节特别严重"。

第八条　明知他人利用信息网络实施诽谤、寻衅滋事、敲诈勒索、非法经营等犯罪,为其提供资金、场所、技术支持等帮助的,以共同犯罪论处。

《最高人民法院关于审理编造、故意传播虚假恐怖信息刑事案件适用法律若干问题的解释》(2013年9月16日颁布)为依法惩治编造、故意传播虚假恐怖信息犯罪活动,维护社会秩序,维护人民群众生命、财产安全,对审理此类案件具体适用法律的问题做出进一步细化,特别对"虚假恐怖信息"的范畴和"扰乱社会秩序"的标准做出了司法解释。

第一条　编造恐怖信息,传播或者放任传播,严重扰乱社会秩序的,依照刑法第二百九十一条之一的规定,应认定为编造虚假恐怖信息罪。明知是他人编造的恐怖信息而故意传播,严重扰乱社会秩序的,依照刑法第二百九十一条之一的规定,应认定为故意传播虚假恐怖信息罪。

第二条　编造、故意传播虚假恐怖信息,具有下列情形之一的,应当认定为刑法第二百九十一条之一的"严重扰乱社会秩序":(一)致使机场、车站、码头、商场、影剧院、运动场馆等人员密集场所秩序混乱,或者采取紧急疏散措施的;(二)影响航空器、列车、船舶等大型客运交通工具正常运行的;(三)致使国家机关、学校、医院、厂矿企业等单位的工作、生产、经营、教学、科研等活动中断的;(四)造成行政村或者社区居民生活秩序严重混乱的;(五)致使公安、武警、消防、卫生检疫等职能部门采取紧急应对措施的;(六)其他严重扰乱社会秩序的。

第六条　本解释所称的"虚假恐怖信息",是指以发生爆炸威胁、生化威胁、放射威胁、劫持航空器威胁、重大灾情、重大疫情等严重威胁公共安全的事件为内容,可能引起社会恐慌或者公共安全危机的不真实信息。

《刑法修正案九》(2015年8月29日颁布)明确将虚假恐怖信息罪确定到险情、疫情、警情等情况中。第三十二条 编造虚假的险情、疫情、灾情、警情,在信息网络或者其他媒体上传播,或者明知是上述虚假信息,故意在信息网络或者其他媒体上传播,严重扰乱社会秩序的,处三年以下有期徒刑、拘役或者管制;造成严重后果的,处三年以上七年以下有期徒刑。

【案例7-6 天津爆炸事故虚假募捐案】

2015年8月12日,天津港发生爆炸事件。杨彩兰用新浪微博账号"我的心永远属于拜仁慕尼黑always"先后发布两条短微博,称其父亲在爆炸现场附近上班,爆炸后失联,以此博取网民关注,提升自己的微博粉丝数量。两条短微博发布后,"父亲在爆炸中丧生"这一话题立即获得了微博网友关注,成为微博热点话题。伴随粉丝量不断攀升,杨彩兰又用新浪微博的"长微博"功能编造了一篇有关天津爆炸事故的信息,并添加现场图片及有关自己父亲在爆炸中丧生的文字,使虚假信息本身更具"真实性",同时开通微博"打赏"功能。截至8月14日晚11点,评论数近45000,且有3776名微博网友通过打赏功能捐款,总金额达96576.44元。此后,杨彩兰删除所有微博,试图提现。但其发布虚假信息的微博账号被投诉,该账号收取的捐款款项被冻结,杨彩兰提现失败。

2015年9月1日,犯罪嫌疑人杨彩兰涉嫌诈骗罪被捕。2016年1月13日,该案在广西防城港市防城区人民法院开庭审理。公诉机关认为被告人杨彩兰以非法占有为目的,利用社会广泛关注的天津港爆炸事件三次发布虚假信息骗取网络捐款,犯罪数额巨大,造成了恶劣的社会影响,应当以诈骗罪追究其刑事责任。2016年1月26日,防城港市防城区法院对杨彩兰虚假募捐诈骗案做出一审判决,以诈骗罪依法判处杨彩兰有期徒刑三年,并处罚金人民币八千元①。

---

① 参见广西防城港市防城区人民法院刑事判决书,桂0603刑初30号.

思考题

1. 判定一条信息是网络虚假信息的依据有哪些？你认为用户发布在社交平台上的"滤镜景点""有偿探店"等内容算不算网络虚假信息，为什么？

2. 网络虚假信息有什么危害？在互联网高速发展的今天，为何更加强调网络虚假信息的治理？

3. 结合网络虚假信息的特点，谈谈普通人在日常生活中应该如何提升媒介素养，避免成为虚假信息的受害者和传播者。

4. 在互联网时代，网络虚假信息的传播呈现出哪些新的特点？相较于传统媒体时代，你认为虚假信息的治理在互联网时代是变得更容易还是更困难了？

5. 我国在法律法规层面是如何应对网络虚假信息的？你还知道哪些国家应对网络虚假信息的措施，这对我国后续实践有什么启发？

第八章 新闻客观性与媒介审判

第一节 新闻客观性原则

习近平总书记在中共中央政治局集体学习中提出,"主流媒体要及时提供更多真实客观、观点鲜明的信息内容,掌握舆论场主动权和主导权"。新闻客观性与新闻真实性原则紧密相连,是"维护国家政治安全、文化安全、意识形态安全"的重要保障。本节具体介绍新闻客观性原则的历史背景、基本概念、报道原则。

一、新闻客观性的历史背景

第一,19 世纪中叶政党报刊向商业报刊转变,为新闻客观性的提出创造了条件。世界新闻史上,报刊发展经历了官报、党报、商报三个阶段:党报时期报纸大多带有党派色彩,记者按党派观点选择和报道事实,从而试图影响公众判断。19 世纪中叶开始,报业经营理念发生了重大变化,政党报刊式微,商业化报刊逐渐成为主流。这个转变过程为新闻客观性理念的出现提供了必要条件。不同于政党报刊服务于党派利益,商业化媒体以营利作为首要目标,需要尽可能扩大读者群体,增加广告收益来维持经营。通讯社新闻更是需要面向广大读者群体,才能最大限度地被媒体采纳。因此无论商业化媒体还是通讯社,都要避免过于倾向性的表达方式,才能赢得更多受众。美国传播学者彭家发回顾 19 世纪中叶这一转变时指出:"大部分记者都客观地报道,不把他们自己以及他们的意见写在内,因为编辑知道,⋯⋯各党派都可能有读者。"在这种认识之下,传媒逐渐用对事实的报道替代了评论式的报道,编辑在立场上尽量避免一面之词,于是强调新闻客观性的写作方式逐渐成为主流①。

第二,19世纪哲学思想转向,"可知论"观点的提出为新闻客观性的发展提供了可能。18世纪"不可知论"的代表性观点认为,人对许多事物是不可能完全认识的。19世纪中叶起,"可知论"观点取代了原来占据主导地位的"不可知论",认为经过人类的不断努力,世界是可以认识的,这种观点对新闻报道产生了至关重要的影响,奠定了新闻报道真实准确、全面客观的专业主义理念。

第三,19世纪照相术等媒介技术的发展,为新闻客观性理念的发展奠定了基础。美国学者丹·席勒认为,关于技术与新闻客观性的关系另有一个因素可觅,那就是照相技术。在早期照相技术以及由之出现的一种扩展的新现实主义风格中,可以发现美国新闻报道客观性的姻亲。也就是说,19世纪后半叶那种对现实精确、准确并能被广泛辨认的照相复制理念,影响了后来的新闻客观性。这种传播技术给人一种理念——外部事物可以完全真实地反映出来,这其中包含客观的理念②。1922年,李大钊在北京大学记者同志会上的演说,给新闻下了这样一个定义:"新闻是现在新的、活的社会状况的写真。"其中"写真"这个概念,是从日本传过来的,就是"照相"。李大钊的这个新闻定义,无形中反映了当时照相术的使用对新闻客观性理念确立的影响。

综上所述,19世纪报业经营理念的变化、哲学观念的发展、传播科技的进步,共同决定了新闻客观性理念发展的可能性和必然性。

二、新闻客观性的基本概念

新闻客观性作为一种专业主义理念,首先要求记者做到公正中立、不带偏见地报告事实,并且努力将"事实"与"意见"分开。美国爱荷华大学新闻学教授、普利策奖获得者斯蒂芬·贝里(Stephen

①　彭家发.新闻客观性原理[M].台湾:台湾三民书局,1994,23.
②　陈力丹.新闻理论十讲(修订版)[M].上海:复旦大学出版社,2020,115.

Berry)认为:"客观性作为新闻业界的一个标准就是试图要求记者撇开感情与偏见,包括那些被制造者和公关人植入新闻的观点和态度",实际上这些人为制造的观点和态度新闻记者在采访时常会遇到,"记者会将新闻客观视为一种他们一直在追寻的理想,从来不会终结,但也从来不会完全成功"①。陈力丹教授认为,新闻客观性原则可以分为两个层面,一个是理念层面,一个是操作层面,两者看起来是一回事,但所指是不一样的。新闻客观性作为一种职业理念,对其内涵有许多具体要求。

第一,诚实。这就要求新闻从业者在报道事实之前,没有故意隐瞒什么和突出什么的念头。"诚实"说起来容易做起来难,但是新闻专业主义要求记者在报道事实之前自身应是一张白纸,在新闻报道中不应随意添加个人好恶评判。

第二,超脱、平衡、公正。当报道事实跟新闻从业者自身没有关系时,做到"超脱、平衡、公正"相对比较容易;但当新闻事件与新闻从业者存在一定情感关联,要做到完全第三方立场进行报道,对新闻专业主义就会是一种考验。

第三,不抱持成见,不固执己见。一些事实不仅涉及个人情感好恶,还会涉及政治立场、党派观念等。记者在报道时,不能按照自己的政治倾向和观念偏好来报道,要克制自己的既定看法,尽可能按照事实的本来面目进行报道。

第四,不牵扯个人利益。还有一些新闻事件可能会牵扯到记者的个人利益,新闻事业不像法律行业,涉及个人利益时可以申请回避。由于新闻对时效性的要求使得记者在现实业务中可能根本来不及申请回避。即便如此,在新闻报道中仍要尽可能跳出个人利益圈子,从专业角度去报道事实。

第五,努力将事实与意见分开。在记者实际采访时,常常得到的反馈并不仅仅是事实本身,还有被采访人对事实相关的评价,而且两者常常被混为一谈。区别这两种素材,既是一种技术,更是一种理

---

① Stephen Berry. Why Objectivity still matters[J]. Nieman Reports, 2005.

念,记者要时刻提醒自己把两者分辨清楚。

　　一个多世纪以来,客观性理念及客观报道方式,常常受到质疑。首先,即使较为客观的新闻,如果认真检查从选择报道的事实到具体文章框架的设计,总能找出不够客观之处。其次,客观性理念指导下的新闻报道,也不能保证其完全客观,原因在于新闻从业者很难真正跳出自己的历史文化背景以及现实环境,更不可能完全摆脱既定思想的影响,即便真诚地采取客观的态度,也可能会无形中受到历史与现实各种因素的影响,这是无可否认的事实。尽管实践中很难实现百分百完全客观,但是新闻专业主义要求新闻从业者依然要努力去接近客观,并始终将客观性作为新闻报道的准则。

三、新闻客观性的报道原则

　　客观性是新闻报道的基本原则。尽管从哲学上讲并无真正的客观,但就操作层面而言,新闻客观性的实现有一系列具体的原则和方式。记者要尽量从他所讲述的故事中抽离出来,以旁观者的眼光对新闻事件保持中立态度。尽管作为生活中的人,记者面对事实难免有自己的感慨,但是他必须隐藏自己的感慨,并且不能让这种感慨影响自己对事实的观察和理解①。因此,有人说:"也许每个记者所面临的最大挑战是,不在报道中掺杂个人成见,记者只能是一个不偏不倚的目击者,他所要做的只是报道新闻,并准确地解释事实。"②具体而言,新闻客观性原则要做到:

　　第一,交待消息来源。例如下面两个句子所陈述的内容一致,但是后者给人的感觉要比前者更可靠一些,原因在于前者没有交待消息来源,记者获知信息的渠道是否可靠,读者对此无法把握。

　　陈述一:他于昨日上午8日4分因消化道出血在医院病逝。

　　陈述二:医院验房的卡片标明,他由于消化道出血于昨日上午8时44分不治逝世。

---

　　①　陈红梅.新闻采访[M].上海:华东师范大学出版社,2009,3.

　　②　莱特尔,哈里斯,约翰逊著,宋铁军译.全能记者必备[M].北京:中国人民大学出版社,2005,12.

第二，避免主观推论。寻找因果关系和进行归因分析是人类自然的心理冲动，特别是面对明显具有深意可究的事实时，人们很容易对其作出某种判断或认定。这些判断看起来很有道理，却并无可靠的依据，记者必须克制这种冲动，而致力于寻找最可靠的事实，寻找无可辩驳的证据。

第三，避免不严谨的引用。生动的故事常常是靠穿插对话和场景来实现的。但是，有趣的话语和生动的场景往往并不能反映事情真实境况，特别是对于结构、关系较为复杂的报道对象。在关键问题上，枯燥的数据可能是最有逻辑力量和说服能力的。

例如下面一段文字，是一篇旨在报道某大型公司让员工超长时间工作，导致员工体质下降的文章的结尾一段。引语虽然诙谐幽默，但是近似于社会上流传的顺口溜性质，用来描述特定企业的工作状况是不严谨、不妥当，也是没有说服力的。

一位不愿透露姓名的×××员工如此形容他们的生活："干得比驴累，吃得比猪差，起得比鸡早，下班比小姐晚，装得比孙子乖，看上去比谁都好，五年后比谁都老。"

第四，将事实与意见分开。这个要求说起来很简单，做起来会受到很多习惯性思维的限制。比如说，某次较为重要的会议报道，新闻标题多是"某次大会隆重开幕""某次大会胜利闭幕"。"隆重""胜利"这样的词本身，就是一种价值判断，而不仅仅是事实。但是这种写法广泛存在于媒体实践当中，已经成为一种惯性思维、常规操作，没有做到把事实和意见分开①。

第五，以中性词汇、观点表述事实。有些事实可能带有比较强烈的情感因素，记者不可避免会带有主观情绪和看法，但是不要明显地将这种情绪溢于言表。新闻工作者只要把事实叙述出来，受众自然能加以判断，不需要替代他们评价事实。特别在消息这种新闻体裁中，副词、形容词本身就是一种评价，使用这些词有悖于新闻客观性原则。通讯是一种署名叙事，可以适当使用一点形容词、副词，但也

---

① 陈力丹.新闻理论十讲(修订版)[M].上海:复旦大学出版社,2020, 125.

要适可而止。

第六，努力做到公正、平衡。一个事实发生了，往往会有两个以上的影响因素，也可能会有两种以上主体对它有不同看法。记者在报道时，要尽可能让涉及事件的方方面面都有自我解释和表达的空间。一个事实可能涉及很多方面，有些方面新闻价值非常突出，可以稍微多说一点，但其他方面也不能完全不提，要考虑到平衡。

平衡是新闻报道中要掌握的技术性要求，特别在报道冲突性事件的时候，诸如政治、经济、司法冲突的时候，传媒以客观的态度来报道，不要站在冲突的某一方。即使记者调查的是一个"骗子"，哪怕记者已经掌握到了所有核心的材料，也应该设法联系到这个"骗子"，听一听这个"骗子"是如何看待记者所掌握的材料和他的解释意见。当然，从自我保护角度而言，"客观、公正"也是记者面对新闻官司时最好的武器。下面一则案例是《南方都市报》有关孙志刚案报道中的一段文字，记录了记者采访案件当事方之一"黄村街派出所"的全部过程。尽管采访并未成功，但是，至少记者给对方提供了解释、表达的机会。

另外新闻报道中，记者应该尽量剔除包含个人感情色彩和判断的字和词。冷静和理性是新闻客观性对记者提出的要求。虽然喜怒哀乐是人之常情，但是，记者不可以将自己混同于普通读者和观众，职业要求记者必须克制自己的感情，向受众提供经得起推敲的事实。在这方面，2003 年《南方都市报》记者陈峰、王雷所写的《被收容者孙志刚之死》一文就是典型代表。2003 年 3 月 17 日晚上，任职于广州某公司的湖北青年孙志刚在前往网吧的路上，因缺少暂住证，被警察送至广州市"三无"人员（即无身份证、无暂居证、无用工证明的外来人员）收容遣送中转站收容。次日，孙志刚被收容站送往一家收容人员救治站。在这里，孙志刚受到工作人员以及其他收容人员的野蛮殴打，并于 3 月 20 日死于这家救治站。4 月 25 日，《南方都市报》发表《被收容者孙志刚之死》，引起民众广泛讨论。面对这个令人震惊的收容致死案件，记者在 1000 多字的陈述中，几乎是平铺直叙，不对事件经过作任何评价。后来陈峰在接受人民网"强国论坛"网友访谈时曾说:"我觉得记者不是用来解决什么社会公正问题的,社会公正应该由整个社会各个阶层来推动,记者的作用就是报道事实,让大家知道真相是什么,让大家做出自己的选择,应该说这就够了。"①

【案例8-1　《被收容者孙志刚之死》节选】

孙志刚来广州才20多天。2001年,他毕业于武汉科技学院,之后在深圳一家公司工作,20多天前,他应聘来到广州一家服装公司。因为刚来广州,孙志刚还没办理暂住证,当晚他出门时,也没随身携带身份证。当晚1点左右,与他同住的成先生(化名)接到了一个手机打来的电话,孙志刚在电话中说,他因为没有暂住证而被带到了黄村街派出所。在一份《城市收容"三无"人员询问登记表》中,孙志刚是这样填写的:"我在东圃黄村街上街,被治安人员盘问后发现没有办理暂住证,后被带到黄村派出所。"孙志刚在电话中让成先生"带着身份证和钱"去保释他,于是,成先生和另一个同事立刻赶往黄村街派出所,到达时已接近12点。出于某种现在不为人所知的原因,成先生被警方告知"孙志刚有身份证也不能保释"。在那里,成先生亲眼看到许多人被陆续保了出来,但他先后找了两名警察希望保人,但那两名警察在看到正在被讯问的孙志刚后,都说"这个人不行",但并没解释原因。成先生说,其中一个警察还让他去看有关条例,说他们有权力收容谁。成先生很纳闷,于是打电话给广州本地的朋友,他的朋友告诉他,之所以警方不愿保释,可能有两种情,一是孙志刚"犯了事",二是"顶了嘴"。成先生回忆说,他后来在派出所的一个办公窗口看到了孙志刚,于是偷跟过去问他"怎么被抓的,有没有不合作",孙回答说"没干什么,才出来就被抓了"。成先生说,"他(孙志刚)承认跟警察顶过嘴,但他认为自己说的话不是很严重"。警察随后让孙志刚写材料,成先生和孙志刚从此再没见过面。

第二天,孙的另一个朋友接到孙从收容站里打出的电话,据他回忆,孙在电话中"有些结巴,说话速度很快,感觉他非常恐惧"。于是,他通知孙志刚所在公司的老板去收容站保人。之后,孙的一个同事

---

① 陈红梅.新闻采访[M].上海:华东师范大学出版社,2009,3.

去了一次，但被告知保人手续不全，在开好各种证明以后，公司老板亲自赶到广州市收容遣送中转站，但收容站那时要下班了，要保人得等到第二天。3月19日，孙志刚的朋友打电话询问收容站，这才知道孙志刚已经被送到医院（广州收容人员救治站）去了。在护理记录上，医院接收的时间是18日晚11点30分。成先生说，当时他们想去医院见孙志刚，又被医生告知不能见，而且必须是孙志刚亲属才能前来保人。20日中午，当孙的朋友再次打电话询问时，得到的回答让他们至今难以相信：孙志刚死了，死因是心脏病。护理记录表明，入院时，孙志刚"失眠、心慌、尿频、恶心呕吐，意识清醒，表现安静"，之后住院的时间，孙志刚几乎一直"睡眠"，直到3月20日早上10点，护士查房时发现孙志刚"病情迅速变化，面色苍白、不语不动，呼吸微弱，血压已经测不到"。医生在10点15分采取注射肾上腺素等治疗手段，10分钟后，宣布停止一切治疗。孙志刚走完了他27年的人生路。医院让孙志刚的朋友去殡仪馆等着。孙的朋友赶到殡仪馆后又过了两个小时，尸体运到。护理记录上，孙的死亡时间是2003年3月20日10点25分。①

《南方都市报》对孙志刚事件的报道属于媒体司法报道的范畴，引起了整个社会的关注。6月20日，国务院颁布第381号令，以新的《城市生活无着的流浪乞讨人员救助管理办法》终结了当时已实行20多年的《城市流浪乞讨人员收容遣送办法》。6月27日，广东省高院对该案作出终审判决，以故意伤害罪，分别判处12名被告人不同刑责②。同时，20位市公安局、市卫生局、市民政局等与孙志刚事件有关责任人员被处分。

司法案件往往因其重要的新闻价值而被广泛报道，客观、合理、正当的媒体司法报道，体现了媒体舆论监督的价值，能够满足公众知情权，也有利于推动法治建设的进步。媒体司法报道，必须坚持新闻客观性原则，从事实出发，避免矫枉过正。

---

①　陈峰，王雷.被收容者孙志刚之死[N].南方都市报，2003-04-25.
②　参见广东省高级人民法院刑事裁定书，(2003)粤高法刑一终字第387号.

思考题

1. 什么是新闻客观性？它是在怎样的背景下被提出的？

2. 谈谈媒体应当如何坚持客观报道及其重要性。

3. 你怎么理解新闻报道立场与新闻客观性报道之间的关系？两者是否矛盾？

4. 有人认为，客观性理念指导下的新闻报道并不能保证新闻是绝对客观的，你怎么理解这种说法？

5. 非虚构写作又称特稿、叙事新闻，是上世纪60年代在美国新新闻主义影响下从文学领域拓展到新闻领域的报道形式。阅读一些非虚构写作的新闻作品，并谈谈你对非虚构写作中客观性争议的看法。

第二节　媒介审判的基本知识

一、媒介审判的概念及特征

（一）媒介审判的概念

媒介审判，又称媒体审判、新闻审判，是指"媒介超越司法程序抢先对案情作出判断，对涉案人员作出定性、定罪、定量刑以及胜诉或败诉等结论"。媒介审判的报道在事实方面往往是片面的、夸张的，以至是失实的。它的语言往往是煽情式的，力图激起公众对当事人的憎恨或者同情一类的情绪。它有时会采取炒作方式，又由诸多媒体联手对案件作单向度的宣传，有意无意地压制了相反的意见。它的主要后果是"形成一种足以影响法庭独立审判的舆论氛围，从而使审判在不同程度上失去了应有的公正性"[1]。简要而言，媒介审判是指新闻媒体在报道司法案件时，丧失其客观公正立场，进行不规范报道，从而影响司法公正的行为[2]。

---

① 魏永征，周丽娜.新闻传播法教程（第六版）[M].北京：中国人民大学出版社，2019，99.

② 牛静.新闻传播伦理与法规：理论及案例评析（第二版）[M].上海：复旦大学出版社，2018，92.

本章使用"媒介审判"这一概念,专指新闻媒体违背了客观公正的基本原则,对案件进行的不正当报道起到了负面影响,干扰了司法审判结果,进而影响了司法公正的情况。而媒体对于司法案件进行的客观的、正当的报道,以及进行的理性的、建议性的评论,应称之为"媒体司法报道"。对于司法案件,由于其具有重要新闻价值而被广泛报道,合理正当的媒体司法报道,体现了媒体舆论监督的价值,满足了公众知情权,有利于推动法治建设的进步。因此,"媒介审判"与"媒体司法报道"是两个完全不同的概念,应该进行严格区分。

(二)媒介审判的特征

第一,发生领域。媒介审判现象容易发生在一些民愤极大的刑事案件、官民对立或阶层对立的冲突事件中。由于这类事件往往涉及到积聚已久的社会问题和矛盾,是受众感兴趣的重点,具有相当大的新闻价值,因而新闻媒体乐于去追踪报道。

第二,主观动因。在媒介审判的案件中,媒体和公众自认为是出于公平公正的目的,即使在自己不曾掌握事实证据的情况下,也会积极发声,表达态度。这时候的舆论场往往是在情理上对案件的看法,而不是严格按照法律意义上的定罪量刑标准来发声。

第三,表现方式。在媒介审判案件中,媒体会对案件做煽情式报道,刻意渲染事实、夸大或隐藏某些事实,以求"轰动效应",激起舆论对当事人的憎恶或同情等情绪。对待正在审理中的案件,为了抢占新闻报道时机或者故意吸引眼球,违反司法程序抢先给案件定性、给嫌疑人定罪或者发表带有明显倾向性的评论,导致公众先入为主地对案件事实形成了认知。相关案例有给当事人贴标签为"贪污千万的女贪官",实际贪污73万多的"蒋艳萍案";给当事人贴上"官二代""富二代"标签引起冲突对立的"药家鑫案"等。

第四,从影响上看,媒介审判超越了司法程序,对公众认识和社会舆论产生影响,从而对司法审判造成或多或少的干扰作用。

第五,从当事人身份来看,涉及与公权力息息相关的当事人或公众人物的法律案件时,媒体更容易进行不正当的司法报道。

二、媒介审判的历史与争议

(一)媒介审判在西方的历史

"媒介审判"一词发端于美国,由"报纸审判"演变而来。经历了政党报刊时期后,以自由主义理论为支撑的美国大众化报纸发展迅速,与此同时黄色新闻和庸俗小报也随之产生。在"黄色新闻时代",以捏造情节和过度渲染为表现手法的黄色新闻开始流行,走煽情主义风格的庸俗小报引发了市场关注,新闻媒体对于刺激性的犯罪新闻产生了极大的兴趣,媒介审判也随之产生。比如美国黄色新闻鼻祖赫斯特的《新闻报》,依靠耸人听闻的犯罪新闻,销量持续上升,仅在1896年的一个月内,就猛增了125000份。

20世纪30时代,犯罪新闻成为当时"小报"报道的重要主题,关于媒介审判的讨论也越来越多。在1932年发生的林德伯格绑架案中,当地300多名记者,在28天内发出了100多万字的电讯稿,使得报纸审判广受批评①。

20世纪50年代的"谢泼德诉马克斯韦尔案"是媒介审判为人诟病的另一重大案件。怀有身孕的谢泼德的妻子在家中被人杀害,在案件还未被审理之时媒体报道了大量关于谢泼德的负面消息。由于媒体对法官和陪审团的误导,导致谢泼德被判处终身监禁。后来,人们认为"谢泼德在审判前和审判中因为新闻引导而失去了公平审判"。在谢泼德诉马克斯韦尔案中,联邦地区法庭同意"对谢泼德的第一次审判是一次司法嘲笑"②。

美国媒介审判现象的出现离不开特定的媒介生态环境。一是资本主义制度下媒体赢利模式的驱使,使得新闻为了迎合受众需求博人眼球,不惜以炒作和耸人听闻的报道为特色;二是媒介间激烈的竞争使得不少媒体愿意剑走偏锋,通过恶炒新闻来获取稀缺的受众资源;三是独立自由的文化特征为美国高度自由的新闻环境创造了基

---

① 付松聚.我国"媒介审判"现象研究[D].郑州:郑州大学,2009.
② 杨凯,郭卫华.网络舆论与法院审判[M].北京:法律出版社,2010,36.

本条件。此外,美国的司法陪审制度也是媒介审判现象出现的主要原因之一。在案件审判之前,如果陪审团成员受到公开信息中对犯罪预判的影响,这些带有倾向性的结论很可能使得他们无法仅基于法庭所呈现的证据来对案件事实做出理性判断,致使审判有失公正。

（二）媒介审判在我国的争议

媒介审判的发生与司法制度有密切联系。以英美为代表的判例法系国家实行陪审团制度,崇尚当事人主义。在庭审中,当事人或者其代理人律师就法院的指控进行当庭辩论。陪审团由普通公民组成,并最终依据他们的判断来决定嫌疑人是否有罪。在这样的制度下,如果媒体在开庭审判前就对案件或涉案的当事人做过多的报道和评价,甚至是已经形成了偏向性的群体意志,那么无论是陪审团成员的心理上,还是当事人本身的表现,都极可能受到暗示或情绪感染,并有因此出现行为偏差和判断错误的可能。

我国的法律制度和媒介管理体制与英美不同。一方面,我国法律制度属于大陆法系,实行的参审制,审判是由受过法律专业训练的法官所掌握,而专业型法官对于媒体报道具有比较强的抵抗力;另一方面,我国新闻体制与西方也有较大差异,媒体是党和政府的"耳目喉舌",党和政府领导新闻事业,对新闻业具有较强的控制力。中西方在法律和新闻体制上存在差异,导致媒介影响审判的模式不同,但是并不能否认中国存在媒介审判现象。

在我国在以阶级斗争为纲的特殊时期,媒体曾一度沦为了斗争的工具。改革开放后,我国媒体的发展呈蓬勃之势。随着市场经济的深入人心,媒体也开始向企业化经营模式转型,为了吸引受众眼球,获取高额的发行量、收视率和广告收入,不少媒体开始哗众取宠,尤其是对些违法、犯罪新闻进行片面性、主观性的报道,影响了公众舆论和司法判决。比较典型的有"张金柱案""夹江打假案""赵湘杰案""南京彭宇案"等。媒介审判实质上是媒体行使舆论监督职能的"异化",有损于司法独立和司法公正,会对当下我国构建和谐有序的民主法治社会产生不利的影响。

【案例 8-2　张金柱案与媒介审判的讨论 】

1997 年 8 月 24 日晚 9 时左右，河南省郑州市金水区发生了一场车祸。曾任郑州市公安局二七分局局长、郑州市高新技术产业开发区公安分局政委的张金柱酒后驾车，逆行撞上两辆正在行驶的自行车，导致其中一名少年被撞飞当场死亡，另一位男子连车带人被拖着行驶了 1500 米远，受了重伤。1998 年 1 月 12 日，郑州市中级人民法院一审判决张金柱犯故意伤害罪，判处死刑，剥夺政治权利终身；犯交通肇事罪，判处有期徒刑三年；决定执行死刑，剥夺政治权利终身。同时赔付共计 9.5 万元的各种赔偿。二审维持原判。1998 年 2 月 26日，张金柱被执行死刑。

1997 年 8 月 24 日晚，接到市民对于该案的举报后，当地《大河报》第一时间派记者赶往事发现场，于次日在头版显著位置报道了这起血案。该新闻稿配发了评论，指出"皇冠"在撞人之后，非但不停车救人，反而拖着受害者狂奔不已，企图逃逸。"这种无法无天、惨无人道的残暴行径，真令人发指！"同时又点出肇事者有"来头"，并且"激起了公愤"，要"等着看下文"。《大河报》的这篇报道给受众留下了"张金柱不是普通人"的认知，随后央视《焦点访谈》节目的介入，更是让张金柱成为了众矢之的。百姓要求判张金柱死刑，媒体也大肆渲染"不杀张金柱不足以平民愤"，有关领导更是批示司法部门一定要严惩。10 月 16 日，河南省公安厅厅长王民义表态：张金柱恶性汽车肇事案是近几年我省罕见的民警违法违纪犯罪案件，令人发指，天理国法难容！10 月 17 日下午，郑州市公安局公布了对张金柱开除党籍、开除公职、取消警衔的决定。不仅如此，被激怒的民意，又激起了更大范围的不满和发泄，报社和法院不断接到市民的电话，要求判处张金柱死刑。而张金柱也被视为公安队伍中违法乱纪的典型代表，成为公安队伍中反面人物的化身，完全超出了其交通肇事案被告人的身份。

于是，在法院审理期间，出现了壮观的场面：市民奔走相告，法庭外支起了音箱"直播"庭审，近万名市民聚集收听。1998 年 1 月 12日，郑州市中院以交通肇事罪和故意伤害罪，一审判处张金柱死刑。

庭审中检方认为,张金柱不仅构成交通肇事罪,而且构成故意伤害罪。《刑法》规定交通肇事致死人命后逃逸,最高判处七年徒刑;而故意伤害致死人命情节恶劣,最高可判处死刑。尽管当时也有人和媒体对法院死刑判决提出了质疑,发了内参,例如1998年1月13日,新华社河南分社发了题为《张金柱罪不容赦、罪不当诛》的内参。但2月16日,河南省高院二审仍维持死刑判决。十天后,张金柱被押赴刑场,执行死刑。

张金柱被判死刑后,许多人惊呼张金柱罪不至死,是舆论引发的民愤影响了审判独立,甚至有人专门出书为他鸣冤。但直到现在,法学界对张金柱是否应该判死刑还有争论,说到底,案子如何判,终究是司法的事。问题的关键在于法院能否抵抗干扰,法院有权力、更有责任按照法律的程序判案。

三、媒介审判的负面影响

第一,干扰司法独立,影响司法公正。

司法独立指司法机关依法独立行使职权,不受任何其他机关、团体和个人的干涉。我国《宪法》保障了人民法院依法独立行使审判权。司法的独立审判,是为了保证司法机关审理案件的客观、公正、廉洁、高效,防止国家权力过分集中而造成滥用权力现象,能够更好地维护公民的合法权益。媒介审判违背了司法独立原则,使司法过程受到了诸如有关部门领导等人的施压,没有只依据法律本身作出判决。

司法公正指在司法活动的过程和结果中坚持和体现公平与正义的原则。虽然媒体和司法都在追求社会公平与正义,但两者并不总是一致的,司法界追求的是法律上的公正,而传媒体现的是社会道德上的公正。当两者相冲突的时候便容易出现"媒介审判"。媒介审判干扰了司法公正,以舆论压力影响了案件审判的结果,造成错判、误判。

第二,损害国家法治形象,失信于民。

媒介审判篡夺了法院作为宪法所设定的司法审判机关的应有功

能,有损法院的尊严和权威。尤其是当媒介审判的结果和法院审判的结果不吻合时,公众受之前媒体提供的信息影响,有了先入为主的印象,继而质疑法院审判的公正性,认为司法机关"乱断案"。如果媒体每次都能影响审判的结果,将会在人民心中形成"找法官不如找媒体"的认知,长此以往,将极大降低法律的威信。一旦发生案件,人们将诉诸媒体而不是法律,这违背了我国的法治原则。

第三,对新闻媒介自身造成不利影响及不利法律后果。

媒介长期以审判的方式报道刺激性强和博人眼球的新闻,这实际上是以牺牲媒体自身的良好信誉和公信力来获取暂时的发行量、收视率和点击率。不仅如此,媒介审判中常伴随着对当事人的侮辱、诽谤或揭露、宣扬他人隐私的行为,容易构成新闻侵权,侵害了他人的隐私权、名誉权等人格权。媒体在报道时使用"财色双收""肉弹轰炸"等具有贬低人格尊严意义的词,尤其在事实证据不足的情况下进行揣测报道,很可能会遭到当事人的起诉,面临新闻官司的风险。

【案例 8-3　焦玫瑰诉《中国青年报》侵犯名誉权案】

焦玫瑰,沈阳市中级人民法院原副院长,2003 年在沈阳"慕马案"中落马,因在任职期间,曾向黑社会性质犯罪团伙头目刘涌等人索取和收受财物,被判处 13 年零 6 个月徒刑。2001 年 8 月 31 日,《中国青年报》发表了题为《揭开"黑道霸主"刘涌的保护伞:干爹干妈和姘头》的文章,指出刘涌的"保护伞"最直接的是 3 个人,而市中级人民法院副院长焦玫瑰则是他的"姘头"。原告焦玫瑰认为,被告以"姘头"这一侮辱性语言及完全违背事实的行文,构成了对她名誉权的侵害。最终双方表示愿意调解,《中国青年报》公开赔礼道歉,为原告消除影响,恢复名誉,并判令被告赔偿原告精神损失费 20 万元及诉讼费。①

第四,损害受众权益,不利于树立正确的法律意识和法治观念。

媒介审判对受众的权益也是一种损害。媒体崇尚煽情主义的报道方式,向受众发布片面夸大的新闻,严重妨碍了受众的知情权。许

---

① 展江.一篇外稿引发的诉讼和教训——媒体道德与伦理经典案例评析(二)[J].青年记者.2014(19):68-69.

多案件过后,人们往往只能记得早期新闻报道赋予被告的一些标签,而逐渐遗忘事实的真相,例如"富二代药家鑫""黑老大刘涌"、说出"我爸是李刚"的官二代形象等等。尽管这其中有些标签也不是完全准确的,但经过舆论突出强调后,它们成了"刻板印象",不断被曲解消费。

媒体在报道中故意激化社会矛盾,在民众中煽动非理性情绪,是与我国法治目标相背离的。依法治国意味着民众要相信法律的公正性,不会放过任何一个犯错的罪犯。而媒体怂恿民众一哄而上,"痛打落水狗",是无益于案件依法处理的,更不利于人民群众树立正确的法律意识和法治观念。

四、防治媒介审判的措施

(一) 国际公约与决议

反对媒体审判,维护司法独立和公正,已经在国际新闻界和法律界形成共识。1948 年,联合国《国际新闻自由公约草案·第三公约》把"妨碍法庭审判之公正进行"的新闻列为禁载。1985 年《联合国司法独立基本原则》确立了司法独立与媒体的关系,制定协调言论自由与司法独立之间关系的准则。1994 年马德里会议确定了《媒体与司法独立关系的马德里准则》,其基本原则包括:在不妨害无罪推定原则的前提下,对审理前、审理中和审理后的案件加以评论;对司法活动进行报道评论的权利不受任何限制,除非是在调查、侦查期间为维护犯罪嫌疑人、被告人的利益,并基于国家保密法的规定,才能对媒体的权利进行限制。

1994 年,世界刑法学会第十五届代表大会《关于刑事诉讼中人权问题的决议》第十五条规定:传媒对法庭审判的报道,必须避免产生预先定罪或者形成情感性审判的效果。如果预期可能出现这种影响,可以限制或禁止无线电台和电视台播送审判情况。这些国际公约与人权决议既是对新闻媒体的言论自由权的捍卫,同时也对媒介审判进行了一定的限制。

(二) 英美的法律规范

在美国,"藐视法庭罪"是较早地用来惩罚不遵守法官命令、损害法院和法官尊严的媒体报道的一种重要方式。"藐视法庭罪"的适用反映了新闻自由与司法独立之间的激烈冲突,法院适用该罪名惩罚媒体大多是因为媒体对正在审理的案件进行了不当报道,影响了陪审团和法官的独立思考和判断①。1831年美国国会通过《有关藐视法庭罪之法律的法令》,加强了宪法第一条修正案所确认的言论和出版自由的保护。该法对藐视法庭罪持限制使用的态度,要求只有媒体在法庭内的不当论行为可能有损被告人接受公正审判的权利、妨害司法的公正运行时,联邦法院才能以藐视法庭罪予以处罚;对于法庭外的媒体评论妨害司法的行为仍需要经过检察官的起诉才有可能以该罪予以惩罚。此外,美国还规定了通过陪审员的预先甄选、陪审团指示和陪审员隔离等程序性措施来保证陪审员的公正无偏倚,法院也通过延期审理、改变审理地点、重新审理等办法来试图抵消媒体报道的影响。

英国关于限制媒体报道的禁令主要是在《藐视法院法》第4条和第11条。《藐视法院法》第4条第2款规定:"为了避免在司法程序或者其他任何程序中产生即时的或将来的导致偏见的重大危险,法院可以命令媒体对这些程序或这些程序的任何部分推迟到一个法院认为适当的时间之后发表。"适用该项规定颁布禁令的唯一考虑事项是对司法的实质损害风险,如果损害的风险轻微则不可能适用。

第11条规定:"在任何案件中,如果法院认为有必要时,可以签发禁止媒体公布与审判程序有关的姓名和事项的禁令。"该项规定对法院制止向公众公开某种类型信息的权力予以确认,但不允许法院禁止媒体公开在审判期间公众能够接触到的资料②。第4条和第11条颁布禁令的区别在于,前者是法院行使的一项"推退发表的权力"(delaying power),后者是一项"禁止透露姓名的权力"(no names power)。

在英国,《藐视法院法》中有限制报道的规定,对于某些特殊类型的案件,法律要求媒体在报道时需要接受一定的限制。如1992年

① 卞建林,焦洪昌.传媒与司法[M].北京:中国人民公安大学出版社,2006,174.
② 萨莉·斯皮尔伯利著,周文译.媒体法[M].武汉:武汉大学出版社,2004,355.

《防治性犯罪法》(修正案)禁止媒体在报道中指明性犯罪被害人的身份、禁止公开可能导致认出被害人身份的资料,并且这是一项不需要通过法院令加以禁止的强制性规定。在 1999 年出台的《青少年司法和刑事证据法》中,对于涉及青少年和未成年人的报道,如果相关报道可能导致公众认为该人与相关诉讼有关,法院即可指令报道不得包括与该人所涉诉讼程序有关的任何事项。对于涉及未成年人案件,在进行刑事诉讼程序之前,这种禁止是强制性的,法院无须颁布禁令媒体就应当遵循。

(三)我国的应对规则

我国对媒介审判也有一定的规则。2009 年 12 月 23 日最高人民法院下发《关于人民法院接受新闻媒体舆论监督的若干规定》,要求人民法院应当主动接受新闻媒体的舆论监督。同时,新闻媒体如果对正在审理的案件的报道严重失实或者恶意进行倾向性报道,损害司法权威,违反法律规定的,将依法追究相应责任。

2013 年版全国通用的《新闻记者培训教材》中,提到了新闻媒体报道司法活动时的几项具体限制:(1)对于正在侦查、起诉或审理的案件,以及尚未作出终审判决的案件,不得公开报道;(2)个别必须见报的,不得超越司法程序抢先报道,更不得利用新闻报道制造对司法机关的舆论压力;(3)没有把握的案件或有争议的案件,不进行公开报道。《中国新闻工作者职业道德准则》在第六条中提道:"维护司法尊严,依法做好案件报道,不干预依法进行的司法审判活动,在法庭判决前不做定性、定罪的报道和评论。"

思考题

1. 媒介审判是什么? 它与传媒监督有什么区别?

2. 结合西方国家的陪审团制度以及媒介商业化的转变,谈谈媒介审判的历史。

3. 媒介审判有哪些方面的危害? 结合具体的案例说明你的观点。

4. 如何避免媒介审判? 新闻媒体应当如何定位自己在报道中的角色?

第三节　从媒介审判到网络舆论审判

在历史上,我国"媒介审判"现象呈现出阶段性的发展特征:从媒体本位功能缺失时期到传统媒体舆论监督呈现出繁荣景象,再到如今网络媒体发挥出强大的舆论监督能力。随着媒介技术的不断变化发展,"媒介审判"也呈现出了新的特征。

一、网络舆论审判的背景

在互联网技术的催生下,网络媒体应运而生。网络的开放性及强大的互动性让无数网友们可以在屏幕前自由讨论社会上发生的所有事,网络舆论监督功能得到了凸显。2003 年的"非典"事件凸显了网络媒体的价值,同年,发生了诸如"孙志刚案""黄静案""李思怡案"等一系列案件,使得网络舆论监督功能在这一年发挥到了极致,因此也有人称 2003 年是中国网络舆论元年[①]。

当下微博、微信、短视频等新生网络媒介的崛起使得人们能够更加方便的在网络公共平台发声,"人人皆有麦克风",网络舆论愈演愈烈。同时,网络的匿名性让网民可以畅所欲言,尤其是在案件事实还未公布前,人人都可以有自己的猜想,表达自己的意见。社会大众根据断章取义的新闻媒体曝光的一些情节,或者单看某一方当事人的陈述,就武断做出判断,这种时候,舆论监督更容易"变异"和"扭曲",从而造成媒介审判现象。比如 2010 年 10 月 16 日发生的河北大学车祸案,由于肇事者一句"我爸是李刚"的言论而迅速在网络上传播开来,网友自发"爆料","人肉搜索"李刚父子的隐私公布在网上,甚至还用歌曲、漫画等形式恶意丑化他们的形象并在网上广泛传播。这种饱含浓重泄愤心理的行为逐渐变成以取乐为目的,不再针对该

---

① 付松聚.社会转型下的中国"媒介审判"现象研究[M].北京:中国社会科学出版社,2016,75.

事件本身,而是转向对当事人赤裸裸的人身攻击。

网络舆论的威力在多个社会公共事件中展现得"淋漓尽致",网络与传统媒体的议程互动使得信息传达更为通畅,形成优势互补,一方面网络舆情促进传统媒体进行深度报道,另一方面传统媒体更加专业化的报道又为网络舆情提供信息参考,最终引发强大的舆论攻势,严重影响了司法公正,形成媒介审判。

【案例8-4 药家鑫案与媒介审判的讨论】

2010年10月20日晚,西安音乐学院学生药家鑫将张妙撞倒并连刺数刀致受害人死亡的事件引发舆论热议;10月23日,药家鑫在父母的陪同下到公安机关投案。2011年4月,西安市中级人民法院对此案作出一审判决:药家鑫犯故意杀人罪,判处死刑,剥夺政治权利终身,并赔偿被害人家人经济损失费45 498.5元;药家鑫随后提起上诉。2011年5月,二审判决宣布维持原判;6月7日,药家鑫被执行死刑。

在药家鑫作为嫌疑人被捕后,舆论一边倒地批判药家鑫。药家鑫接受采访的时候说的一句"农村人难缠",立马传遍大江南北,被各大媒体报道,挑起了"阶层对立"。

此后,舆论将药家鑫描述为官二代、富二代、军二代,并毫不掩饰地直接在标题中使用这些词语,把他的家庭塑造成了特权阶级,激发了社会上的"仇富""仇官"的心态,引起民众更大的愤怒。实际上,除了其父当过兵之外,其余一律为捏造。

至此,全国"杀"声一片,皆言不杀不足以平民愤,矛头直指司法机关要求判药家鑫死刑。与此同时,被害者家属开通微博引领舆论,扬言"药家鑫不死女儿不葬"以要挟司法。这时候的公众已经失去对药家鑫故意杀人事件的客观评价,而是将药家鑫看作一个被批判的符号——一个代表了中国的"官二代""富二代""军二代"以及被溺爱的"90后"。在媒介审判现象的影响下,药家鑫成为了中国社会矛盾泄愤的牺牲品。媒介审判的"胜利",使得很多人开始发现只要通过舆论造势,形成一种道德批判的压力,那么法官就被迫按照所谓的"民意"提供的道德答案进行判决。长此以往,我国的法制将遭到严重破坏。

二、网络舆论审判的新特点

孔德钦等人认为:"网络舆论审判主要指的是网民、网站或网络公关公司通过网络媒介对某些还未正式审判的社会性案件进行分析调查和评判,从而形成一定的舆论压力,影响人们对事件真实性的认识、对当事人造成重大伤害等影响和妨碍司法独立和公正的行为。"[①]

随着互联网的普及,媒介审判逐渐演变成网民广泛参与的网络舆论审判。这种变化使媒介审判影响力更大,同时也更难监管和管制。

(一)主体更加多元

传统媒介审判的主体主要是各媒介机构、组织,而"网络舆论审判"的主体既包括身份多元化的网民个体(包括社会各界精英)又囊括了各网站或网络公关公司等网络实体。

(二)参与审判议题的生成方式不同

传统媒介审判的议题设置,主要是先由媒体把关人进行筛选,待权衡各方利益之后再传播议题,通过影响广大公众后形成的舆论来影响司法审判过程。而在互联网时代,每一个个体都是潜在的议题设置者,当某一个人议题具有一定的社会公共性和显著性,其便有了被广泛传播而演变成全民议题的可能性。也就是说,议题生成的"自发性""偶然性"或"随机性"都增强了。

(三)所受到的限制或约束力度不同

在我国,有许多因素能够约束传统媒介的审判行为,包括行政力约束、公民舆论约束及与媒介有利益关系的各类团体组织的约束。但是对"网络舆论审判"的约束力还相对有限和模糊,没有具体细致的制约。

(四)审判的路径不同

我国传统主流媒体的媒介审判多为自上而下的审判路径,而"网络舆论审判"则是经过多方意见争夺之后所形成的舆论,表现出一种

---

① 孔德钦,陈鹏."网络媒介审判"的负面效果成因[J].新闻世界,2010(02):87—88.

自下而上的监督审判。

三、媒介舆论审判的防范对策

（一）司法角度

1.完善和落实审判公开制度，增强司法审判透明度

公开审判的实质是将审判活动置于公众的监督之下进行，约束法院和法官依法行使审判权，杜绝"暗箱操作"，保证审判的公正[①]。以往一些司法机构往往以技术化的理由抵御传媒对司法过程具体状况的了解，这在很大程度上隔绝了媒体的信息源，限制了媒体打探消息的途径。在这样的情况下，为了抢获新闻报道的先机和线索，媒体可能会主观臆断、添油加醋报道，在一定程度上导致了信息失真、新闻失实。甚至还有媒体对案件审判结果表示质疑，或者对还未判决的案件提前进行舆论定调，给司法部门施加影响。

2016年5月1日实行的新《中华人民共和国人民法院法庭规则》强调，要更加注重庭审活动公开。明确公众关注度较高，社会影响较大，法治宣传教育意义较强的依法公开进行的庭审活动，人民法院可以通过电视、互联网或者其他公共媒体进行图文、音频、视频直播或录播，让更多的人民群众通过便捷方式旁听庭审活动。还规定"有新闻媒体旁听或报道庭审活动时，旁听区可以设置专门的媒体记者席"。如果该规则能得到有效落实，司法审判透明度将得到极大提升，也能进一步拓宽人民群众了解司法、监督司法的渠道。

2.构建媒体与司法合作机制，加强双方的交流与合作

为防范"媒介审判"现象，媒体与司法除了做好职责范围内的事情外，还要加强双方的合作与交流，在互信、互动、互惠的基础上达成共识和默契。本质上，媒体与司法并不是冲突的，两者都是为了维护社会公平正义，两者的交流合作，才是推动社会走向公平正义的强大助力。构建媒体与司法合作机制，让媒体能够报道司法，让司法主动

---

① 付松聚.社会转型下的中国"媒介审判"现象研究[M].北京:中国社会科学出版社,2016，137.

公开信息给媒体,需要双方签订实体性平等合作协议。例如美国就鼓励新闻单位与法庭签署协议①,一方面最大限度满足司法公正,让法院可以不受媒体报道影响而独立断案,另一方面保证传播效果,让媒体能在司法允许的最大化范围内实现有效监督。

（二）媒体角度

1. 秉持新闻专业主义,坚持客观报道

媒体从业人员要加强自身的职业道德素养建设,增强法律意识,坚守新闻专业主义精神,在进行新闻报道时采取客观、理性的方式进行公正、平衡的报道。在采访对象涉及到对立的双方时,要争取采访到双方当事人,力求提供关于案件的全面信息,做到客观报道,不发表倾向性意见。

2. 在舆论监督范围内探讨,不对审判结果提前下定论

媒体要警惕自身角色"错位"和"越位",防止舆论监督"异化"。尤其是在案件审判结果未出之前,媒体不能超越司法程序,对案件的处理定调子、下结论,不能抢先做出预测推断,以免影响到司法独立与公正。

3. 媒体工作者加强行业自律,保证消息来源真实性

要加强媒体自律组织的建设,用行业自律来规范记者在采访中的行为。在涉及司法的案件报道中,虽然我国早已有《中国新闻工作者职业道德准则》规定:"新闻工作者对于正在进行司法审理的案件不得在判决之前作定性、定罪和案情'无罪推定'报道;对任何在大众传媒上公开审理案件的报道,必须符合司法规定的程序。"但实际上,这个准则并未能起到很好的警示与监督作用。

此外,随着越来越多自媒体的兴起与发展壮大,一条抖音、一个快手视频都有可能是一条新闻。从事媒体行业、能够进行新闻生产的人也已不局限于拥有记者证的专业人群,这也导致了新闻质量越来越参差不齐。在司法案件报道中,自媒体可能会为了市场流量而"带节奏""输出情绪",更加剧了媒介审判现象的发生。因此,要加快

---

① 陈泰志.美国新闻自由与司法制约[J].国际新闻界.1987(04):5—13.

制定操作性更强的行业规范,让所有媒体工作者能在基本的新闻报道准则下进行采编,如若违背了相关条例,对案件审判造成不良影响,将接受不同程度的制裁。

（三）公民角度

为了防范媒介审判现象,还要重视提升公民的媒介素养和法律素养。

如今,技术的迅猛发展加速了媒介的更迭,新的媒介形式层出不穷。但是,公民相应的媒介素养却未得到应有的提升。由于缺乏一定的媒介知识,受众容易被媒体传播的信息所误导,甚至失去理性的判断。提升公民的媒介素养,主要是提高人们对媒介信息的选择、质疑、理解、评估、创造、生产及思辨等能力,能够正确地享用大众传播资源,利用媒介资源完善自我,参与社会进步。可以通过学校和公共信息平台等多渠道教育,指导和引领学生正确认识媒介的性质、学会利用和使用媒介获取信息。只有系统地普及、提高青少年对媒介的知识和认知,才能更好地提升他们的媒介素养。

除了提升媒介素养,还应不遗余力地提升公民的法律素养。让公民在看到或亲身经历一些事情时,学会从法律的角度去思考问题,用法律的方法来解决问题。法律素养的提升使得公民在面对一些热点话题时能够更加理性发声,避免陷入情绪化宣泄的陷阱中。

思考题

1. 从媒介审判到网络舆论审判,呈现出了哪些变化?

2. 结合舆论产生和发展的相关理论,谈谈网络舆论审判现象为什么会产生?

3. 你如何理解"媒介审判多为自上而下的审判路径,而网络舆论审判则是经过多方意见争夺之后所形成的舆论,表现出一种自下而上的监督审判"?

4. 网络舆论审判可以怎么防范? 了解国外在构建媒体与司法合作机制方面的实践,并谈谈这对我国的媒介与司法实践有什么借鉴意义。

第四节　媒介审判的案例分析

一、谢泼德案与媒介审判的讨论

（一）谢泼德事件概况

1954 年 7 月 4 日,美国的俄亥俄州发生了一起重大凶杀案,一位怀有身孕的妇女被入室的不法分子杀害,而其丈夫和儿子安然无恙。丈夫山姆·谢泼德(Sam Sheppard)被警方列为重点怀疑对象,7 月 29 日因涉嫌杀害怀孕的妻子被逮捕。他自称无辜,其妻是外人入室将他击昏后所杀害。但该案由于具备了一起神秘谋杀案的所有要素,迅速获得了美国新闻界的极大关注,有关评论和报道随即铺天盖地而来。在谢泼德被捕前,各报纸就认定他犯有谋杀罪,这对法官和陪审员都造成了一定影响,1954 年 12 月 21 日,陪审团一致裁定:被告人山姆·谢泼德(Sam Sheppard)二级谋杀罪名成立,判终身监禁。

尽管谢泼德以审判过程被严重干扰为由上诉至联邦最高法院,但当时最高法院驳回了上诉。直到 11 年后,最高法院的认识有了很大的变化,对审判免受媒体干扰的经验日益丰富后才开始重新审理此案。最高法院主笔法官在判决意见当中严厉地谴责了初审法官的渎职行为以及新闻媒体对司法公正的野蛮干预。1964 年 6 月 16 日,谢泼德暂时重获自由。大法官韦曼声称,当年的审判是对司法公正的一次嘲讽,审判过程严重侵犯宪法所赋予被告人的五项基本权利。1965 年 5 月,美国联邦上诉法庭又恢复了原判决。1966 年 11 月 1 日,二审开庭,经过长达 16 天的庭审抗辩,法官宣判被告人谢泼德无罪,当庭释放。就这样,谢泼德经历了逮捕、定罪、释放、再逮捕、再释放的过程,前前后后经历了 11 年的牢狱之灾。而该谋杀案至今未找到凶手,成了美国历史上的"悬案"①。

---

　　①　参考 Sheppard v. Maxwell, 384U. S. 333(1966).

（二）媒体过度干预与法庭限制令的推出

回顾该案,媒体的报道和评论严重影响了陪审员和法官对事实的判断,做出了错误的审判。首先,媒体在审判前便对被告进行定罪。有线索流出,谢泼德有外遇,而在案发当日,谢泼德与妻子的关系正处于紧张期。于是媒体抓住这点穷追猛打,恶意爆料谢泼德的负面新闻,使得公众舆论趋向一致:是谢泼德残忍杀害了自己怀孕的妻子。更有报纸直接声称其犯有谋杀罪,要求警察将他关进监狱。1954 年,《克里夫兰新闻报》上有篇大字标题社论:"Quit Stalling and Bring Him In!（不要拖延时间了,快送他进监狱!）",要求将谢泼德抓捕入狱。其次,媒体对警方和法院进行舆论施压,并透露警方的调查信息。当时参与调查的警方承受着来自各方面的巨大压力,他们的调查取证工作被新闻媒体称之为"无端浪费纳税人的钱",因为"首要嫌疑人就在大家的视线中",而警方在经过近一个月的大规模搜捕行动中,也确实没有找到符合谢泼德所描述的嫌疑人。迫于巨大的舆论压力,四月末,法院出示逮捕令,正式逮捕谢泼德。与此同时,各式媒体仍继续发文,甚至公布警方未经允许的调查证据,例如"车库发现血迹""警方宣称发现谋杀罪新证据"等。还恶意炒作被告人的隐私,贬低其人格。有些报纸报道"邻居揭露谢泼德有'性伴侣'",还有的说谢泼德是一个善于玩弄女性感情的人,以此来吸引读者眼球。①

在最后的庭审中,媒体也干扰了法庭正常的秩序。为了应付前来采访的 20 多名记者,法院在法庭中临时搭建了座位。一些电台为了转播法庭辩论实况,还专门铺设了传真和电话的线路,甚至将电台设置在陪审员室的旁边。而对于庭审过程,媒体亦紧追不放。法庭上充斥着记者、照相机和摄像机,媒体对选定陪审员、举证及认定事实等方面极力施加影响。主审法官为了竞选连任而放任之,未采取任何措施保护陪审团的判断不受干扰。此种情形一直持续至谢泼德被判决有罪后方才停息。②

---

① 唐纳德·M·吉尔摩,等.美国大众传播法:判例评析[M].北京:清华大学出版社,2002:401.

② 付松聚.社会转型下的中国"媒介审判"现象研究[M].北京:中国社会科学出版社,2016:30.

1966 年,最高法院推翻此陈年旧案,主笔法官克拉克在判决意见中极其严厉地批评新闻界的过分报道和初审法官的失职行为,总结了本可以利用的保障被告权利的一系列方法和策略:"正当程序原则给予被告获得不受外界影响的公正陪审员审理的权利,初审法院必须采取有力措施以保证法律之天平绝不会不利于被告这一端。此外,并不是说不允许新闻界报道法庭之公开消息,而是说,若是审前的倾向性报道有可能会影响到公平审判,则法官应当延期审理直至影响减弱,或将案件转移到另一未受传媒沾染的地区进行审判。另外,法院必须采取措施以保护其秩序不受外界不当之干扰。检察官、辩护人、陪审员、被告、证人、法庭工作人员或执行官员皆不得影响法院的此种保护功能。"①

谢泼德案成为美国历史上最经典的媒介审判案例,在重新构建美国司法与媒体关系方面起到了很好的启示作用。谢泼德案后,联邦和各州法院有意识加强了对被告受公平审判权利的保护,针对媒体的限制令也增多了。限制令(restrictive orders)是法院签署的旨在限制某种信息流通的命令。一般分为针对诉讼参与人和针对大众传媒两类。前者旨在限制诉讼参与人向外界泄露有关案情,后者则为了禁止媒体传播有关信息。从 1966 年至 1976 年间,初审法院大约签署了 175 个限制令,其中 39 个直接限制媒体就审理中案件的某些方面进行报道和评论。可以认为,谢泼德案后,限制令成为法官控制审理中案件公开曝光的常用工具②。

二、于欢故意伤害案与媒介审判的讨论

(一)"于欢故意伤害案"事件概况

"于欢故意伤害案"发生于 2016 年 4 月 14 日,于欢在母亲苏银霞和自己被 11 名催债人限制人身自由并采取各种手段侮辱后,情急之下用水果刀刺伤了 4 人,造成一人死亡、两人重伤、一人轻伤。

---

①　参考 Sheppard v. Maxwell, 384U. S. 333, 362 - 363(1966).

②　侯健.传媒与司法的冲突及其调整——美国有关法律实践评述[J].比较法研究.2001(01):84 - 90.

2017 年 2 月 17 日,山东省聊城市中级法院一审以故意伤害罪判处于欢无期徒刑。法院认为,被告人于欢面对众多讨债人的长时间纠缠,不能正确处理冲突,持尖刀捅刺多人,致一人死亡、二人重伤、一人轻伤,其行为构成故意伤害罪。于欢捅刺被害人不存在正当防卫意义上的不法侵害前提,其所犯故意伤害罪后果严重,应当承担与其犯罪危害后果相当的法律责任。但鉴于本案系由被害人一方纠集多人,采取影响企业正常经营秩序、限制他人人身自由、侮辱谩骂他人的不当方式讨债引发,被害人具有过错,且于欢归案后能如实供述自己的罪行,可从轻处罚。最终以故意伤害罪判处被告人于欢无期徒刑,剥夺政治权利终身,并赔偿各被害人金额共计 86 273.67 元[①]。

一审判决后,双方均提出了上诉,该案交由山东省高级人民法院进行二审。2017 年 6 月 23 日,二审法庭撤销一审判决第一项刑事部分,判决于欢犯故意伤害罪,判处有期徒刑五年。法院认为,被告人于欢持刀捅刺杜某 2 等四人,属于制止正在进行的不法侵害,其行为具有防卫性质;其防卫行为造成一人死亡、二人重伤、一人轻伤的严重后果,明显超过必要限度造成重大损害,构成故意伤害罪,依法应负刑事责任。原判认定于欢犯故意伤害罪正确,审判程序合法,但认定事实不全面,部分刑事判项适用法律错误,量刑过重,遂依法改判于欢有期徒刑五年[②]。

(二)社交媒体成为舆论监督主战场

在于欢一审被判决无期徒刑到二审改判为有期徒刑五年的过程中,媒体与公民广泛参与并监督了这一司法审判。

首先,于欢故意伤害案是如何走进大众视野的? 2017 年 3 月 25 日,一篇题为《刺死辱母者》[③]的报道在微信朋友圈被大量转发,于欢故意伤害案开始引起大众广泛关注。值得注意的是,此文在 3 月 23 日便刊发于《南方周末》并且在当天上午发布于报纸官网,但引起广

---

① 参见山东省聊城市中级人民法院刑事附带民事判决书,(2016)鲁 15 刑初 33 号.
② 参见山东省高级人民法院刑事附带民事判决书,(2017)鲁刑终 151 号.
③ 王瑞锋.刺死辱母者[E]. https://mp.weixin.qq.com/s/gstwc34EmvLOVAu5WUwmKQ. 2017-03-25.

泛关注及转发却晚了两天。可见"以往将新闻媒介发表的意见等同于舆论的观点(这并不完全正确)已经完全过时,社交媒体成为社会舆论的主要平台"①。在这之后,众多媒体诸如《侠客岛》《澎湃新闻》《中国青年报》《新京报》等纷纷下场报道,或挖掘细节,或进行评论,助推该案形成亿万网民参与的舆论事件。

《刺死辱母者》这篇文章采用兼具客观性和叙事性的传统调查新闻写作手法,作者通过自己长时间的调查研究,对于欢案的相关当事人和事实有了较为深入的了解。总体而言,报道内容与法院查明的证据事实间基本吻合,特别是文中激起大众愤怒情绪的杜志浩侮辱于欢母亲的事实,是能够站的住脚的。

但此文在煽动民众情绪、引起舆论热议上也存在一定的问题。首先是在信源方面有失严谨,来源于匿名信源的比重大。文章主要的信源来自源大工贸员工刘晓兰(化名)、不具名的冠县工业园企业主、村民以及警方内部人士,这里就已对三方进行了匿名处理。其次是文章中提到的部分案件细节与法院查明的证据事实间有所出入。例如在《刺死辱母者》中是这样表述警方行为的:"民警进入接待室后说'要账可以,但是不能动手打人',随即离开",而在一审判决书中,则为:"这时,派出所的民警到了,派出所的人劝说别打架,之后就去外面了解情况了。"两种不同的表述所表达的意思相差甚远,在记者笔下,"要账可以,但是不能动手打人""随即离开"等词,给公众呈现的是警方玩忽职守的形象,这也是激起民愤的一个原因;而一审中的表述更具有客观性,在此后也证实了警察并未有对待工作散漫疏忽的情况。再就是报道中带有的一定倾向性问题。记者主要还是站在于欢及其母亲苏银霞的视角去采访报道,无论是目击人源大工贸员工刘晓兰、于欢的姑姑于秀荣、工业园企业主,还是于欢的上诉代理人、河北十力律师事务所律师殷清利等,都体现了记者选择采访报道于欢案所着眼的重点。不仅如此,还着力刻画了死者杜志浩的负面

---

① 魏永征.群体智慧还是群体极化——于欢案中的舆论变化及引导[J].新闻记者.2017(11):51-60.

形象,包括其曾犯下交通肇事案等行为,突出了"黑社会之恶"。这很可能使大众更多了解到于欢这边的信息而先入为主,引导舆论同情被告方。最终,高利贷引发了老百姓对旧社会剥削者的痛恨,不作为的警察成为民众"仇官"指向的目标,而受辱的母亲那可怜的形象迅速激发了民众最深层次的道德情感。①这三点也正是这篇文章能广泛出圈引起热议的主要原因。

后续的媒体报道具有更鲜明的目的性,众多媒体都在报道中提出了对一审判决的质疑,意图影响案件的二审判决②。澎湃新闻社论说:"目前舆论几乎一边倒地站在被告人一边,但是,法院判决没有认定于欢构成'正当防卫'。这种民意与司法认定之间的鸿沟,是需要法院加以释明的,或者由上级法院通过改判而填平"以及"在公众一边倒地同情'辱母杀人案'的时候,我们期待足以令人信服的正义理据,或者做出正义的修订。"③中国青年报在"中青评论"中说"请给公民战胜邪恶的法律正义"以及"期待在即将到来的二审中,司法机关坚持'依法独立行使审判权',秉持法律精神公正裁判,实现排除社会危害性与阻止刑事违法性的统一,彰显法律之正义"。④新京报社论"如果一份判决在'良善'、'公正'等基本维度上与多数民意相悖离,那相关办案单位和人员有必要进行检思反省。"以及"期待山东高院的判决能传递人伦情理的温度。"⑤等内容,这些文章中的"改判""正义的修订""传递人伦情理的温度"等词都明里暗里地表明要求法院改判的意思。

除了传统媒体发声之外,更多的自媒体也加入了舆论场中。"十点读书会"于 2017 年 3 月 26 日推出了题为《辱母杀人案有 6 点不公

---

①　孙永兴.论于欢案中的媒体报道特征[J].中国广播电视学刊,2017(08):62-64.

②　法言平.认真对待来之不易的"于欢案效应"[N].人民法院报,2017-06-24(001).

③　澎湃新闻.辱母案:期待"正义的理据或修订"[E]. https://www.thepaper.cn/newsDetail_forward_1647938.2017-03-25.

④　欧阳晨雨.刺死辱母者被判无期:请给公民战胜邪恶的法律正义[E]. http://news.cyol.com/co/2017-03/27/content_15826954.htm.2017-03-27.

⑤　新京报."刀刺辱母者案":司法要给人伦留空间[E]. http://epaper.bjnews.com.cn/html/2017-03/26/content_675931.htm?div=-1.2017-03-26.

正的地方》的文章,认为一审判决不公正,并在正文中罗列了六点理由,结尾总结到:"综上所述,一审判决量刑过重,于欢于情于理应被轻判"①,这是自媒体直接对案件做出如何定罪的结论。不仅如此,易中天在其个人公众号上发表的《易中天:血性男儿哪有罪?刺死辱母者既是正当防卫,更是见义勇为》文章中,也是直接自行对于欢案定罪,即"我支持刺死辱母者的当事人于欢——无罪!"。②而在发言自由度更高、言论更为多元、门槛较低、新闻专业性不足等网络自媒体中,这种极具倾向性的文章并不少见,主张于欢无罪的内容也有很多,这些都在一定程度上煽动了公众的情绪,给司法机构带来压力。

于欢案引起的网络舆情,恰好反映了新媒体蓬勃发展的互联网时代,司法独立与舆论监督之间的碰撞与融合。网络技术在提供多元信息获取平台的同时,也为公民和媒体提供了更为自由、充分的讨论空间。一方面,媒体借助互联网更为广泛、方便地发布新闻信息和报道;另一方面,公民对于社会事件也有了更多参与的可能,但由于大部分群众对于事件的认知主要还是来源于媒体的报道,所以媒体报道的倾向会很大程度影响群众的判断,甚至形成舆论浪潮。当其中存在媒体报道失衡或不规范的问题时,就可能会对事件形成不公正的舆论导向,并施压于政府和司法机构,影响事件的顺利推进。

(三)司法部门及时应对舆情高涨态势

1.迅速及时向公众公开案件审理进展

于欢事件舆论发酵后,《法制日报》微信公众号于3月26日披露了于欢案一审判决书影印件③,这份判决书一进入社交媒体圈就被广泛传阅和引用,对于影响舆论起到重要作用。除此之外,官方也在社交媒体上及时发声,山东省高级人民法院、最高人民检察院、山东省公安厅、山东省人民检察院接连发布官方微博应对汹涌而起的舆

---

① 周冲.辱母杀人案有6点不公正的地方[E]. https://mp. weixin. qq. com/s/yF071FNJWCO8Zl0lntL3bQ. 2017-03-26.

② 易中天.血性男儿哪有罪?刺死辱母者既是正当防卫,更是见义勇为[E]. https://mp. weixin. qq. com/s/jvmnQP6rA48UprNPvIwQYg. 2017-03-26.

③ 法治日报.重磅!聊城"辱母杀人案"一审判决书全文披露![E]. https://mp. weixin. qq. com/s/aE-WPiBpSHDIS-tfKm4Y7A. 2017-03-26.

论。3月26日上午10点43分，山东省高级人民法院向公众发布了"关于于欢故意伤害一案的通报进展"，通报回应了原告人和被告人的上诉行为，并表示"已依法组成由资深法官吴靖为审判长，审判员王文兴、助理审判员刘振会为成员的合议庭"，并于近日进行审理；26日上午11点16分，最高人民检察院官方微博发布了"最高人民检察院派员调查于欢故意伤害案"的通报，表示已派工作人员赴山东阅卷并听取山东省检察机关汇报，并且对事实和证据进行全面审查。26日下午1时左右，山东公安在微博上发布情况通报，已经派工作组赶赴当地，对民警处警和案件办理情况进行核查；26日16时，在最高检发话四小时后，山东高检依法启动审查。16点15分，山东省聊城市发布消息称：由市纪委、市委政法委牵头成立了工作小组，全面调查案件涉及的警察不作为、高利贷、涉黑犯罪等问题。

这一连串司法部门做出的表态和公开接下来的行动方向等内容，及时回应了民意，化解了当时不小的舆论压力。在维护司法公信力、独立性的同时，也保障了公众知情权，展现了效率高、公开透明的司法机构形象，有益于保护司法公正。网民感受到司法机关坚持依法办事的诚意，情绪上从对涉事机构的愤怒指责逐渐转向案情本身的理性探讨，从而为二审营造了比较平静的舆论环境。

2. 在司法与媒体的良性互动中普法、公开庭审内容

2017年5月27日，"于欢故意伤害案"二审公开开庭审理，山东省高级人民法院采取微博直播的方式通报庭审相关信息。2017年6月23日，山东省高级人民法院认定于欢属防卫过当，构成故意伤害罪，判处于欢有期徒刑5年。当日，山东高院负责人在答记者问中对二审改判依据作出详细解释，包括"为何二审认定于欢行为具有防卫性质""于欢的行为超过必要限度的主要依据是什么"等社会关心的问题。法律专业人士对二审改判依据的全面解释，使社会公众全面了解案件的有关情况及二审裁判，实现社会理解法律、法律保障社会的良好效果，也实现了法律效果和社会效果的统一。

在司法机关与媒体的关系中，经由媒体传达的民意需要得到司法机关的回应，但司法本身更应保持独立性，做到公平公正公开。就

本质而言,大部分媒体和司法机关对于案件审判追求的结果是一致的,即促进案件的公正审判。而实现这一结果的前提是司法机关和媒体间能够进行良性互动,即媒体规范自身行为,发挥媒体的监督作用,同时也需要司法机关依法公开、积极回应媒体和民意的诉求。从媒体方面来看,一方面是媒体从业人员要加强自身的职业道德素养建设,增强法律意识,坚守新闻专业主义,在进行新闻报道的时候采取客观冷静而理性的方式,全面、平衡地进行报道,而不是实行媒介审判;另一方面是加强自身的管理,加强媒体自律组织的建设,并且充分发挥媒体的监督作用,推进案件公开公正地进行。从司法机关的层面看,只有独立公正的司法才能获得民众的信任,司法机关应重视并及时回应社会的舆论声音,扩大司法公开透明化,加强工作效率,规范司法行为。与此同时,公众也应努力提高自身媒介和法律素养,加强辨识能力,在舆论漩涡中保持理性头脑,避免盲从。

于欢案中,虽然部分媒体存在失范的现象和媒介审判的倾向,但其中也不乏有理性的媒体和意见领袖的声音,且由于司法部门能保持独立公正,积极回应了媒体和社会舆论,因此未产生很消极的结果。

思考题

1. 在谢波德案中,媒体有哪些表现是不恰当的? 导致了哪些后果?

2. 社交媒体逐渐成为舆论监督的主战场,针对各种舆论审判事件,主流媒体应当如何引导网民对司法案件进行理性讨论? 结合具体案例说明。

3. 结合于欢故意伤害案,你认为司法与媒体应当如何实现良性互动?

第九章　媒体人文关怀与隐性采访

第一节　新闻伦理与人文关怀概述

一、新闻伦理的理论概述

（一）新闻伦理的概念

媒介伦理学教授康拉德·C·芬克（Conrad C. Fink）认为，"伦理是一个原则的系统，一种道德或者行为规范，它是个人、团体或文化所公认的价值观和生活规制，寻求指导人的行为，以及什么是好或坏、对或错"①。正因如此，伦理学在西方又被成为"道德哲学"或"道德科学"。

新闻伦理是职业伦理的一种，具体是指从事采访、报道、编辑、出版、经营、管理等新闻传播活动的人们在长期的职业实践中所形成的调节相互关系的行为规范。新闻伦理作为应用伦理学的一个分支，调节着媒体与社会、大众三者之间的关系。新闻伦理具有非官方和非法律的性质，是无强迫性的，伦理准则的履行依靠的是从业人员高度的道德感和责任心。

（二）新闻伦理困境产生的原因

每一个行业的工作人员或多或少都会遇到一些伦理困境，但新闻工作者今天面临的伦理困境却非常突出。在媒体竞争日益激励的今天，"诚实、公正、同情、尊重"这些基本伦理规范，受到"新奇、刺激、

---

① 康拉德·C·芬克.冲击力:新闻评论写作教程[M].北京:新华出版社,2002.

重大、轰动"这些市场价值准则的挑战,处理不当时,新闻当事人就会受到干扰,甚至受到伤害。具体而言,新闻伦理困境产生的原因可以概括为以下几点:

首先,新闻工作是具有特殊性的职业。陆定一在《我们对于新闻学的基本观点》中提出"新闻是新近发生事实的报道"并将其作为"新闻"的定义①,后来,知名记者范长江在《记者工作随想》中提出,"新闻就是广大群众欲知、应知、而未知的重要事实"②。这两则定义指出,新闻报道具备真实性和时效性。这就要求记者要抢新闻、抓头条,同时又要求记者在新闻报道中无限逼近事实真相,及时有效地进行新闻报道。但是,记者在追求真实性、时效性的过程中,有可能就会对当事人造成一定干扰。在新闻传播领域,作为普通个体的社会伦理要求与作为新闻工作者的职业要求经常会发生冲突,甚至形成一定的困境。比如,记者赶赴地震现场,应该先救人还是先拍摄?如果选择救人,会在一定程度上耽误了记者的本职工作;如果选择先拍摄,能够动员更多人关注灾区,但却可能影响对受害者的抢救。现实中这些两难问题触发了公众的热烈讨论,也拷问着记者的综合素质和职业道德,这使得新闻工作者在伦理规范的两难之中寻求平衡就显得越加重要。

第二,新闻工作进行伦理选择的时候具有透明性。在当今社会中,不同价值体系并存、多重的道德观共生,当遇到一些新闻事件时,新闻工作者作为伦理主体,难免面临着选择难题,这种冲突是内在的客观的。但是作为一种特殊职业,新闻工作者又必须经常进行伦理选择,并且新闻报道的过程,就是将自己的伦理选择公之于众的过程。新闻工作是一种对专业主义和伦理规范都有很高要求的职业,在一些突发的、特殊的新闻实践中,新闻工作者必须快速、恰当地处理道德上的两难境地。这也对新闻工作者的专业素养提出了更高的要求。

---

① 陆定一.我们对于新闻学的基本观点[N].解放日报.1943.
② 范长江.记者工作随想[J].新闻战线.1979(01).

第三,对经济利益的过分追逐使新闻工作者陷入伦理困境之中。从上世纪 90 年代以来,我国新闻行业开启了"事业管理、企业经营"的发展模式。新闻媒体需要在激烈的市场竞争中获得生存,必须最大可能地吸引受众、迎合受众,获得更多的广告赞助。这种对经济利益的追求,自上而下、层层转嫁到一线记者身上,导致一线记者在新闻采访与报道中过分追求新闻卖点,费尽心思去寻找奇闻轶事,从而漠视了新闻伦理规范。

（三）新闻伦理困境的解决模型

在美国学者克里斯琴斯(Clifford. G. Christians)著有的《媒介伦理学:案例与道德推理》①、菲利普·帕特森(Philip Patterson)著有的《媒介伦理学:问题与案例》②中提到了不少伦理困境解决的原则,对于新闻伦理困境,有三种重要的伦理模型可以作为理论基础。

第一种伦理抉择的理论基础是"中庸之道"。

亚里士多德认为"道德上的美德是由实用智慧决定的中间状态",孔子也提出"中庸之为德也,其至矣乎"。美德存在于两个极端之间。"过度与不及都破坏完美,唯有适度才保存完美。"对于争议性的事件,在一定情况下,采用"中庸"的方式解决,也不失为一种好的解决办法。

例如,禁止一切烟草产业,与完全不受节制的烟草促销之间,多数国家都采用了中庸的解决方法:就是允许烟草产业的存在,但禁止在电视上播放烟草广告,并且要求在香烟包装上印有警示标志。根据这一观点,媒体在报道时也应该避免两极化。一个极端是一切都以新闻报道为出发点,不顾道义,不择手段。另一个极端是过多地顾及伦理道德,受制于各种条框,放弃记者报道的职能。记者应该以整体利益为出发点,追求两者的折中。然而,并不是所有的道德问题都可以用中庸之道来解决。比如,明显的恶意、凶杀、盗窃等,就不容许

---

①　克利福德·G·克里斯琴斯.媒介伦理:案例与道德推理[M].北京:中国人民大学出版社,2014.

②　帕特森,威尔金斯.媒介伦理学:问题与案例[M].北京:中国人民大学出版社,2006.

中间状态的存在①。

第二种伦理抉择的理论基础叫作"多元价值理论"。

现代哲学家威廉·罗斯（Willian David Ross）的多元价值理论与只提一种终极价值观念的康德、边沁等人不同，多元价值理论允许伦理抉择者对于伦理境况中的方方面面进行评价和考虑。其中，罗斯将义务分为两种：显见义务和实际义务。

"显见义务"是指人们在日常生活中看到的"普通的常识性义务"②，包括忠诚、补偿、感激、公正、仁慈、自我改进、避免伤害。罗斯认为这七类显见义务是不证自明、互相区别的。③"实际义务"是指那些在特定环境下极其重要的责任，对实际义务的判断具有不确定性。假设两种选择本身都是道德的，但两者之间发生冲突之时，则需要对伦理原则进行排序。罗斯认为，实际义务建立在显见义务的基础之上，某种义务之所以被确定为实际义务在于它具有压倒一切其他义务的力量，是在具体情境中最合理的选择。所以我们应该根据实际义务来确定我们的行动。

第三种伦理抉择的理论叫作"波特方格模型"。哈佛大学神学家拉尔夫·波特（Ralph Potter）创立的"波特方格"模式（The Potter Box）是我们解决伦伦困境时的一个参考模型，这个模型中有四个元素④：

第一步，叫作"定义、理解事实"：将事实调查清楚明白是新闻记者做出伦理选择的基础。

第二步，叫作"概述内在价值观"：在伦理学中，价值观的含义是明确的。当你认为一种观点或一个原则有价值时，就意味着你愿意为它放弃其他东西，比如在职业准则与道德准则之间做出一个判断。

① 　克利福德·G·克里斯琴斯.媒介伦理学：案例与道德推理[M].北京：中国人民大学出版社，2014.

② 　小仓志祥.伦理学概论[M].北京：中国社会科学出版社，1975.

③ 　W. D. Ross. The Right and the Good[M]. Oxford: Oxford University Press, 2002, 7.

④ 　菲利普，帕特森，李·威尔金.媒介伦理学：问题与案例[M].北京：中国人民大学出版社，2006，4.

第三步，"运用相关的伦理学原则"：比如我们前面讲的中庸之道，或者多元价值理论，可以作为伦理选择过程中的依据。

第四步，"清楚地表达一种忠诚"：其实新闻记者要忠诚的对象很多，比如读者、受众、比如采访对象、比如消息来源、比如广告主、赞助商，而在实际操作中，并没有一个普遍适用的忠诚准则。追求真相是高尚的，保护隐私同样也是高尚的，作为新闻工作者，如果看重的是真相，那么必须放弃当事人的隐私；如果看重隐私，则需要放弃部分真相，不发布所有细节，努力保护当事人的隐私。所以，在通常情况下，面对一个伦理困境不会有一个明确答案。最理性、最有经验的新闻工作者很少会完全采用极端化的做法，这时候中庸的办法、折中的办法就是一个必要的选择。

波特方格是分析伦理问题的一个理论模型，学者克里斯琴斯[①]等后来又对它进行了改进，他把波特方格中的四步骤看作有机整体，而非孤立的四个步骤。这样波特方格就从原来的线性模式变为一个循环模型，克里斯琴斯等在模型中还加入了一个反馈机制，认为人们在一开始定义情景时，就已经选择了自己的忠诚，即"经验性定义"，也就是说这些认知和抉择受到了以往的经验的影响，并被实践再次检验。可以说，运用波特方格的一个重要原则是，"在任何情况下，波特图示都是一种社会伦理的训练，而不是不带感情的智力游戏，任何结论必须经过社会现实的验证"。

二、媒体人文关怀理论概述

（一）人文关怀的概念

人文关怀的理念起源于 14 世纪到 16 世纪欧洲文艺复兴时期的"人文主义"，是一种反对宗教梦寐主义，提倡关怀人、尊重人和以人为中心的进步的文化思潮。在我国五千年历史文明中，人文关怀同样得到了很多关注。在近代中国，发端于西方的人文主义思想受到

---

① 克利福德·G·克里斯琴斯.媒介伦理学：案例与道德推理[M].北京：中国人民大学出版社，2014.

了早期资产阶级知识分子和政治活动家的厚爱而被逐渐引入新闻界,并在五四运动中达到高潮。

不同的研究者对人文关怀的定义不同。左中甫在《关注人的存在 写出与人的关系》一文中讲道:"人文精神是以人为本,尊重人、理解人、关心人,将人作为考虑一切事物的中心的价值取向。由于人是社会发展和历史进步的主体,人的生命状态、精神需要理应得到社会的关注和重视,这样才能促进人的自由均衡、协调地发展,避免人的异化。"①俞吾金的《人文关怀:马克思哲学的另一个维度》一文中讲道,"人文关怀是对人的生存状况的关注、对人的尊严与符合人性的生活条件的肯定和对人类的解放与自由的追求"。②孙通在《解读"五四"时期报刊的人文关怀》中讲道:"人文关怀就表现为对人的精神价值的重视以及对人生的根本关怀。"③20世纪西方人文主义研究的权威人物阿伦·布洛克在《西方人文主义传统》书中指出:"尽管人文主义的范畴和内涵随着时代、地域的变化而不断发展,但始终坚持两个核心不变:一是以人和人的经验为关注对象;二是尊重人的尊严。"④以上定义虽然叙述不同,但都体现了一个共同点:人文关怀,就是要坚持以人为本的理念,坚持人道主义立场理解人情、尊重人性。

(二)媒体人文关怀的价值和保障

1. 媒体人文关怀的价值

在媒体报道中要体现人文关怀,即在新闻采访、写作、制作等一系列环节中,都要把人奉为主体,将每一个个体视为目的而非报道的手段,肯定人的价值,其核心是对人的生存状况及历史境遇的关注,对人的尊严、人的价值及对符合人性的生活条件的肯定。也就是说,人文关怀的焦点在于"人"。随着时代的发展,新闻报道的信息量越来越大,报道的范围也越来越宽,与此同时,由于活动范围和精力的

① 左中甫.关注人的存在 写出与人的关系[J].新闻爱好者.2002.
② 俞吾金.人文关怀:马克思哲学的另一个维度[J].光明日报.2001.
③ 孙通.解读"五四"时期报刊的人文关怀[J].新闻爱好者.2002(5):37-38.
④ 布洛克.西方人文主义传统[M].北京:生活读书新知三联书店,2003.

限制,人不得不越来越依靠传媒所提供的信息来实现对外部世界的了解。在这种情况下,新闻报道所担负的社会责任就显得更为重要了。某种程度上,它几乎成为引导和决定人们思维和行动的重要工具。如果新闻报道中能体现出人文关怀,那么就可以满足最大多数受众的精神需求,提升整个社会的精神面貌,优化人类的生存环境。

2. 媒体人文关怀的保障

新闻报道中要想实现人文关怀就必须要有外在保障,这主要表现在政府制定政策法规来加强对新闻媒体的管理,以及新闻行业组织加强管理及自律。

首先,政府和政党需要对新闻媒体进行治理,制定相应的法律法规来惩恶扬善。在我国,新闻媒介是党和政府的喉舌,必须为党和国家、人民的利益服务。媒体的责任则是遵守国家法律法规,真实、及时、客观准确、全面地报道国家政策和建设成果,同时为百姓分忧解难。在不侵犯干预新闻媒体应具有的新闻舆论监督功能的前提下,政府可以通过制定政策法规,从而引导媒体的报道态度。

2003 年 3 月,中共中央政治局讨论并通过了《关于进一步改进会议和领导同志活动新闻报道的意见》,意见的提出,使得会议和领导同志的新闻报道大大减少了,重要版面和黄金时段让位于群众和基层,使人民群众真正成为新闻主角。十六大以来,党中央针对新闻工作提出了"三贴近"原则,即贴近实际、贴近生活、贴近群众。这要求新闻媒体需要在深入实际、深入生活的过程中反映实际、反映生活。2013 年 8 月,习近平主席在全国宣传思想工作会议上指出,"坚持以民为本、以人为本。要树立以人民为中心的工作导向,把服务群众同教育引导群众结合起来,把满足需求同提高素养结合起来,多宣传报道人民群众的伟大奋斗和火热生活,多宣传报道人民群众中涌现出来的先进典型和感人事迹,丰富人民精神世界,增强人民精神力量,满足人民精神需求"。这些治理理念与人文关怀不谋而合。

其次,新闻行业、媒体组织需要出台自律规范以及加强自律。媒体必须要有清晰的自我定位,做好"大众的引导者和教育者",不辱职业使命,加强自身道德建设。新闻组织制定自律信条对新闻媒体进行约束是新闻报道中实现人文关怀的有效力量。如瑞典《广播电视新闻伦理规范》第8条规定:"在公布自杀和试图自杀的信息时要非常谨慎,尤其是涉及相关亲属的感受和与之相关的个人隐私方面的内容时。"日本新闻协会的《新闻伦理纲领》在"尊重人权"一章中规定:"新闻对人类的尊严抱以最高的敬意,对于个人的名誉和隐私十分慎重。在报道错误的时候要迅速订正,没有正当理由而对对方的名誉造成伤害时,要为对方提供辩驳的机会。"香港记者协会《专业守则》规定:"新闻工作者即使基于公众利益的考虑,亦不应侵扰他人的悲哀和不幸。"《中国新闻工作者职业道德准则》规定了我国新闻工作者需要"积极反映人民群众的正确意见和呼声,批评侵害人民利益的现象和行为依法保护人民群众的正当权益。……认真研究传播艺术,利用现代传播手段,来用受众听得懂、易接受的方式,增强新闻报道的亲和力吸引力、感染力"。除了全国性的《中国新闻工作者职业道德准则》外,还有些其他的,如行业性、专业性地方性新闻团体制定的《中国报业自律公约》《广东省新闻工作者协会章程》等明确提到与新闻报道中人文关怀相关的要求,如"坚持新闻为人民服务、为社会主义服务的方向,努力贴近实际贴近生活、贴近群众","倡导并鼓励新闻工作者深入实际、深入基层、深入群众,反映人民群众的意见和呼声,宣传人民群众的实践经验和创造的业绩"等。

3. 媒体人文关怀的自律要求

政府管理、媒介自律固然能给新闻媒体和新闻工作者一定的压力,防范新闻报道中人文关怀缺失现象的发生。但从根本上说,新闻报道人文关怀的实现还需新闻工作者的自律。因为,新闻报道所传播的内容要经过新闻工作者的选择思考和解释,新闻工作者的思想意志是在无形中介入新闻报道的作品中的。新闻工作者内在的人文素养如何,是能否实现人文关怀的关键。

首先,新闻工作者需要不断加强自身学识及品行修养,提高人文素质,培育高尚的情操、敏锐的观察力,坚守良知正义。人文关怀的精神要求新闻从业者对"人"有清醒的认识,做到物质与精神层面的双重关怀。王韬曾说:报纸主笔"非绝伦超群者不得预其列"。梁启超认为,健全的舆论应有"五本",即常识、真诚、直道、公心、节制。在重大突发事件或重大新闻事件面前,新闻工作者要勇于承担责任,急群众之所急,忧群众之所忧。同时新闻工作者要提高观察事物、感知事物的能力,提高对事物的分析判断能力,提高文字的表达能力,更多地从百姓的角度去关注重大新闻事件,从民生的视角去策划新闻,使新闻成为百姓的新闻,跟得上时代的步伐。

其次,新闻工作者要更多地关注普通人。新闻工作者要注重新闻事实中人的感受,从而使报道充满思想感情,充分体现出新闻报道的人文关怀。新闻工作者要通过纷纭复杂的实际生活,去捕捉那些看起来虽小,却有普遍意义的新闻素材。记者需要走入广阔的社会生活中,给予弱势群体更多的关注,聆听那些长期被忽视的声音,通过新闻报道将弱势群体的生存状况展现在读者面前。以《南方周末》对弱势群体的报道为例,新闻的叙述者并没有刻意点评报道对象的生存状况与精神状态,而是通过对弱势群体日常生活的还原性描述让读者在阅读的过程中从语境中产生追问。新闻报道通过关注弱势群体的生活状态来揭示社会现实状况,挖掘新闻事实中具有人情味的因素,具有很强的启发意义。最后,注意不要侵害个人隐私,注意语言措辞。新闻报道中应设法避开些不雅或不宜公开的画面,不公开被采访对象的个人信息,不非法侵扰和干涉个人私事和个人生活,这些都体现出媒体对人的尊重和对人的关怀。英国独立新闻标准组织的《编辑行为规约》中特别规定了"医院的采访注意事项",其中有"为了获取信息,在进入非公立医院或者类似的机构之前,新闻工作者必须表明自己的身份,并且需要从负责的主管那里获得许可。在医院或类似的机构,不得在询问个人情况时侵犯隐私"。瑞典《广播电视新闻伦理规范》中规定"公开姓名时需谨慎",具体做法是"如果被报道对象的名字被发表,仔细考虑可能对他们产生的不良后果。避免指名道姓,除非为了公共利益。假使某人的姓名在报道中没有公开,那么也要尽量避免发布其照片、职业细节、头衔年龄、国籍、性别等能表明身份的资料"。在采访和报道中,要尊重受访者的意愿与权利,考虑当事人的情感和感受,这是一个媒体文明和成熟的重要标志。

新闻是冷静的,但不应该是冷漠的;新闻是理性的,但不应该是残忍的。新闻记者对外界的敏感和敏锐应建立在人文精神的基础之上,在报道中要守住底线,掌握好尺度。

思考题

1.何为新闻伦理? 新闻伦理因何而产生?

2.面对新闻伦理抉择困境时,新闻工作者可以怎么做? 应当怎么做?

3.在数字媒体时代,你认为新闻伦理遭受了哪些新的挑战?

4.在媒体报道中如何体现出人文关怀? 请举例说明。

5.请举出一例你认为在新闻伦理或人文关怀方面有所不足的媒体报道,并分析其中存在的问题。如果是你来进行相关内容的报道,你认为应当怎么做?

第二节　人文关怀相关案例分析

一、新闻报道与拯救生命

（一）2018 年山东寿光洪水报道

2018 年 8 月,受台风"温比亚"影响,2018 年 8 月 18、19 日山东寿光多地连降暴雨,造成弥河流域上游冶源水库、淌水崖水库、黑虎山水库接近或超过汛末蓄水位,入库流量远超出库流量。2018 年 8 月 20 日上午,随着泄洪流量的增加,弥河沿岸的村庄开始被河水倒灌,多村相继被淹。

自 2018 年 8 月 20 日起,各大媒体对山东寿光洪水展开报道,8 月 20 日—21 日,媒体报道多集中在"两名'辅警'被洪水冲走"的相关报道中,如人民网《山东寿光两辅警为救被困群众被冲入河中下落不明》;8 月 22 日多集中寿光受灾情况的报道,如澎湃新闻《河水倒灌、村落被淹，山东寿光遭严重洪涝灾害》；8 月 23 日—24 日后媒体开始聚焦山东洪灾发生的原因，并公布了对寿光进行捐赠救助的渠道，如澎湃新闻《媒体谈寿光水灾：水库泄洪之问不容回避》和新浪新闻《山东寿光洪灾捐款途径账号：抗灾救灾捐赠倡议书》；8 月 25 日—26日，媒体多聚焦寿光洪灾的影响以及救灾情况，如财经网《山东寿光遭遇洪灾　菜农损失惨重》；8 月 27 日后着重于灾后重建情况的报道，如环球网《山东寿光洪灾后：村民晾晒书本忙》。

总的来说，2018 年山东寿光洪涝灾害的相关报道，在不同时期有所不同，在前期注重受灾情况的报道、辅警失踪和救援、村名自救和捐款渠道四点；在中期，注重报道灾后重建情况和灾害影响、洪灾的原因分析与解释以及各方救援情况和捐赠通道；后期注重灾后重建、救援情况报道，并呼吁补偿工作的推进。

（二）案例分析

1. 突发公共事件

2018 年山东寿光洪水，是一件突发性公共事件。"突发"一词意为突然的、出乎意料的。公共表明一种社会属性。《国家突发公共事件总体应急预案》制定于 2005 年 1 月 26 日，2006 年 1 月 8 日正式发布并实施。该《预案》定义突发公共事件为"突然发生，造成或者可能造成重大人员伤亡、财产损失、生态环境破坏和严重社会危害，危及公共安全的紧急事件"。

突发公共事件可以分为四类，即自然灾害、事故灾难、公共卫生事件、社会安全事件，自然灾害主要包括水旱灾害、地震灾害、和森林草原火灾等。突发事件或由自然因素导致，或有人为因素，或者掺杂了自然与人为双重因素，具有预测难、爆发突然、破坏性强、处理难度大、利益相关性复杂等特征，极易引起舆论喧嚣。由于突发性事件往往伴有大量的人员伤亡，因此对突发性事件进行正确的报道能在一定程度上减少人员伤亡。

2. 新闻报道与拯救生命的关系

（1）报道新闻与拯救生命相悖

新闻记者在进行新闻报道时，可能会遇到报道有价值的新闻和拯救生命向冲突的时候。汶川地震期间，一名被困 124 小时的 31 岁茶楼女工被成功救出，"当下刚芬被救援人员抬出来的一刹那，几十名记者蜂拥而上，不顾武警的阻止，将其团团围住拍照，以至于现场的武警指挥官动了怒才能挤出人群，将卞刚芬抬上救护车。一名现场医护人员不满地说：'生还者刚被救出来的时候，眼睛蒙的布太薄，照相机的强光会对她的眼睛产生强烈刺激，会伤了她的，你们记者就不能照顾点吗？你们要抢新闻，可我们抢的是生命呀！'"

这实际上体现的新闻工作者人文关怀的缺失，新闻工作者不仅仅是报道新闻的职业人，是社会新闻事件的记录者和报道者，作为社会责任的公共传播者，更应当成为认为关怀的具体实践者，把"以人为本，彰显关怀"职业道德标准之一，当拯救生命与新闻报道相悖时，应当本着人文关怀的原则，以拯救生命优先。

（2）以拯救生命作为新闻报道的内容和目标

将拯救生命作为新闻报道的内容和目标，多是突发公共事件，诸如杭州女童走失等社会安全事件，山东寿光洪灾等自然灾害。新闻报道将拯救生命作为报道的内容和目标，是在突发公共事件的相关报道中，新闻工作者应当承当的责任。那么究竟如何进行新闻报道？新闻报道又究竟如何拯救生命？

报道拯救生命的过程：

在突发性事件中，媒体要跟进报道救援过程和现状，也就是说直接将拯救生命的过程作为新闻报道的主题和内容，如齐鲁晚报的《汛情急，同心济，各地紧急动员共抗洪灾》。

呼吁对生命的救援：

呼吁拯救生命时，新闻工作者可以通过两种方式直接参与到拯救生命的过程中。一种是直接呼吁相关部们对生命开展救援工作，起到一个监督作用，在人民网的《山东寿光两辅警为救被困群众被冲入河中下落不明》报道中直接说到"现两名辅警队员下落不明，公安机关从事发时全力搜寻未果，请有关单位立即组织专业力量，对弥河沿途全力开展搜索救援"；另一种则是通过提供援助渠道和方式，呼吁公众参与生命的救援，环球网的《感谢这群人，提醒了我们寿光洪灾中最重要的事……》大力宣扬了目前的公众救援活动,同时直接公布了捐助通道,而央视新闻在《山东寿光公布救灾物资捐赠方式　灾民最缺衣服》报道中直接点明了捐赠物品——"目前,寿光当地紧缺衣物被褥(棉被、棉衣、当季外衣)、抽水泵、发电机、铁锹、药品、消毒剂等"。

近来的突发的公共卫生事件——新型冠状病毒的相关报道中,同样点明了如何进行援助——报道了具体地区所需要的具体物资以及具体地址,同时报道了如何预防,拯救自身生命。

拯救"生活":

作为突发性公共事件,尤其是自然灾害,灾后重建尤其重要,生命并不仅仅是单纯的物理意义,还要注重生命的价值和内容——生活。自然灾害除了生命的失去,还有财产的损失,这些都是人生存生活的基本,如果人赖以生存的根本被毁坏,其生命也可能出现威胁。因此媒体应当从受害人的角度出发,监督灾后重建工作和补偿,也可从其他方面入手,帮助受害人解决问题。

环球时报的《寿光七日,村民仍在艰难自救》详细报道了目前灾后重建滞后和主要面临的问题,呼吁加快重建和补偿工作。金融界的《寿光洪灾:农业保险所保的范围有哪些? 保险补多少?》,从专业知识出发,企图通过帮助受灾群众理解农业保险以减少其损失。在"新型冠状病毒"公共卫生事件中,媒体则更多的是承担对公众心理上的引导的职责,在信息公开的同时,通过报道正能量、使用轻松愉快的漫画对公众的心理进行疏导。

拯救未来生命:

对于现下发生的突发公共事件,我们无法预测和挽回,但是可以根据此次的经验,避免下一次类似事件的发生,尤其是具有人为因素的事件。

在山东寿光洪水的相关报道中,众多媒体对此次洪灾的人为因素做出了分析,财经网的《寿光水灾的三个人为因素》指出:"此次寿光水灾指向多个问题,如降水量预测错误、河道排水不畅等""上游水库在洪水来临后是否调度不当? 多位专家对三座水库同时泄洪的做法表示质疑,北京工业大学建筑工程学院教授周玉文认为,潍坊在调度上不够冷静,三个水库不要同时泄洪""台风登陆区域24小时降水量在200 mm很正常,像这次摩羯、温比亚两个台风接连而来,降水影响叠加之下会更加严重。这样的情况如果发生在台风多发地区的话,当地可能会提高警惕,但这次潍坊显然缺少经验。""在河床上种菜、养猪的现象并非个案,弥河寿光段严重受到养殖场、违章建筑、采砂场的蚕食",点名了此次山东寿光洪灾的人为因素。

这种对事故的追责和反思,对于当下生命无用,但对于拯救未来生命很重要——2019年,山东寿光再次遭遇了暴雨,但此次的结果截然不同。根据两次受灾报道的关键词,可以看到,2019年的受灾情况远远小于2018年,相关的防护有大大提升。

二、网络时代报道突发公共事件应对及反思

(一)无锡高架桥坍塌报道

2019年,10月10日18时10分许,江苏无锡312国道K135处、锡港路上跨桥发生桥面侧翻事故。经搜救确认,桥下共有3辆小车被压,其中一辆系停放车辆(无人),事故共造成3人死亡,2人受伤。由于事发突然且正值下班高峰期,瞬间引起公众的极大关注。

本次高架桥坍塌事件在短时间内迅速发酵,根据网民观点梳理分析,关注救援工作、祈祷平安是大部分网民的态度。同时,吸引舆论聚焦的重点话题集中在以下两方面:一是对目前救援工作的实时关注,二是对当时被压车辆内伤亡人员的祈祷。新京报舆情监测数据显示,关于"无锡高架桥坍塌"事件的全网舆情在10日20时前后达到顶峰,11日晨起再次呈现明显上涨趋势,体现出社会各界对该事件的高度关注。♯无锡高架坍塌♯、♯无锡警方通报高架桥面侧翻♯、♯无锡高架侧翻致3死2伤♯、♯312国道改造工程原定年内开工♯等话题迅速登上微博热搜榜,舆情热度快速上升。

央视新闻,每日经济新闻,澎湃新闻等媒体实时跟进报道,同时人民日报联动新京报"我们视频"进行现场救援直播,观看人次数量庞大。

事后舆论开始转向事故的追责,主要集中在两方面:一是造成此次事故发生的原因究竟是桥的问题,还是车的问题,二是当地无锡市政府对事件没有及发布官方通知,引发网民不满。

据悉,在事故发生时,有一辆严重超载的大型货车在桥上行驶,初步认为可能导致是桥梁垮塌的直接原因。在 10 日晚间,高架桥坍塌的原因是舆论首先关注的重点话题,"桥的设计不合理?""大货车严重超载?"这些疑问受到网民热议。

在无锡高架桥坍塌后多家媒体纷纷发布了消息,引发社会关注。然而在事故发生 9 个小时后,中央广播电视总台记者现场连线政府值班热线,对方表示不知详情,而宣传部门负责人电话持续无人接听,后多家媒体以"值班热线表示不知详情,市政府新闻办微博只字未提"为题进行转发,对于此类突发事件,当地政府有关部门在突发消息获取以及响应方面均未体现出时效性,从而引燃了不少网友的负面情绪,导致舆情的进一步发酵。

(二)案例分析

对事故现场的报道,截至 10 月 11 日 10 时,各渠道传播情况具体为网媒 3 526 篇次、报刊 66 篇次、APP 16 078 篇次、论坛 4 152 篇次、博客 30 篇次、微信 3 559 篇次,微博消息超过了 60 万条,微博成为该事件的主要传播阵地。在媒体方面,新京报、央视新闻、中国新闻网、澎湃新闻等媒体第一时间在微博平台发布了消息,并持续跟进事件发展进行报道。本事件中,曝光量较多的热词包括无锡、高架桥坍塌、事故、伤亡、侧翻、超载、江苏、车辆、救援等,反映出舆论对本次事件的关注重点。

事件报道后期,各媒体新闻转向对此次事故的追责问题。在此期间,新京报对之前关于高架桥坍塌事故进行了梳理,从时间,地点,原因,死伤人数等各个方面进行了罗列和分析,发布了《五问无锡高架桥侧翻事故:问题只在超载?》,而一些关于大货车压塌高架桥的历史文章再次引发网民关注和传播。微信文章《无锡的快速内环高架还能用多久?》和《如何识别能把桥压塌的大车? 快看! 能救命!》成为 10 日晚间传播量较大的热点文章,目前阅读量均已突破 10

万+,并吸引众多读者参与跟评。另一篇来自环球时报2015年的微信文章也在10日晚间再次被大量传播。各类媒体虽然在报道时充分借鉴了之前事故发生时的经验,并且问责追责也十分到位,但均是在事故发生之后进行一系列分析解读,早有多个自媒体对高架桥问题进行了探讨和反应,但影响力有限,并未引起公众对其的过多关注。

从总体来看,此次无锡高架桥坍塌事件中,我国媒体基本上遵循了事实框架、解释框架、救援框架、人文关怀框架以及归责框架。也就是说,报道基本遵循着积极救援、报道事实真相、道德褒贬评价以及归责正法等报道路径。与此同时,媒体报道时注重官方立场与民间立场的结合,着眼于事件的完整性。新京报、南方周末、梨视频等新老媒体对这场事故的目击者、受害者以及幸免者的采访和描述将宏观的事实描述和围观的个体情感相融合,回归"人本位",凝聚社会爱心,消除受害者和公众的焦虑。此次归责框架也是重中之重,重点放在严惩责任方和问责肇事方两个方面,并且对无锡市政府在突发消息获取及响应方面未体现出的时效性发生了舆论发酵,倒逼市政府秉持公开透明的原则对事件进行处理,给公众合理交代。

三、媒介暴力

(一)"女孩在民警注视下溺亡"

2020年12月4日13时许,安徽省望江县公安局110报警服务台接到报警:安徽省望江县城吉水桥边有一女子欲投河自尽。出警后,在民警安抚劝导过程中,女子突然扑入深水区。出警民警展开施救,后将该女子打捞上岸,经抢救无效死亡。根据网上流传的视频,一名女子站在没过小腿的河里,在距离她两米左右的岸边上,有两名警务人员正在尝试与她交流。随后女子转身跳入深水区。而两名警务人员并没有第一时间跟着跳入水中救人。事发后,陆续又有民警赶到岸边,几位民警尝试手牵手结成"人绳"下水救人,但以失败告终。

4日,望江县人民政府办公室回应媒体称:事发后,县委书记、县长召开了紧急会议,成立专门小组调查此事,调查结果之后会回复。

4日晚间,安庆市望江警方发布警情通报:涉事民警辅警停职接受调查。

6日,多位在事发地附近工作的当地居民告诉南都记者,事发地水下实为河道,女子站立时的位置是在河道边坡上,所以水深只到膝盖,而再往前则是河道中间的深水区,水深可能有3米以上。

6日晚,央视主播郭志坚发表评论:"挽救生命,不应该以牺牲为前提。女孩轻生溺亡,民警的处置备受争议。围观者下结论总比当事人做决断轻松许多,与其无端指责,不妨等调查结果。基层警情千变万化,民警背后更需有强大的支撑系统。救生装备是否标配,是否有技能培训。调查结果不是终点,更希望由此做出改变。"

（二）案例分析

1.媒体暴力表现

"民警注视下女孩溺亡"视频一经曝光就引发广泛关注,后真相时代的网民们在不了解救援条件和事件情况之下仅凭事件结果指责当事民警,在事件具体情况未明的情况下,众多媒体纷纷转载跟进对当事人采取负面报道吸引流量,突出民警的冷漠和见死不救,对当事民警进行伤害。警情通报之前,并未有媒体对救援现场的条件、是否采取过救援措施等细节进行调查取证,一味地进行道德绑架,激化了公众的负面情绪,造成媒介伦理失范。

2.暴力产生原因

（1）媒体:核实缺位,道德绑架

相关视频曝光后第一时间得到公众的广泛关注,不少媒体跟风而来,在未经核实的情况下迎合读者对当事民警进行负面报道和武断指责,进一步激化了社会矛盾,导致了负面舆情的扩大。实际上,相关部门调查表明女孩所站立的位置是一个漏斗型斜坡水库,这和普通救援区别很大,盲目下水只会徒增牺牲;当事民警不通水性,并非见死不救。媒体报道时并没有站在客观中立的立场,而是在未经调查的情况下轻率定性,将责任归咎于民警的冷漠处置。

（2）公众:未知全貌,无理猜测

事件报道时只有"民警注视女孩溺亡"这一视频画面,并没有前因后果。但在情绪的驱使下，众多网民纷纷将矛头对准当事民警，不少阴谋论、见死不救、警民矛盾论将对当事民警造成更大的心理压力和名誉损害。实际上，应急救援应考虑现场环境、救援人员水平、救援设施条件等等因素进行专业施救，并非旁观者眼中那么简单。后真相时代，仅凭事件的某一侧面或结果就妄下定言，在网络上肆意批判和攻击，也是造成媒介暴力的推手之一。

（3）相关部门：准备不足，应急失效

浙江金华市公安局在其官方微博上表示，警察是人不是神，也有职业的局限，不可能承载无限的职能。但金华市公安局也表示，综合部门在下达处置处警的指令时，应进一步考虑现场状况，让120、消防应急救援、谈判专家或心理咨询师（医生）同步联动处置。警察在接到报警后，并没有准备相应的救援预案，现场民警也未携带游泳圈、绳索等救援设备。首先，对于救援前的准备问题，也不应该一味地指责民警，因为我国的基层民警基本没有接受过专业性、高强度的训练。其次，基层派出所的救援设施和救援条件也是十分有限的，对于突发状况没有足够的硬件设施作保障。这些因素叠加在一起，最终导致了救援失败，当事民警承受千夫所指。

基于"人民至上、生命至上"理念，人们对警察是人民公仆的印象根深蒂固，但警察职业的神圣性并不代表万能，在面对一个失败的救援结果时，我们并不能用公仆的身份绑架民警保证行动成功。移动互联网时代的信息洪流中，公众不能一味地做键盘侠，尤其是在未知全貌的情况下，更不能仅凭某些片段和结果就武断定性。网络时代的信息更迭和眼球经济中，眼见也不一定为实，更不能人云亦云，盲目相信不良媒体、标题党、营销号的刻意引导，坚信网络秩序的清正需要每一位公民的科学认知和理性判断。

通过案例的分析，我们发现一名真正具有专业精神和道德良知的信息传播者，其信息选择的过程中充满着道德考验和伦理抉择。

通过对伦理学准则和伦理抉择模式的介绍，以及新闻伦理困境的案例分析，我们可以从其中汲取各种伦理思想，以此衡量自我行为是否合乎新闻伦理，应对实中遇到的伦理两难问题。在解释真相、恪守本职与伦理道德的拉锯中,注重多维度思考与综合把握,最终找到一个较合理的平衡点。

思考题

1.新闻报道与拯救生命之间是什么样的关系?

2.作为一名新闻工作者,可以如何利用新闻报道来拯救生命?

3.你认为应当如何应对媒介暴力?

4.针对网络时代突发公共事件的报道,举一你认为做的好的例子,并分析其为什么做的好。其中涉及了哪些传播主体,各主体分别起到了什么样的作用?

第三节　媒体报道与隐性采访

一、隐性采访的基本知识

(一)隐性采访的利弊

隐性采访,是国内外新闻记者惯用的一种新闻采访方式。首先,隐性采访能够被广泛接受有其客观原因:由于拍摄主体隐秘,隐性采访能够获得颇具直观冲击的一手素材,从而获得观众喜爱。采用隐性采访不仅有助于新闻媒体获得大量有重要价值的新闻,更有利于揭露社会不良问题、推动社会进步。但是,隐性采访,特别是介入式的隐性采访,也带来了很多问题,例如记者欺骗的"正当性",是对新闻人文关怀精神的违背,对隐性采访的盲目推崇也会带来受众的"审美疲劳"。

(二)隐性采访的定义

隐性采访一直是学界与业界共同关注的议题。在学术领域,陈力丹所著的《新闻学小词典》中提出:"隐性采访是指采访者不将真实身份告诉被采访者,或者只告之真实身份但不告之采访意图的采访方式。"[1]由

---

[1]　陈力丹.新闻学小词典[M].北京:中国新闻出版社,1988.

冯健等主编的《中国新闻实用大辞典》指出："隐性采访是不公开记者身份或公开记者身份但不道出采访意图的采访。"[①]甘惜分在《新闻学大辞典》中指出："隐性采访是指记者隐匿身份或采访目的进行的采访。"[②]学术领域的这三个定义大同小异，都揭示了隐性采访的主体对象、目的，但没有对隐性采访的前提进行限制。

郭镇之、展江所著《守望社会—电视暗访的边界线》是基于中央电视台新闻业务的理论总结，将隐性采访界定为"记者不暴露真实身份（包括假扮其他身份）和采访目的，在采访对象不知情或未同意的情况下，采用秘密方式获取信息，如偷拍偷录，并将其公开报道"。这个定义在电视新闻实务领域将隐性采访的方式、目的及具体手段进行了总结。牛静在《新闻传播伦理与法规：理论及案例评析》中指出："不是所有新闻都可以采用隐性采访方式，为了公共利益，在别无他法情况下才可以使用隐性采访；其次，隐性采访是记者的职业行为，是为了完成新闻报道而进行的一种特殊采访活动。这不同于社会其他成员（如警察、侦探、其他执法人员等）所采取的秘密调查活动。"[③]

综上所述，隐性采访又称暗访，是指新闻工作者在通过公开采访无法获得新闻真相的情况下，为了公共利益，在采访对象不知情或未同意的情况下获取新闻信息的采访方式。

（三）隐性采访的分类

隐性采访可以分为介入式和非介入式隐性采访两大类。介入式隐性采访，即记者假扮身份与事件当事人交往，并获得新闻信息的采访；非介入式采访是指记者不显露自己的身份而以旁观者的眼光观察，没有介入或干预事件发生发展过程而获得新闻信息的采访。

通常情况下，介入式隐性采访通过假扮身份参与到事件发展过程之中，甚至引导事件走向，是违反记者新闻职业道德规范的行为，一般不宜采用；非介入式采访中由于记者保持旁观者身份记录事件

---

① 冯健.中国新闻实用大辞典[M].北京：新华出版社，1996.

② 甘惜分.新闻学大辞典[M].河南：河南人民出版社，1993.

③ 牛静.新闻传播伦理与法规：理论及案例评析（第二版）[M].上海：复旦大学出版社：2018，73.

发展过程,并未影响事件走向因此可以适当采用,但也要依情况而定,不得过度采用。就传播效果而言,介入式比非介入式隐性采访获取的信息更为丰富,视角更为独到,这也使得许多记者不惜冒着触犯职业道德、甚至违反法律风险而采用介入式隐性采访。

二、隐性采访盛行的原因

隐性采访因其独特的采访手段和呈现方式,获得了许多受众的喜爱。自 20 世纪 90 年代起,隐性采访逐渐成为我国媒体中颇为流行的形式。隐性采访之所以如此盛行,主要基于以下几点:

（一）最大限度接近真相

在隐性采访中,记者采用偷拍、偷录等秘密方式对采访对象、事件进行记录,使得采访对象没有过多顾忌,也更容易讲出真实情况。另外,记者通过暗访拍摄到的大多是平时难以见到的场景,最大限度地再现了新闻事件发生的过程,使受众产生强烈的心理震动。例如,2011 年,河南都市频道记者崔松旺通过暗访非法控制智障劳工的黑砖窑,偷拍下黑砖窑内对智障劳工强迫劳动并施以虐待的场面,通过新闻报道展示出这些令人震撼的场面,引起了社会广泛关注。崔松旺暗访拍摄的画面还原了智障劳工工作的恶劣环境和非人待遇,反映了事实真相,极大地保证了新闻的真实性。

（二）更好实现论舆论监督

记者可以通过隐性采访方式获取其他采访手段难以获得的真相,从而引起社会的关注,促进社会问题解决。例如,2014 年的东莞扫黄事件中,央视《新闻直播间》栏目通过隐性采访发现,广东东莞市多个娱乐场所存在招嫖卖淫行为。节目曝光后,东莞市政府统一部署全市查处行动,共出动 6525 名警察,对东莞全市所有桑拿场所、娱乐场所同时进行检查行动,并针对节目曝光的多处涉黄场所进行清查抓捕。东莞扫黄事件中,如果记者提前表明身份,就很难了解真相,如果记者不采用暗访,便可能会出现犯罪嫌疑人毁灭证据、转移证据等情况。此次事件中,公开身份的采访还可能危及记者人身安全。此时,隐瞒采访动机,隐匿采访装备,深入到被封锁的采访环境,便于获知事实真相,更好地发挥媒体的舆论监督作用。

（三）刺激受众好奇心,提升媒体关注度

隐性采访能够获取场面震撼的独家新闻,一方面极大满足了受众好奇心,提升对媒体的关注度和好感度,提高媒体的收视率和发行量。另一方面,媒体也因受众喜爱不断推出隐性采访新闻。央视的"3·15"晚会自播出以来,一直以隐性采访方式披露社会问题,揭穿了无数骗局、陷阱和黑幕。每年"3·15"晚会曝光的各类问题都会引起很大的社会反响,成为当时的热门新闻,这也使观众对"3·15"晚会充满了期待。例如,2020年"3·15"晚会曝光知名快餐连锁品牌"汉堡王"在食品标准和保存方式的实际执行中,存在严重问题。经过媒体曝光,引起了社会广泛关注,汉堡王中国做出回应,成立工作组并对这些餐厅进行停业整顿调查。

（四）媒体过度推崇隐性采访

运用隐性采访能够提升受众对媒体的关注度,进而提高媒体好评度,因而大批媒体中出现了对隐性采访盲目崇拜的风潮。随着技术进步,摄录设备的微型化使偷拍偷录的隐蔽性不断增强,实施起来更加简便易行,偷拍偷录开始在各类媒体大行其道,成为一些记者完成任务的"常规武器"和对付采访障碍的"杀手锏",甚至出现了一股记者以暗访能力强而自豪的行业潮流。对隐性采访的迷信和盲目崇拜已经成为当前市场环境下媒体的一种集体潜意识。

三、隐性采访经典案例分析

（一）南方都市报记者替考事件

1. 案例概述

2015年6月7日,全国高考第一天上午10点49分,南方都市报在其新闻客户端、微信公众号同时发布文章《重磅!南都记者卧底替考组织此刻正在南昌参加高考》,文章表示"日前,南都记者卧底了一个高考替考组织,湖北个别高校多名大学生加入……包括南都记者在内的多名'枪手'正在江西南昌一些高考点参加考试……目前,南都记者已向当地警方报案",引发了广泛关注。卧底记者直接进入考场替考是否"与新闻伦理或法规上有冲突"也引发讨论,当事记者回应称,南都前后方联动,后方同事配合发稿,并主动联动了警方调查①。

2. 案例分析

南方都市报记者卧底替考组织内部获取信息的行为属于隐性采访。在南都文章发表后,人民日报、央视新闻官方微博等账号关注事件并转发,引发众多网友热议。对于南都记者卧底替考组织并参加高考的行为,支持与反对声并存。

支持方认为,隐性采访是一种合理的采访方式。高考事关千家万户,揭露替考黑幕与公共利益密切相关联。在记者没有其它方式了解到替考的具体流程与真实情况,卧底替考组织确实是记者经过了充分考虑的"最后选择",何况记者在进入考场前已经向警方报备。

反对方认为,伪造证件违法,为了隐性采访替考也是违法,记者在已经拿到了准考证等充分证据的情况下,没有必要再试探法律边界进入考场。根据南都文章描写,记者进入考场前已经拿到了定制的准考证、身份证,已经知晓了整个替考组织的运作大体流程,证据已经充分证明替考组织的真实存在于真实运作。因此有反对方认为,记者进入考场,在一定程度上是为了博取更多的关注,在高考进行中发表文章可能会干扰办案与其他考生考试。

实际上,根据后续记者方回应,可以知晓记者是在考试结束后才表明身份,并没有直接影响其他考生考试。记者进入考场是向警方提前报备过的,因此警方应提前知晓文章的发布以及记者的"替考"。因此记者卧底虽然确实参与了高考舞弊的过程,非常有限地危害了"高考管理秩序",但危害小,且将事件曝光,保障了公众的知情权。同时,南都也提前进行了报备,使得教育与公安部门及时介入,第二天(8 号)下午警方即抓获一名犯罪嫌疑人,有效地打击了替考组织的高考舞弊犯罪。文章发表当天下午,该考点出现大量考生缺考,通过舆情压力与官方行动一并避免了舞弊者被录取的不公发生，提高了社会公信力。在这个层面上，记者卧底替考以及发表文章的法益更大，记者的行为并不属于"违法""犯罪"，而是一次警媒联动。

总而言之，南都记者采用卧底的隐性采访方式是合情合理的，是为维护公共利益、获取足够证据与信息的情不得已的最后选择，程序正当，从结果看是较为成功的一次隐性采访。但文章的发布与传播是否有更加合适的时间节点、记者是否应当进考场替考面临的诸多争议也提醒我们：隐性采访应当慎之又慎，需要根据具体事件，权衡报道带来的某些负面结果和事件给公众利益的保护孰轻孰重。

(二) 上海电视台"福喜事件"报道

1. 案例概述

因部分食品被退货或中止订单，造成大量积压，在福喜母公司深加工事业部总经理授意下，一批批回收食品、超保质期的食品被作为原料再生产。上海电视新闻记者卧底多月，调查上海福喜食品公司，2014年7月20日，据上海广播电视台电视新闻中心官方微博报道，麦当劳、肯德基等洋快餐供应商上海福喜食品公司被曝使用过期劣质肉。2014年7月20日晚节目播出后，上海食药监部门连夜出击，表示部分文字证据已被控制。而后上海市公安局介入调查，对22家下游食品流通和快餐连锁企业进行紧急约谈，上海食药监部门已经要求上海所有肯德基、麦当劳问题产品全部下架，麦当劳、必胜客、汉堡王、德克士等封存福喜产品约100吨，22日，福喜公司相关责任人承认，公司一贯使用过期原料，且该"问题操作"由高层指使。2014年7月26日，福喜母公司OSI集团宣布，必须从市场中收回上海福喜所生产的所有产品。7月30日，汉堡王美国宣布全面停止向美国福喜集团中国子公司的采购①。

2. 案例分析

福喜事件是一次成功的隐性采访。福喜事件在隐性采访的适用

---

① 老庄.卧底记者：暗访福喜怎样守住底线[E]. http://www.360doc.com/content/14/0723/00/2283188_396400997.shtml.2014-07-23.

范围之内,符合隐性采访原则。福喜事件作为食品安全事件,涉及了麦当劳、肯德基等多家大型连锁餐饮企业,与公众利益紧密相关,不违法,也不涉及国家机密、商业机密与公共利益无关的公民隐私。同时,隐性采访应当是最后的选择。

在《卧底记者:暗访福喜怎样守住底线》一文中,记者表示卧底福喜确实是最后的选择。一名福喜公司的前员工向记者爆料,记者和爆料人也在暗访前去过福喜公司所在地,期望通过正面采访获取有用信息,然而"在这样一所封闭式的现代工厂面前,我们一无所获"。记者认为通过外围式的采访无法拿到有力的证据,无法深入到更深的层面,只能通过谨慎的卧底暗访来做实证性报道,获取足够的具有说服力的合法证据。

暗访记者决定暗访福喜还有更多考虑:"不想通过假扮采购商的方式,诱导福喜的工作人员说出一些有倾向性的话。当然,我们还要保证个人和监督对象之间不能有任何利益往来。"其本身即秉持着探寻真相、展示真相的态度进行暗访,保持没有利益往来不仅是遵循隐性采访原则与追求新闻真实,也为暗访记者自身提供坚实后盾。

作为批评性报道,福喜事件报道整体非常谨慎。在证据的选择上,选用的都是非常确定的合法性证据,形成了确凿的证据链,为报道提供了法律依据,避免陷入纠纷。报道的语言组织与图像组织也非常客观谨慎,避免具有引导性、渲染性的语句,多用白描类的平铺直叙,避免盲目指责肯德基、麦当劳等合作产业为过错方,表明不确定肯德基、麦当劳对福喜事件的知晓程度。同时,福喜事件在报道过程中也充分保护了相关人员隐私,进行了图像与声音的处理。

福喜事件并没有草草结束。在东方卫视关于福喜事件的后续报道之中,记者跟随食药监管部门工作人员一并查封了福喜工厂,发现了真实账目等并向大众展示,起到了很好的舆论监督作用。

综上,福喜事件的暗访记者在暗访前、中、后的做法都非常具有参考意义,一并使得福喜事件被客观真实地揭露,是一场真实有效的舆论监督,是一次教科书式的隐性采访案例。我们从中可以汲取其成功经验。另一方面,福喜事件之中,揭黑者是记者,是媒体,一定程度说明当时的食品监督出现了一定纰漏。而如今,媒体揭露食品安全问题已经成为一种家常便饭,媒体不能成为食品安全监督的唯一渠道,公众也应当增强自身防范意识,相关部门也应当增大监管力度,从而一并保障食品安全。这或许是福喜事件给予我们的启发。

(三)"3·15"曝光"汉堡王"事件

1.案例概述

2020年3·15晚会接到内幕人士举报,汉堡王的标准在实际执行中,存在严重问题。记者随后前往南昌进行调查,在汉堡王天虹广场店中进行暗访,了解到汉堡王员工因为"老板抠门"而偷工减料,如少放一片芝士就交给顾客。记者还发现汉堡王在食物的保存和制作方式上也存在严重问题:将应当被丢弃的食材重新放进保温箱使其变为"新鲜"的、面包保质期随意更改等。而后记者问店长总部是否知情,店长表示总部也是从基层店长做起、知道更改面包保质期事件的存在。汉堡王中国在7月16日被爆出当晚做出回应,称已经关注到央视3.15晚会提及的江西南昌汉堡王餐厅管理问题的报道,汉堡王中国目前已经成立工作组并对这些餐厅进行停业整顿调查①。

2.案件分析

近年来,隐性采访常常用于监督食品安全领域,从之前成功的"福喜事件"到今天的"汉堡王偷工减料、使用过期食材"等等,都展示出了隐性采访在食品安全监督方面的特别作用。

食品安全问题、特别是汉堡王这种大型连锁餐饮店的食品安全问题,本身就事关千家万户的利益,媒体关注食品安全问题正常且必要。在这种情况下使用隐性采访,可以最大限度地逼近事实真相,更好地实现舆论监督。在接到内幕人士的爆料负面信息后,因汉堡王的工作人员自身利益限制,正面采访是难以突破的,选取隐性采访的方式进行合法的调查取证是符合隐性采访原则的。

从爆料视频来看,记者在采访中不存在明显的引导性话语。记

---

① 央视财经.汉堡王用过期面包做汉堡　鸡腿排保质期随意改[E]. http://finance. china.com.cn/consume/20200716/5320082.shtml. 2020-07-16.

者先是客观展现了在培训当中汉堡王本身存在规范化的操作模式以及配料数额,而后发现员工存在少放芝士片等偷工减料、随意更改面包日期和把过了新鲜保质的肉饼重新放到柜中的不正确行为,并询问相关工作人员来确定该行为确实普遍存在。记者后来又到同在南昌市的其它汉堡王店铺进行调查,发现其它店铺也都对这种行为见怪不怪,一定程度佐证了该现象并非单家汉堡王的特殊行为,为报道增加了可信度,同时也提升了新闻价值。记者在汉堡王的这一系列调查取证的过程当中既不存在违法,也不存在恶意引导,在报道中整体呈现也偏向于叙事,较为客观冷静,与"福喜事件"类似,是较为正确成功的隐性采访案例。

但是值得一提的是,近年来利用媒体隐性采访来曝光食品安全问题的事件越来越多,特别是针对汉堡王等大型快餐连锁企业。虽然这种情况可能会造成观众的审美疲劳,但是频发的食品安全问题的曝光有很大一部分都来源于隐性采访。"汉堡王事件"后,网络上针对此事讨论度较高,汉堡王公司也给予了非常及时的反馈,证明该隐性采访确实起到了一定的舆论监督作用。尽管快餐连锁企业有不少爆料,公众对于类似事件的关注度却没有减少,更是说明食品安全问题与公众生活存在高相关度,对于这类隐性采访公众也保持较为支持的态度。但是媒体不可能对所有可能存在问题的相关厂家或店面进行隐性采访,特别是一些规模较小、可能无法引起足够关注度的食品厂家店面,因此食品安全的监督不能只依靠于媒体的隐性采访,更要建立起一个更全面的监督体系。

四、隐性采访的基本原则

(一)合法性原则

强大的经济效应使得媒体中出现了对隐性采访方式的过度追求,为了避免违背新闻伦理准则,新闻从业者在使用隐性采访的过程中需要遵循一定的原则,首先就是要守住法律的底线。在法律允许的范围之内进行合法的新闻采访,这是记者进行新闻采访的前提,在隐性采访中,记者应该采取更为谨慎的态度和方式,避免触犯法律,造成法律纠纷。我国法律对国家机密、未成年人、商业机密等都有专门的规定,记者在进行隐性采访时,必须遵守这些规定。合法性原则是隐性采访的底线,知法懂法也是新闻从业者对自身的保护。

（二）公共利益至上原则

隐性采访这一非正当信息获取方式只有与"公共利益"相关时,才被视为具有伦理正当性。"公共利益原则至上"遵守"大多数人受益"原则,它是基于价值排序做出的选择。坚持公共利益原则至上,是指只有当隐性采访在结果上"保护公众健康与安全,或帮助发现、阻止、揭露丑闻、权利滥用以及严重的违法犯罪行为,或使公众免遭被严重误导的危险"时,使用隐性采访才具有正当性。其他时候,即使是对公众性人物和公共事件的采访,所获取的涉及个人隐私的内容在报道时也要有所选择,与公共利益无关的就没必要披露[①]。

（三）最后选择原则

"最后选择原则",又称"别无他法原则",是指只有在通过公开采访等方式无法获得真实信息的情况下,才可以选择使用隐性采访。隐性采访在某种程度上来说,极易产生道德过错,不应作为记者常用的采访方式。很多国家的媒体规范在认可公共利益的前提下,要求只有"别无他法"时才可以使用隐性采访。例如,德国《新闻工作伦理准则》规定:"只有在处于公共利益的需要且其他手段已无法奏效时,秘密调查的手段才可能作为个案而被接受。"

（四）暗访与明访相结合

相对于其他采访方式,隐性采访获得的信息容易单面化和片断化。所以,如果条件允许,记者在隐性采访之外还需公开采访,从而保证信息的全面性与准确性。采用明暗结合相互印证与平衡报道,是比较理想的新闻报道形式,记者在运用隐性采访方式时应注意这一点,宁愿采访累一点,也不要播放、刊载片面的、仅靠隐性采访获得的不准确的信息。尊重采访对象,这也是新闻职业伦理中人文关怀的基本要求。

---

① 牛静.新媒体传播伦理研究[M].北京:社会科学文献出版社,2019,213.

（五）具体案件具体分析

虽然可以遵循"公共利益至上原则"和"别无他法原则"来进行伦理选择，但是每一次隐性采访所面临的问题、所处的情境都是不同的，这就决定了伦理原则只可以提供一些指导并非解决所有隐性采访争议的万全之策。所以，媒体从业者在决定是否要以隐性采访的方式获取信息时，要具体案件具体分析。"具体案件具体分析原则"要求将隐性采访的动机、手段和结果都考虑在内。总的来说，新闻工作者在进行隐性采访的伦理选择时，需要在奉行基本的伦理原则基础上，根据所处情境进行多方面考量，最终做出一个具有较少伦理争议的决定①。

综上，审慎进行隐性采访，在采访前、采访中、采访后都要特别注意。首先，在采访前，需要确定是否可以适用隐性采访：是否有关公共利益，是否合法，是否侵犯隐私，是否只能通过隐性采访来获取信息等。如果确实适用于隐性采访，也要做好访前准备，充分了解已有信息证据与被监督对象。其次，在采访中，要追求客观真实。隐性采访时，要更加注意尽量避免介入式采访。避免介入式采访，一是要尽量避免通过假扮身份、与被监督者产生利益往来介入事件发展、获得具有倾向性的信息，二是要避免引导性话语或行为干预事件发展。因此在隐性采访中，对记者具有颇高的职业素养要求，记者需要以旁观者的姿态观察事件发展，还要采集到足够的合法证据来佐证报道的真实性，为自己与报道争取到法律支持，避免因被质疑信息不实而陷入法律纠纷。在组织报道时注意保护隐私，谨慎客观进行报道。要选择有把握性的证据，要遵守新闻的真实性原则，避免形容词与主观的渲染，应当以平铺直叙式的语句，简明直接报道。报道也要避免一味单纯揭黑，尽量给予相关企业、部门、公众一定的启发意义。最后，在采访后，如果条件允许，记者还需要通过公开采访补充信息，避免片面化报道，通过明访与暗访相结合，保证信息的全面性与准确

① 牛静.新闻传播伦理与法规：理论及案例评析（第二版）[M].上海：复旦大学出版社,2018, 90.

性。尊重采访对象,保护当事人隐私,这也是新闻职业伦理中人文关怀的基本要求。

思考题

1. 什么是隐性采访?

2. 隐性采访有哪些利弊?

3. 隐性采访是否会侵犯肖像权?

4. 媒体对待隐性采访的态度应该是什么?

5. 在何种情况下可以采取隐性采访?

6. 除以上案例外,还有什么你认为较为经典的隐性采访案例。请分析该案例中的合理之处,如果该案例有争议点,请指出并展开分析。

第十章　新闻报道与新闻寻租

第一节　新闻寻租的基本概况

一、新闻寻租的定义及发展历程

新闻事业逐渐走向市场化,新闻机构独立经营、自负盈亏,身处其中的新闻从业者面临着政治经济、职业伦理的多重压力。当这些制约媒体及从业人员的因素产生矛盾的时候,处理不当就会引发新闻寻租。

"寻租"(rent-seeking)是 20 世纪 70 年代在应用经济学理论中提出的,它的基本特点是"直接非生产性的寻求利益的活动"①。寻租是利用资源通过政治过程获得特权,从而构成对他人利益的损害大于租金获得者收益的行为②。寻租一直是经济管制和政府失灵研究中的一个重要问题。20 世纪 90 年代中期,"寻租"这一概念被引用到新闻传播学领域,学者们开始基于新闻寻租理论对有偿新闻、新闻敲诈等现象进行研究③。

目前关于新闻寻租的定义较多。瑞士经济学者 G.霍斯普(G.Hosp)曾提出"媒体寻租社会"(the media rent-seeking society)的概

---

①　王博."新闻寻租"何以成为"常规行为"—从制度经济学视角解读新闻寻租[J].兰州学刊.2008(12):167.

②　塔洛克 G, Tullock G.寻租:对寻租活动的经济学分析[M].西南财经大学出版社,1999.

③　宋梅."有偿新闻"与寻租行为[J].报刊之友.1996(3):20.

念,界定其为媒体凭借左右公众"注意力"的强大威力,带来非经济的好处,进而可转化为相应的经济利益的各种形式的媒体租金①。我国研究者指出新闻寻租是指新闻界或新闻从业人员利用新闻宣传和舆论监督的权力,转移财富分配,为团体或个人谋求不正当利益,获得、索取好处的一种行业腐败行为,同时也是对其他社会利益造成损失的一种非生产性寻利活动②。也有观点认为新闻腐败的本质就是新闻寻租③,"任何一种传媒腐败说到底就是一种新闻寻租关系,即媒体或媒体从业者利用新闻传播权利获得潜在不正当利益机会的非法违规新闻操作,寻租者想通过非法、违规支付利益的形式来谋求新闻资源的使用权"④。

有人认为新闻寻租与有偿新闻、软广告、广告新闻等同,也有人认为新闻寻租是一种腐败行为,这些观点对界定新闻寻租有一定的借鉴意义,但都有较大的局限性。

新闻寻租并不是当今社会所独有的现象。在传媒业发展比较早的欧美国家,最先也经历了新闻寻租的乱象,如当时的"报刊为大商业效劳,而且有时让广告客户控制其编辑方针和编辑内容"⑤,但经过治理已有好转。

在我国,新闻寻租现象由来已久,它在不同时期的表现有所不同,研究者梳理出如下发展历程:

第一时期,以正面宣传或软文居多,20世纪80年代媒体由政府直属单位转型为企业化运作的事业单位,记者通过正面宣传获得回报。至80年代末,出现了介于新闻报道与广告推销之间的"软文";

第二时期,20世纪90年代"红包"与"车马费"盛行,记者参加新

---

①　G. Hosp. The Media Rent-Seeking Society: Differences in Democratic and Autocratic Environments[J]. Social Science Electronic Publishing. 2004(02):33.

②　王博."新闻寻租"何以成为"常规行为"—从制度经济学视角解读新闻寻租[J].兰州学刊.2008(12):167.

③　钱贤鑫,郭佳.媒体腐败的权利寻租分析及防治[J].当代社科视野.2012(7—8):74-76.

④　陈翔."新闻寻租"的表现形式[J].新闻界.2005(1):82-83.

⑤　张昆.中外新闻传播史[M].上海:高等教育出版社,2008,10.

闻发布会拿"车马费"的现象逐渐成为常态。大量采编人员流入公关公司加剧了这一现象；

第三时期，20世纪末，报刊由"卖方市场"转入"买方市场"，以揭黑实现新闻寻租成为一种新的形式①。如今，网络新媒体环境下的新闻寻租形式更是多样，有偿新闻、广告新闻、新闻敲诈等现象都时常并存。

社会各界对我国新闻寻租乱象的揭露和批评并不少。2012年4月4日，《纽约时报》发表文章《中国媒体有偿报道乱象》，揭露了当下中国媒体普遍存在的有偿新闻现象，并引用了中国社会科学研究院新闻所研究员孙旭培的话，"腐败在今天的中国已经成为一种生活方式，不过，发生在传媒领域的腐败比在其他领域的后果更加严重，因为它让人们感觉什么都不能信任"②。在21世纪报新闻敲诈案发生后，2014年《人民日报》发表时评《守住底线，才有媒体公信》，公开批评媒体中出现的新闻寻租现象，并提出媒体运营出现的困难绝不是媒体新闻寻租的理由③。

二、新闻寻租的分类

（一）有偿新闻

指"新闻机构向要求刊播新闻者收取一定费用的新闻。一些新闻机构为解决经费不足以及其他目的，按占用版面大小（报纸）、播出时间长短和录制费用（广播、电视）向要求刊播新闻者收费"④。

主要表现形式为"提供有偿的版面或播出时间，刊发各种形式的'含金'报道；混淆新闻与广告的界限，大搞'广告性新闻'或'新闻性广告'；新闻从业人员利用自身的特点和便利条件，接受企业提供的种种优厚待遇，甚至向被采访报道的对象索取现金、有价证券、实物

---

① 罗昌平.拆解"新闻寻租链"[J].南方传媒研究.2009(16).

② 大卫·巴尔沃萨.中国媒体有偿报道乱象[N].纽约时报（纽约版）.2012-04-04（A1）.

③ 贾壮.守住底线，才有媒体公信[N].人民日报.2014-09-12（05）.

④ 甘惜分.新闻学大辞典[M].河南：河南人民出版社，1993.

或其他特殊待遇"①。

【案例 10-1 《新快报》陈永洲有偿新闻事件】

2012 年 9 月 26 日—2013 年 6 月 1 日,《新快报》记者陈永洲发表了 10 篇有关中联重科股份有限公司(该公司地处湖南省长沙市)"利润虚增""利益输送""畸形营销"及涉嫌造假等一系列批评性报道。随后,陈永洲被长沙警方跨省追捕。2013 年 10 月 30 日,长沙市岳麓区人民检察院对新快报记者陈永洲以涉嫌损害商业信誉罪批准逮捕。而后,陈永洲承认收受他人钱财,发表针对中联重科的负面报道,《新快报》致歉,陈永洲获罪受刑。

2012 年 9 月 26 日—2013 年 6 月 1 日,《新快报》刊发了《中联重科再遭举报财务造假记者暗访证实华中大区涉嫌虚假销售》等文章,报道了中联重科在华中大区涉嫌销售造假事件。

2013 年 7 月 10 日、11 日,中联重科董事长助理高辉在微博上将陈永洲的记者证及身份信息公开,称相关报道为虚假报道。

2013 年 8 月 7 日,新快报社、陈永洲本人以涉嫌侵犯名誉权对中联重科股份有限公司及高辉提起诉讼,广州市天河区人民法院立案。9 月 16 日,长沙市公安局直属分局以涉嫌损害商业信誉罪对陈永洲予以立案。

10 月 15 日,长沙市公安局直属分局发出网上追逃。期间,陈永洲一直蒙在鼓里,并处于正常工作状态。10 月 17 日,在报社正常工作的陈永洲接到警方电话,称要向他了解关于此前陈宅失窃一事。10 月 18 日,陈永洲与妻子共同来到约见地点,结果被长沙警方带走。10 月 21 日,陈永洲妻子委托的律师在长沙市第一看守所会见了陈永洲,了解相关案情。

10 月 23 日,《新快报》针对记者陈永洲被跨省刑拘发表声明,并连续多天在报纸上发表声明请求放人。

10 月 30 日,长沙市岳麓区人民检察院对新快报记者陈永洲以涉嫌损害商业信誉罪批准逮捕。而后陈永洲承认收人钱财,搞有偿新

---

① 黄瑚.新闻法规与职业道德教程[M].上海:复旦大学出版社,2006,299-300.

闻故意抹黑中联重科,《新快报》向社会致歉。

2014 年 10 月 17 日,长沙市岳麓区人民法院以损害商业信誉罪,非法国家工作人员受贿罪,判决陈永洲 1 年零 10 个月。

【案例 10-2　《中国经济时报》郗永丰有偿新闻事件】

2012 年到 2013 年间,《中国经济时报》河南记者站副站长郗永丰利用记者身份,打着新闻工作监督的旗号,以曝光企业负面新闻为手段,向中国移动南阳分公司、兰考县南漳镇、潢川县教育局等地方企业和政府部门进行敲诈和勒索,谋取个人利益。2014 年,郗永丰以贪污罪、受贿罪、介绍贿赂罪被判处有期徒刑 7 年,同时,国家新闻出版广电总局给予中国经济时报社撤销河南记者站的行政处罚。

2011 年春,郗永丰、刘云涛采访河南兰考县某企业涉嫌污染等问题。郗永丰收受了该企业 5 000 元现金并与刘云涛各分得 2 500 元。此后,郗永丰未对该企业进行公开报道。2011 年年底,郗永丰、刘云涛先后两次到河南省潢川县采访该县教育局涉嫌违规建楼和该县某镇干部涉嫌违规建房及打人事件,并由刘云涛撰写新闻稿件发给该县有关部门主要负责人。潢川县有关部门先后给了郗永丰 1.8 万元现金,郗永丰、刘云涛各分得 9 000 元,未对潢川县涉嫌违规的问题进行公开报道。

2011 年夏,李国鹏采访河南省某房地产公司涉嫌违规问题。郗永丰受人请托,通过耿付安和乔国栋出面协调李国鹏停止"曝光"该企业。事后,郗永丰收受该企业现金 3 万元。自 2011 年至 2013 年,郗永丰两次受某银行委托,通过乔国栋出面分别游说李国鹏及某新闻单位记者停止曝光该银行负面消息。事后,郗永丰收受该银行 9 万元现金,其中他分得 2.5 万元。

2012 年春,郗永丰、刘云涛利用采访河南南阳移动公司之机,向该公司负责人发去该公司涉嫌话费虚高的批评稿件,迫使该公司支付 5.8 万元在《中国经济时报》刊发标题为《以人为本筑和谐　凝心聚力促发展——南阳移动精神文明建设巡礼》的报道。事后,郗永丰将钱占为己有。

2013 年 9 月 13 日郑州市人民检察院依法对郗永丰决定逮捕,同年 9 月 14 日由郑州市公安局建设路分局执行逮捕。中原区检察院指控郗永丰涉嫌贪污罪、受贿罪、介绍贿赂罪。

2014 年 3 月,河南省郑州市中原区人民法院一审判处郗永丰有期徒刑七年。中国经济时报社河南记者站被撤销。《中国经济时报》发文深刻致歉,表示愿意整改工作并接受社会各界监督①。

（二）有偿不闻

指通过给媒体人员一定的费用将负面新闻或批评性稿件撤除,在矿难、事故等新闻报道中出现得比较多。

【案例 10-3　山西霍宝干河煤矿矿难"封口费"事件】

针对一些媒体和网站近日刊登的"山西霍宝干河煤矿瞒报一人死亡事故,向记者发'封口费'"的消息,新闻出版总署和山西省委、省政府于 2008 年 10 月 25 日、27 日先后两次派出调查人员进行调查。新闻出版管理部门于 2008 年 10 月 29 日向媒体通报了初步掌握的核查情况。据新闻出版总署下属的中国新闻出版报报道,此次"封口费"事件中,共有六家媒体收取费用,其中一家属假冒。

发生矿难事故的山西霍宝干河煤矿位于山西临汾市洪洞县堤村乡干河村,2008 年 9 月 20 日该煤矿发生一名矿工死亡事故。死者叫吉新红,41 岁,山西洪洞县曲亭镇北柏村人,该矿已作赔付并于 9 月 22 日安葬。事故发生后矿方瞒报,引发所谓"封口费"事件。目前该公司董事长和党总支书记因此已被免职。

据调查人员向矿方核实,矿难事故发生后,来霍宝干河煤矿的人员多、成分复杂,确切人数难以统计。据矿方提供的进门登记表显示,9 月 24 日、25 日两天共有 23 家"媒体"的 28 人登记来访。据初步核查,其中持有新闻出版总署新闻记者证的有 2 人,其他都不持有新闻出版总署颁发的新闻记者证。

经初步调查,以采访名义登记的人员中,只有少数是记者或新闻单位工作人员,多数是假冒在新闻单位的"假记者"。

---

① 新华网.《中国经济时报》一版发文致歉深刻反省郗永丰案[E]. http://news.xinhuanet.com/2014-04/29/c_133296983.htm.2014-04-29.

山西霍宝干河煤矿确认,发生事故以来,煤矿以订报费、宣传费、广告费、购买安全教育光盘等各种名义给 6 家媒体支付了总计 125 700 元的费用。

其中向山西《科学导报》支付 10 000 元宣传费,向《山西法制报》临汾发行站支付 2 000 元订报费,向中国教育电视台"安全现场"栏目支付 19 200 元资料费,向假冒中央媒体的假记者支付 34 500 元宣传费,向《绿色中国》杂志支付 10 000 元会员费。另外,向山西广播电视总台支付 50 000 元,但矿方称:"山西广播电视总台确实为我矿试生产工作做了正面宣传报道,这次之前已来采访过两次。"目前,假冒中央媒体的假记者已经被移交司法立案侦查。

另外,矿方人员反映,一些来矿采访人员说车内汽油不够,要求帮助解决加油问题,干河煤矿没有加油站,该矿工作人员就向他们每人支付了 300 元~500 元不等的加油费共计 1 900 元。此事有关部门正在做深入调查。

新闻出版总署新闻报刊司相关负责人表示,新闻出版行政部门将继续进行调查,对于新闻单位的记者和工作人员收受钱财或进行新闻敲诈等行为将严肃处理,直至清理出新闻队伍;对于管理不严甚至鼓励记者搞"有偿新闻"的单位要发"黄牌"停业整顿;对于假记者要加大打击力度,涉嫌犯罪的移交司法机关处理。[①]

(三)新闻敲诈

指真记者、假记者以媒体曝光威胁、要挟当事人,从而非法获取财物的行为[②]。

【案例 10-4　21 世纪网新闻敲诈案】

2014 年 9 月 3 日,21 世纪网涉嫌新闻敲诈被披露,随后引发 21 世纪报系的连续震荡。据调查,21 世纪网通过公关公司招揽介绍和新闻记者物色筛选等方式,寻找具有"上市""拟上市""重组""转型"等话题的上市公司或知名企业作为"目标"对象。对于愿意"合作"的

---

① 中国新闻网.山西矿难封口费事件六家收钱媒体被曝光[E]. http://news. sina. com.cn/c/2008-10-30/163516557819. shtml. 2008-10-30.

② 陈建云.新闻敲诈,该当何罪? [J].新闻记者.2014(7):45-51.

企业,在收取高额费用后,通过夸大正面事实或掩盖负面问题进行"正面报道",对不与之合作的企业,在 21 世纪网等平台发布负面报道,以此要挟企业投放广告或签订合作协议,单位和个人从中获取高额广告费或好处费。

"签订合同后,我们网站会将这些企业名单统一交给采编部记者,要求他们不要撰写这些企业的负面新闻。但有些记者还是撰写报道了其中一些企业的负面新闻,此时公关公司就会启动'紧急公关机制',和我们立即沟通,要求我们撤稿。"负责人刘冬在接受讯问时说,从网站经营的角度出发,对于有长期合同、关系较好的公司,21 世纪网就会马上撤稿;对于关系一般、短期合同的公司,21 世纪网的广告部会在财经公关公司的协调下,要求对方增加广告投放费用或者延长广告投放年限。

据了解,21 世纪网作为国内公认的三大财经媒体之一、21 世纪报系旗下专业的新闻网站,有自己的采编团队。自 2010 年 4 月起,21 世纪网与 100 多家 IPO 企业、上市公司建立了合作关系,向每家企业收取 20 万至 30 万费用,累计数亿元[①]。

21 世纪网新闻敲诈案中的相关嫌疑人被处以刑事处罚。2015 年 4 月 30 日,国家新闻出版广电总局向社会通报了对 21 世纪网新闻敲诈案件的行政处理情况,21 世纪网被责令停办。[②]

【案例 10-5　格祺伟假借记者身份敲诈案】

2013 年 8 月 29 日,自称全媒体记者的格祺伟被捕。2011 年,格祺伟在时任《现代消费导报》副社长张桓瑞的授意下,以现代消费导报网站"现代消费网"新闻中心副主任的身份进行"采访报道",长期假冒记者身份,在网络上先后发表云南赛家鑫李昌奎案、安徽合肥少女烧伤毁容案、女大学生身患绝症遭生母抛弃等一系列网络敏感热点事件文章成为网络红人,在网络上具有一定的影响力。格祺伟多

---

① 央视网.21 世纪报系新闻敲诈案宣判总编获刑 4 年罚款 6 万[E]. http://m. sohu. com/n/432411135/. 2017-06-05.

② 京华时报.21 世纪网新闻敲诈案:收百余家企业数亿"保护费"[E]. http://www. chinanews. com/f/2014/09-11/6579250_4. shtml. 2014-09-11.

年间采用非法调查类手段大量搜集负面信息,打着舆论监督旗号恶意炒作,以此要挟实施敲诈勒索犯罪活动。

格祺伟在被捕之前,在网络上是具有一定影响力的"大 V"。他并非完全没有受过职业训练、仅仅以"舆论监督"之说进行敲诈勒索,而是从新闻专业本科毕业、曾在多加报社和网络媒体实习工作的。也正是因此,格祺伟的"记者"身份更具有迷惑性,方便打着记者名号进行"新闻寻租"。

格祺伟曾经发表过一系列具有影响力的热点文章,这些文章确实是按照新闻写法所写,也产生了一定舆论监督的效果。2011 年 4 月,格祺伟所写的《湖南常宁市卫生局领导班子 20 人》发表,湖南常宁市对该市卫生局领导班子组织调查,随后 6 名副局长被免职。而后发表的《网曝耒阳财政官员挪用国资 2 000 万》牵涉出系列贪腐案。2011 年 5 月,《法官工作日开警车去种田》引发广泛讨论。其于 2011 年 7 月 3 日推出的《云南赛家鑫李昌奎》、2012 年 2 月 25 日推出的《90 后少年求爱未遂烧伤毁容 17 岁少女》更是成为舆论热点,引发各界关注讨论。

2013 年 4 月,格祺伟写文章关注了《衡阳日报》在衡阳新市委书记李亿龙上任后 5 天 3 换报头事件。几个月后,衡阳市公安局以涉嫌寻衅滋事罪刑拘了格祺伟。《衡阳日报》在两天后报道称,衡阳市副市长、市公安局局长周学农亲自研究抓捕方案,并抽调刑侦支队、网技支队精干力量抓获格祺伟。2016 年 4 月 8 日,当事人李亿龙被湖南省纪委宣布涉嫌严重违纪,接受组织调查。

而对于格祺伟,公诉机关指控,格祺伟编造虚假信息在网络上散布,造成了严重的公共秩序混乱,涉嫌寻衅滋事罪。同时,格祺伟被指控从 2010 年到 2013 年 8 月,在衡阳地区共实施敲诈勒索 10 次,涉案金额 57.3 万元。此外,2011 年开始,格祺伟与时任现代消费导报社副社长张桓瑞等 5 人组成敲诈勒索团伙,在浙江、河北等省共实施敲诈勒索 5 次,涉案金额 68 万元。

根据澎湃新闻报道,格祺伟的辩护律师为格祺伟做无罪辩护,"律师在辩护词中称,辩方指控格祺伟涉嫌敲诈的证据,只能证明其的确写过针对这些单位或个人的稿件,而这些稿件所涉及的内容,公诉方并没有任何证据证明这些内容虚假或不实,格祺伟是在履行媒体的监督职责;认定政府及政府部门、企事业单位是敲诈勒索罪的受害人不符合法律规定;对于涉嫌寻衅滋事罪的指控,格祺伟通过网络发表的信息基本属实,并不存在刻意编造的主观动机,此外没有证据证明因为涉案信息的发布造成了公共秩序的混乱"。

湖南日报、新华社记者梳理了格祺伟团伙的发展轨迹,称格祺伟成为网络意见领袖后逐渐开始通过虚构、夸张等手段以曝光负面信息或删帖进行"新闻寻租",2011 年开始与张桓瑞等人一行有分工、有预谋地敲诈。报道称,"格祺伟等人的所作所为引起公愤,许多党政机关、企业高管、社会名流以及百姓深受其害。据不完全统计,短短三四年时间里,祁东县大部分党政部门和知名企业、社会名人都被他敲诈过……有的居民家因通风需要,自行给房屋加窗,或者因担心漏雨在楼顶加隔热层,这在祁东农村是常见现象。格祺伟知道后,说这是违建,要'报道出去',当事居民只好低声下气请格吃饭"。

2019 年 1 月 15 日,湖南省衡阳市中级人民法院驳回格祺伟申诉,认定格祺伟敲诈勒索确实存在。

与现在众多的"假记者"不同的是,格祺伟拥有一定的专业背景,其先前所写的多篇报道也具有一定影响力,他作为一位网络上的意见领袖,本身即具有一定的号召力与影响力,也通过报道让"盒饭书记""四不县长"等人受到正面关注。除去没有真正的记者身份外,格祺伟所作所为与真正的记者并无太大相差,甚至凭借其独特的风格备受关注。如果不是格祺伟被捕,绝大多数人很难分辨格祺伟的真实身份。

格祺伟被捕,"假记者"却依然存在。至今仍然有不少"假记者",以记者的名义招摇撞骗,敲诈勒索,这在一方面呈现了一种假记者的另类"新闻寻租",另一方面更是要求真正的新闻从业人员严守心中红线,拒绝"新闻寻租",做踏实本分的新闻,审慎进行舆论监督。

三、我国新闻寻租的现状和规范

新闻工作者对于新闻寻租持什么样的态度? 根据《传媒人的媒

介观与伦理观—2002上海新闻从业者调查报告之四》,2002年媒体人对"免费馈赠"的同意度相比1997年增加了,对"现金馈赠"和"免费旅游"的普遍同意度也都相比增加了;而1997年新闻工作者对"被采访单位或个人的招待用餐"和"为版面和节目联系赞助"的同意度都超过了3;①对"招待用餐""赠送礼物""免费旅游"和"现金馈赠"在现实新闻界是否普遍的同意度也都超过了3,"招待用餐"甚至高达3.92。报告结论指出:"我们十分遗憾地看到,在《中国新闻工作者职业道德准则》出台十年后,新闻从业者的道德观念和道德自律方面,仍然存在相当模糊的认识。"②上述调查尽管只限于上海地区,但作为全国大都市的一个缩影,该调查对我国有偿新闻的现实状况也能说明一二。2003年,中国人民大学新闻与社会发展研究中心对有偿新闻进行调查,被调查的媒体超过55家,涉及报纸、电视台、电台、通讯社、节目制作公司、网络公司、广告公关咨询公司等。该调查显示,"为单位联系广告业务""为版面或节目联系赞助""淡化不利于重要广告客户的新闻""招待用餐""免费旅游""现金馈赠""为企业担任公关工作"持"同意"态度的比重分别是16.8%、26%、12.1%、21.5%、10.7%、6.3%、9.9%,持"看情况"态度的比重分别是39.5%、39.9%、34.1%、45.4%、31.7%、17.8%、23.6%,持"不同意"态度的比重分别是26.8%、19.8%、33.7%、15.7%、34.2%、53.2%、47.3%。从中我们可以看出"现金馈赠""为企业担任公关工作""免费旅游""淡化不利于重要广告客户的新闻"几项的不同意比重较高,其他项目持"同意"和"看情况"态度的比重很大,报告结论指出"我国新闻队伍的新闻工作道德状况并不容乐观,在职业道德行为的选择上存在严重的偏差"③。

据2014年《新媒体环境下中国新闻从业者生态调查报告》显示,

① 在本次调查报告中,作者将"同意"指数分为1—5个等级,1为"非常不同意",3为"中立",5为"非常同意"。

② 陆晔,俞卫东.传媒人的媒介观与伦理观—2002上海新闻从业者调查报告之四[J].新闻记者.2003(4);49.

③ 郑保卫,陈绚.传媒人对"有偿新闻"的看法—中国新闻工作者职业道德调查报告[J].新闻记者.2004(5);20—22.

新闻从业者对于"不管在什么情况下,从业者都应该遵守职业道德守则"观点认同度最高,其他选项中认同度依次降低的是"什么是新闻工作应守的道德守则要视乎情境而定""在非常特别的情况发生时,暂时将职业道德标准放置一边是可接受的""什么是新闻工作应守的道德守则是个人的判断"。总体而言,在后三个选项中,从业者都给出了低于 3 分的回应,这说明了从业者普遍赞同的新闻伦理观是不依具体情境而发生变化的,显示出他们对新闻伦理规范的重要性具有相对一致的看法①。

　　新闻寻租是一种违法行为,所包含的有偿新闻、新闻敲诈和有偿不闻等一直以来都为我国法律法规、道德规范所明令禁止。1993年,中共中央宣传部、国家新闻出版署向各省、自治区、直辖市党委宣传部、新闻出版局和中央各新闻单位发出《关于加强新闻队伍职业道德建设,禁止"有偿新闻"的通知》。1995 年,广播电影电视部颁布了《关于纠正行业不正之风,禁止"有偿新闻"的若干规定》。1997 年,中共中央宣传部、广播电影电视部、新闻出版署、中华全国新闻工作者协会联合发出《关于禁止有偿新闻的若干规定》。2009 年 11 月 9日修订的《中国新闻工作者职业道德准则》第四条规定:"坚决反对和抵制各种有偿新闻和有偿不闻行为,不利用职业之便谋取不正当利益,不利用新闻报道发泄私愤,不以任何名义索取、接受采访报道对象或利害关系人的财物或其他利益,不向采访报道对象提出工作以外的要求。"2012 年 5 月 3 日,新闻出版总署、全国"扫黄打非"工作小组办公室、中央纪委驻新闻出版总署纪检组联合印发《关于开展打击新闻敲诈治理有偿新闻专项行动的通知》,决定自 5 月 15 日至 8 月15 日在全国开展为期三个月的打击"新闻敲诈"、治理有偿新闻的专项行动。2014 年,中宣部等九个部门联合印发《关于深入开展打击"新闻敲诈"和假新闻专项行动的通知》,在全国范围内开展打击"新闻敲诈"和假新闻专项行动。

---

　　① 张志安,曹艳辉.新媒体环境下中国调查记者行业生态变化报告[J].现代传播.2017(11):27－33.

思考题

1. 什么是新闻寻租,其表现形式有哪些?

2. 在不同国家和地区,新闻寻租的表现是否存在异同?

3. 你认为当前媒体环境下,新闻寻租的现象是否已得到有效规制?

4. 你还能想起哪些新闻寻租的案例? 请举例说明。

第二节　新闻寻租产生原因

关于新闻寻租产生原因的研究已经不少,大致包括以下几个方面的原因:一是商品经济的发展,如认为"21 世纪初,随着民族资本主义的发展,有偿新闻即在中国的近代报纸上出现,而在西方,新闻寻租则出现得更早些。它几乎就是资本主义商品经济在新闻传媒中的伴生物"①;二是新闻从业者职业道德的缺失;三是与我国新闻业实行的"企业经营,事业管理"的新闻体制有关。

以上原因都为新闻寻租的产生做出了一定的解释,但将任何一种原因作为唯一的决定性因素都是欠妥的,笔者认为新闻寻租的产生与下列因素相关。

一、新闻寻租的产生与我国的社会环境有关

从新闻业与整个社会大系统以及其他系统之间的关系来看,新闻业作为社会系统中的一部分,与整个社会大系统紧密联系,从案例中可以看出社会其他子系统对于新闻寻租的需要是其产生的重要原因。在案例 10-2 中,当上市公司遭遇新闻敲诈时,第一时间想到的不是寻求警方帮助,解决丑闻,而是如何封住媒体的报道,如何防止公司的信息向外传播。这种情况也出现在一些"有偿不闻"的事件中,如在一些矿难瞒报事件中,有关部门和领导干部最先想到的不是

---

①　刘茂才.改革开放与市场经济文选[M].北京:中国书籍出版社,1998,1326.

如何展开救援,挽救生命,降低损失,而是如何应对媒体,防止媒体报道,防止事件曝光。产生这种现象的原因是我国的经济、政治等系统中的信息公开观念还比较淡薄,忽视了对公众知情权的保护。在案例10-1中,陈永洲承认收受他人钱财,发表针对中联重科的批评性报道以达到抹黑中联重科的目的,这里提到了一个未指名道姓的幕后黑手,这个幕后黑手与中联重科竞争的方式不是公开的、透明的、公平的,其采用了一种欺骗的、恶意诋毁的方式,而新闻寻租就成为这种恶性竞争的低劣工具之一。

二、新闻寻租的产生与记者的职业素养有密切的关系

尽管上述原因对于新闻寻租的产生具有极其重要的作用,但也不可否认当下一部分新闻从业人员职业道德的缺失是产生新闻寻租的另一个重要原因。在上述两个案例中,无论是21世纪网敲诈勒索的记者还是《新快报》前记者陈永洲,也许简单的道德审判不足以为我国现存新闻寻租事件做出解释,但是不可回避的是在一个隐秘的利益链中,一部分记者有意或者无意地卷入其中,或被动或自愿地充当利益链中的一环。如前所述《传媒人的媒介观与伦理观——2002上海新闻从业者调查报告之四》的调查数据显示,新闻从业者对于《中国新闻工作者职业道德准则》中明确禁止的新闻寻租的行为的认识还是相当模糊的,其中对于"为版面和节目联系赞助、为单位联系广告、为企业担任公关工作等"的容忍度是比较高的①。现如今,无论是一些一线的新闻工作者还是层层把关的编辑们,在经济利益的诱惑下,很容易放弃专业的新闻操守,比如在21世纪网新闻敲诈事件中,不少新闻记者主动索要钱财,如果初步未能成功,报系的更高级主管可出面牵线搭桥。不得不承认,我国新闻从业者的整体道德素质还有待提高。

三、新闻寻租产生与我国现行的新闻管理体制有关

我国对于新闻媒体的管理方式是依照对事业单位的管理而设定

---

① 陆晔,俞卫东.传媒人的媒介观与伦理——二○○二上海新闻从业者调查报告之四[J].新闻记者.2003(4):10-15.

的,但同时又要求新闻媒体盈利。周翼虎认为在一个强国家-弱社会的政治结构中这种新闻体制使"新闻记者既不是单纯的新闻专业主义者也不是主流话语的接受者,而是一群见风使舵的机会主义者"①,要么屈从于政府权威,要么屈从于经济利益。所以,新闻寻租的产生原因与我国现行的新闻经营管理体制有关。

就媒体自身环境来说,一方面媒体的经营管理方式不善是新闻寻租产生的一大原因。尽管有人将新闻寻租归因于市场经济或者商品经济,但是必须清楚市场经济或者商品经济是经济发展的趋势,并且其本身是没有错的。作为市场经济的一部分,媒体必须为自己的经济行为负责,自主经营自负盈亏。良好的管理体制能从内部对媒体从业人员的不良行为进行约束和规范,这其中就包含了对新闻寻租的约束。但事实上,不少新闻机构鼓励新闻记者通过各种途径为媒体创收。在案例10-4中,21世纪网本是21世纪经济报道的网络电子版,直至2010年春节后才被剥离出来,实现独立运营,独立核算。21世纪网曾经的负责人刘冬供述,在网站增加内容的同时,报社领导也给网站下达了业务指标,"2010年是四五千万,2011年是九千万,2012年和2013年是每年七千万,2014年又是九千万"。②为了完成这些任务,21世纪网狠抓广告业务。"2009年后,全国成立了很多私人控股的财经公关公司,当某些企业准备上市时,因为对资本市场不熟悉,就会找这些公司负责上市前路演、一级市场的销售和新闻媒体在相关舆论上的保护。这些公关公司会找我们协调关系,要求对方和我们签订合同,在我们网站上投放广告,这也是现在21世纪网收入的主要来源。"③在案例10-1中,陈永洲坦言收受他人钱财批评中联重科,尽管目前不少报道将责任归结于陈永洲个人的职业道德素养上,但从中仍然能发现一些自相矛盾的地方,比如近半年来陈

① 周翼虎.抗争与入笼:中国新闻业的市场化悖论[J].新闻学研究.2009(2):103.

② 央视网.21世纪报系新闻敲诈案宣判总编获刑4年罚款6万[E]. http://m. sohu.com/n/432411135/.2017-06-05.

③ 京华时报.21世纪网新闻敲诈案:收百余家企业数亿"保护费"[E]. http://www. chinanews.com/f/2014/09-11/6579250_4.shtml.2014-09-11.

永洲的报道都是经过编辑层层把关,财新传媒总发行人兼总编辑胡舒立表示"在《新快报》,很难想象一个普通记者能够连续十数次发表对同一企业的重磅批评性报道,而没有编辑部的支持、指导与协助"①,同时她也指出"和转型期的其他行业一样,中国的新闻寻租并不是个人操守有亏的偶然发作,而是存在于相当一部分新闻机构和媒体人的顽疾"。作为一个资深媒体人,胡舒立的观点对当前中国媒体的现状具有较强的概括性,也反映出了媒体内部管理的混乱和较为普遍的新闻寻租现象。

综上所述,可以说新闻寻租的产生是多方面的原因共同造成的,包括整个社会大系统的问题,也包括媒体生态圈的问题,同时也有个体的新闻从业人员的道德素质问题。

思考题

1. 新闻媒体在新闻寻租中扮演了什么样的角色?
2. 如何从新闻从业者的角度探究新闻寻租的产生原因?
3. 如何从制度层面探究新闻寻租的产生原因?
4. 新闻寻租现象在当代社会中的普遍性及其根源是什么?

第三节　新闻寻租的危害性及遏制对策

一、新闻寻租的危害性探讨

新闻寻租的产生有客观原因和主观原因,其危害性不可回避,正如孙旭培教授所说:发生在传媒领域的腐败比在其他领域的后果更加严重。

首先,对于个体的新闻从业人员而言,大搞新闻寻租违背了新闻

① 胡舒立.新闻寻租不可恕[E]. https://finance. qq. com/a/20131102/005749. htm. 2013-11-02.

职业道德,轻则受到良心和社会的责备,重则受到法律的惩罚。2013年《中国新闻出版报》联合手机人民网、人民日报客户端、人民新闻客户端就当前记者的生存现状、记者的职业规划等话题组织了一次网络调查,就从事记者职业的原因的调查结果来看:16.25%的受访者是为表达百姓呼声;13.75%的受访者希望传播思想、启迪民心;17.50%的受访者则为揭露社会问题、维护正义和平;13.75%的受访者因喜欢写作;12.50%的受访者因学习新闻专业;6.25%的受访者因喜欢冒险刺激的生活;11.25%的受访者因喜欢接触各界人士;1.25%的受访者认为新闻工作收入较高;1.25%的受访者认为新闻工作有机会成名;6.25%的受访者认为新闻工作者受人尊敬①。就上述数据来看,无论是表达百姓呼声、传播思想、启迪民心,还是揭露社会问题、维护正义和平,都说明不少人从事新闻行业是怀抱着较高的新闻理想的,并且这类人古比高达47.5%,文中甚至用"理想大于理性"来形容这种状况。而一旦在现实中,这些因有很高新闻理想而从事新闻业的人,在大搞新闻寻租的背景下随波逐流,这些新闻从业人员要么变得麻木冷漠,要么受到内心的道德谴责,这都将使他们不堪重负,更加不谈专业主义精神和职业理想了。从陈永洲在狱中的反思和对同行的告诫,也能或多或少窥探出一个新闻从业者的悔意。可以说,一旦因为新闻寻租而获刑,那么该名新闻工作者的职业生涯将从此断送。

其次,新闻寻租对整个媒体行业带来了恶劣影响。新闻寻租破坏了新闻的真实性,真实性是新闻的基本原则之一,真实一旦丢失,新闻业所谓的"无冕之王""社会晾望者"的光环褪去,受众不仅会对个体的新闻工作者失望,更加会对涉嫌新闻寻租的媒体,甚至会对整个新闻传媒业唾弃,这对新闻业将是一个灾难。缺乏市场的新闻必然萎靡,进而更少的后辈会选择学习和从事这个行业,长期如此恶性循环,新闻业将面临空前的困境,这种困境不仅是来自行业内部的自

---

①　徐平.记者从业现状调查显示:光环渐淡,职业精神愈凸显[E]. http://book.chinaxwcb.com/2013/1108/9718.html.2013-11-08.

我评价低、人才流失等，还包括外部的社会舆论对该行业的信任缺失。

最后，新闻寻租对整个社会极具危害性。在公众看来，新闻媒体是有可信性和权威性的，媒体机构在公众心目中也是一个专业而严肃的机构。如果有些报道因为进行新闻寻租而缺失了真实、全面，那么公众对媒体的不信任会蔓延到其他行业，从而使公众的社会信任减低。同时，很多人会以这些搞"新闻寻租"的记者的行为为学习"榜样"，最后导致整个社会风气不正。

二、遏制新闻寻租的对策

解决新闻寻租的问题对于新闻从业者、新闻媒体还有整个社会都大有裨益。我国现在处于转型时期，社会各个行业都面临着这样那样的问题，新闻行业也不例外，新闻寻租只是其中的一个现象，解决新闻寻租的对策对化解新闻行业的其他问题乃至社会中其他问题都具有一定的借鉴意义。

第一，坚持不懈地反对新闻寻租，加强新闻法制建设。我国目前对于新闻寻租只是靠一些行政命令或者条例规定加以限制，虽然目前我国关于反对新闻寻租的条例和规定并不少，但执行起来却没有持之以恒，某一段时间领导比较重视，那么对新闻寻租的整治就比较严，而过了一段时间又比较松，这就导致了一些机会主义者有条件实行"上有政策，下有对策"的办法。加强新闻法制建设，依法治理媒体，这将对治理新闻寻租产生更有力的制约。法律具有规范性和普遍性的特征，通过法律的形式限制新闻寻租现象，可以改变朝令夕改的现状，摆脱人治的种种缺陷。当然有了新闻法还只是第一步，遏制新闻寻租还需要相关部门认真执法。同时，颁布新闻法对于新闻从业人员也是一种保护，防止一些媒体采用"临时工""实习生"等方式撇清关系以求自保，使一些新闻从业人员陷入墙倒众人推的境地。

第二，完善媒体的管理体制，加强处罚力度。很多记者进行新闻寻租，是因为一方面可以增加收入，另一方面风险较小，即一般不会受到追究。只有严厉的处罚才有威慑力。处罚力度加大后，进行新闻寻租的风险就会加大,一旦被发现,处罚所带来的损失远远比接受被采访者给予的好处大。那么,记者在权衡利弊得失之后,发现搞新闻寻租的好处不大甚至为负,他们就不会选择这种违规行为。另一方面,现在的媒体从业者的职业荣誉感并不高,社会上存在的拜金主义思潮使得人们简单地从经济利益得失的角度来评价新闻从业者,甚至在媒体内部,一些从业人员将拿"车马费"、拉赞助和发行当成炫耀的资本,而不是以是否写好新闻来衡量新闻从业者的价值。所以,应当对有重大贡献和高职业操守的新闻工作者给予褒奖,树立新闻工作者的职业荣誉感。

第三,加强新闻职业道德教育。随着改革开放和市场经济的发展,我国的新闻传媒业得到了长足发展,现在全国很多高校都开设了新闻专业,由于师资和办学条件的限制,不少高校的新闻教育水平十分有限。不少教师在新闻职业道德教育方面也面临着困境:一方面要引导学生学习和理解新闻职业道德规范,其中包括不允许搞新闻寻租;另一方面社会上媒体进行新闻寻租现象十分普遍,教师也有心无力。对于新闻专业的学生也同样如此,他们一方面接受了新闻伦理道德教育,另一方面在社会上又不得不接受新闻寻租的现实状况。这就要求新闻职业道德教育应该与实践相结合,用现实中的新闻寻租案例来为学生敲响警钟。

美国《美联社媒体采编人员伦理规范》规定:"新闻机构不应当从消息来源或其他人士那里获得任何有价值的东西。不能接受礼物、免费或部分免费的旅游、娱乐、产品和住宿。与新闻报道有关的费用应由新闻机构支付。同时也要避免新闻机构对新闻成员的特别偏爱和特殊对待。接受外部经济组织或人员的经济投资,会使新闻从业者陷入利益冲突中,这是不允许的。"南非《独立报刊行为规范》规定:"新闻工作者在没有请示编辑的情况下,不得接受礼物、赠品或其他服务;在任何情况下,如果接受这些馈赠意味着要向其提供者承担一定义务的话,决不可接受。新闻工作者的职业表现不应受到外界诱惑的影响,也不得利用自身职位来谋取个人利益。新闻工作者不得在金融信息被正式发布之前利用于谋取个人利益,也不得将相关信息传递给他人。金融记者在未向编辑或财经编辑说明利益关系之前,不得撰写与其亲属有重大经济利益关联的股份或证券方面的报道。记者不得直接或通过代理人来购买或出售他们最近即将要进行报道的股票或证券。"澳大利亚《媒体娱乐与艺术联盟道德规范》规定:"记者应当学习有关道德准则并且在工作中适用下列标准:不允许个人利益,和任何信仰、承诺、报酬、礼物或利益来破坏你的准确性、公平性或独立性。公开那些会影响或可能会影响你报道准确性、公平性或独立性的利益冲突。不要不正当地利用新闻职位而谋取个人利益。"①新闻寻租是对新闻独立性、真实性的侵害,也是对媒体公信力的损害。从这些条文来看,多数国家对新闻寻租现象都保持较高的警惕,并出台相关的伦理规范对之进行约束。

近年来出现了诸多新闻工作者利用手中报道的权力以寻求经济利益的现象迫使我们思考新闻寻租产生的原因及对策。新闻寻租的产生并不是某一种单一的原因所致,所以本章在结合具体案例探讨新闻寻租的产生原因时,也没有简单地归入某一点,而是从社会环境这一宏观层面、现行新闻体制这一中观层面以及新闻工作者自身素养这一微观层面分别展开论述。在这些基础之上,我们才可以更好地理解,为什么遏制新闻寻租除了需要提高新闻工作者自身素养外,还需要自律信条以及强有力的制度性约束。

思考题

1. 新闻寻租现象对新闻业的影响有哪些? 它如何影响新闻报道的公正性、客观性和公信力?

2. 新闻寻租现象对公众利益的影响有哪些方面?

3. 社会公众应该如何提高对新闻寻租的认知和防范意识?

4. 如何在保障新闻自由和维护新闻公信力的前提下,有效治理新闻寻租现象? 需要采取哪些政策和措施?

5. 在新媒体时代,如何运用技术手段防范新闻寻租现象?

---

① 牛静,杜俊伟.全球主要国家媒体伦理规范[M].武汉:华中科技大学出版社,2017.

第十一章　新闻自律信条与自律组织

第一节　中外新闻自律信条分析

新闻自律是新闻工作者及新闻媒体机构对所从事的信息传播活动按照一定的道德标准进行自我限制或自我约束的一种行为，它与新闻工作者的专业素养密切相关，一般是通过一定的组织形式和新闻道德自律信条来实现的。新闻自律信条是新闻自律组织有效运作的保证，在新闻自律中起着非常重要的作用。新闻自律信条是实现新闻自律的前提条件，新闻自律信条是新闻自律的核心命题。

不同国家对新闻自律信条的称谓有所不同，如称之为"新闻职业规范""新闻工作者伦理指南""新闻道德规范"等，无论称谓为何，新闻自律信条都是指新闻媒介以及新闻工作者在新闻传播活动中所遵循的一些经长期实践，约定俗成的职业行为准则。①新闻自律信条可以给从业者提供重要的指导，有助于执业人员做出道德决定，并具有教育意义。新闻自律信条通过制定标准提供给从业者，从而对从业者的职业行为进行测量与评估，使其职业行为符合伦理准则。

一、西方新闻自律信条的理论基础

"新闻自由主义"和"社会责任论"这两个概念是新闻自律的精髓。西方新闻业为了避免政府的非法干涉，特别强调"免于非法干涉的"新闻自由，希望依靠法律来规范自己的行为。然而，在实际的运

---

① 牛静，杜俊伟.全球主要国家媒体伦理规范［M］.武汉：华中科技大学出版社，2017.

作过程中,新闻行为受到了经济力量的影响。在19世纪末,西方的新闻媒体出现了黄色浪潮,大量传播凶杀、色情等刺激性的报道出现。在此背景之下,新闻行业要保证新闻自由,避免受到外界的压力和影响。同时,新闻行业也需要遵守一定的准则,肩负一定的社会责任,"社会责任论"便应运而生了。

1942年,《时代》周刊主编享利卢斯出资20万美元,邀请芝加哥大学校长哈钦斯进行一项关于新闻自由的调查。哈钦斯召集了13名蜚声海内外的学者组成了新闻自由委员会。他们进行了17次讨论、225次访谈,听取了58位新闻界相关人士的证词,研究了17份由委员或工作人员准备的文件,最终于1947年发布了著名的报告——《一个自由而负责的新闻界》。在该报告中,学者们提出了"社会责任论"的概念,社会责任论也成为国外新闻自律的理论基础。"社会责任论"主张在坚决反对政府对媒体干预的前提下,关注媒体怎样服务于公共利益和社会整体,而不是成为宣传的工具和赚钱的机器,所以新闻媒体应当自律,在自由和责任间寻求平衡。

"社会责任论"一方面调和了政府等力量对新闻传播活动的干预,另一方面强调了新闻工作者的主体能动性,将新闻自由理论进一步推进,从而推动了新闻职业规范、道德守则的建设和自律组织的建立,使新闻自律制度得以形成。由哈钦斯委员会提出的"社会责任论"系统地阐述了新闻业在享有新闻自由的同时,也需要对社会、对行业负有一定的义务与责任。"社会责任论"所强调的"道德、良心、义务、责任"被看成是享有新闻自由的条件,担当责任与新闻自由被赋予同样重要的位置。这一观点可以视为新闻自律信条产生的理论基础,也成为自律信条制定的目的。

国外主要国家的新闻自律信条,都往往在开篇时对该自律信条的制定目的进行解释,其制定目的主要是维护新闻自由和履行社会责任。如奥地利《媒体伦理规范》规定:"新闻业需要自由和责任。报纸发行人和编辑、广播负责人以及记者都对维护大众媒体的自由负有特殊的责任。大众媒体自由是民主生活中至关重要的组成部分。"保加利亚《媒体伦理规范》规定:"根据保加利亚宪法和国际人权协定,需要确保每个人都有言论自由、信息接近权、名誉权和隐私权,以及生命安全的基本权利,需要确保媒体自由开展活动,不用接受任何形式的审查的权利。为了平衡这些权利,保证所有媒体都同时拥有自由和责任,权利与义务,我们需要制定和遵守一定的规则来尊重公民接收和传播可靠的新闻信息的权利,以便使他们可以在开放的民主制度下发挥积极的作用。"加拿大记者协会的《新闻伦理信条》中写道:"记者有寻找和报道真相的责任和优先权,鼓励公民建立自己的团体,并服务于公众利益。我们强烈捍卫《加拿大权利和自由宪章》所保障的表达自由和新闻自由。我们通过负责地从事我们的行业来回报社会对我们的信任并尊重公民的权利。"南苏丹《印刷媒体的道德规范》规定:"我们需要认识到言论自由的重要性,它不仅是个体的基本人权,更是民主的基石,是确保尊重所有人权和自由的途径…言论自由不仅保护印刷媒体出版的权利,而且保护公众从不同的媒体获得高质量信息的权利…媒体要作为公共部门的监督者,去报道涉及公共利益的事,揭露和报道公开讨论和批评的事,这是媒体的责任。"巴基斯坦《报纸编辑委员会伦理规范》规定:"报纸编辑委员会(CPNE)伦理规范的制定是为了使媒体的运作目的符合规范、职业操守和自由与责任理论,从而为公共利益服务,确保新闻与观点能畅通无阻地传递给那些期盼着诚实、准确、客观、公正报道的人们。"[①]这些都体现了媒体在进行自由表达的同时,也需要履行一定的社会责任,需要对公众负责。

通过上述西方媒体伦理规范文本,我们可以看出对新闻自由与社会责任的同等强调是国外新闻自律信条产生的理论基础,并呈现在新闻自律信条之中。因为在西方的新闻理念中,"新闻自由"和"社会责任"都应该是通过规则约束和自我控制而不是政府干预来达到。

二、我国新闻自律信条的内容分析

在我国,全国性的新闻自律信条是《中国新闻工作者职业道德准

---

① 牛静.全球媒体伦理规范评议[M].北京:社会科学文献出版社,2018.

则》(简称《准则》,见附录二),于 1991 年 1 月全国新闻工作者协会第四届理事会第一次全体会议通过,后于 1994 年 6 月、1997 年 1 月、2009 年 11 月三次修订。下文根据 2009 年修订的《中国新闻工作者职业道德准则》的内容进行分析。

（一）将政治性要求置于重要位置

《准则》第一条"全心全意为人民服务"指出新闻工作的主要目标是"要忠于党、忠于祖国、忠于人民,把体现党的主张与反映人民心声统一起来,把坚持正确导向与通达社情民意统一起来,把坚持正面宣传为主与加强和改进舆论监督统一起来,发挥党和政府联系人民群众的桥梁纽带作用"。同时,要求新闻工作者要"用马克思主义新闻观指导新闻实践,学习宣传贯彻党的理论、路线、方针、政策,继承和发扬党的新闻工作优良传统,积极传播社会主义核心价值体系,努力践行社会主义荣辱观,恪守新闻职业道德"。从这些条文中可以看出,"党性""正面宣传""马克思主义新闻观"等是指导我国新闻从业者的主要道德理论,也就是说,政治性的道德要求是我国新闻从业者的道德要求。"全心全意为人民服务"这种提法,虽然这与西方国家倡导的"公众利益"有共同的内涵,但是"公众利益"这个词更具体,更能体现新闻职业的特性,而我国的"全心全意为人民服务"则与党性联系更为密切,带着浓重的政治色彩①。所以,在《准则》中的道德要求更多地以政治话语的形态出现,规定了新闻工作者的政治责任与政治义务。

《准则》第二条中提出:"坚持正确舆论导向。要坚持团结稳定鼓劲、正面宣传为主,唱响主旋律,不断巩固和壮大积极健康向上的舆论。"要求媒体进行正面宣传,可以说是我国新闻自律信条中所独有的,这与新闻专业主义要求的"真实客观"原则存在着一定的冲突,即当新闻媒体要"真实客观"报道,但这种报道并非是"正面"时,新闻从业者如何根据我国的《准则》进行道德上的选择成为一个难题。与我国相比,西方媒体比较钟情于"揭丑报道",在他们看来新闻自由是最

---

① 农情华.中外新闻行业组织自律规范比较研究[D].北京:中国政法大学,2010.

重要的,而且公众有权了解真相,所以要充分地尊重受众的知情权,新闻工作者的任务就是挖掘真相并客观、公正地报道①。

依据我国的《准则》,可以发现新闻工作的角色定位是"党和人民的耳目喉舌","新闻事业就要把党的路线、方针、政策传达给人民,同时也要把人民的呼声和要求反映给党和政府"②。为了更好地完成这个上传下达的任务,新闻工作者必须坚持党性原则,不至于偏离政治方向。我国新闻媒体作为党和国家的喉舌,其政治属性一直被放在极其突出的位置,正基于此,制定者在制定中国新闻职业道德规范的时候不免要考虑新闻事业的这些特性,不免要以提高新闻工作者的思想政治水平为目的,进而使得《准则》中频繁出现政治话语。在我国,强调政治属性无可厚非,但是应该把这些政治话语与新闻职业话语相融合,否则单纯地强调政治属性就会使政治话语流于形式化和口号化,不能起到实际的指导作用③。

(二)强调职业伦理规范问题

《准则》除了规定了新闻从业者的政治道德义务之外,也增补了一些专业性的要求,主要有以下几点:其一,将"新闻的真实性"放在一个比较重要的位置,并单独成节,其内容为"坚持新闻真实性原则。要把真实作为新闻的生命,坚持深入调查研究,报道做到真实、准确、全面、客观"。不仅如此,在具体的条文中更为详细地列出了"如何保障新闻的真实性",如规定"认真核实新闻信息来源,确保新闻要素及情节准确;报道新闻不夸大不缩小不歪曲事实,不摆布采访报道对象,禁止虚构或制造新闻。刊播新闻报道要署作者的真名;摘转其他媒体的报道要把好事实关,不刊播违反科学和生活常识的内容;刊播了失实报道要勇于承担责任,及时更正致歉,消除不良影响"。

其二,对"有偿新闻"现象进行了规范,《准则》规定:"坚决反对和

①　牛静.新闻传播伦理与法规:理论及案例评析(第二版)[M].上海:复旦大学出版社,2018,119.

②　中国社会科学院新闻研究所等.中国新闻年鉴(1990)[M].北京:中国社会科学出版社,1990.

③　农情华.中外新闻行业组织自律规范比较研究[D].北京:中国政法大学,2010.

抵制各种有偿新闻和有偿不闻行为,不利用职业之便谋取不正当利益,不利用新闻报道发泄私愤,不以任何名义索取、接受采访报道对象或利害关系人的财物或其他利益,不向采访报道对象提出工作以外的要求;严格执行新闻报道与经营活动分开的规定,不以新闻报道形式做任何广告性质的宣传,编辑记者不得从事创收等经营性活动。"针对我国目前有偿新闻比较严重的情况,《准则》明确地反对有偿新闻和有偿不闻现象,同时将新闻工作与经营工作进行了区分,这些规定有一定的积极意义。

其三,《准则》首次将传播理论与新闻理论中的专业性术语运用其中。例如,第五条第一款规定:"深入研究不同传播对象的接受习惯和信息需求,主动设置议题,善于因势利导,不断提高舆论引导能力和传播能力。"此外,《准则》还强调对"新技术""新媒体"的运用。"传播对象""议题设置""舆论引导"等来自传播学领域的专业术语的运用都体现出《准则》修改后具有更鲜明的职业色彩。

(三)明确新闻工作者的对内对外双重职责

《准则》规定了新闻工作者对内和对外的双重职责。对内,新闻工作者应促进社会和谐、稳定。《准则》第二条指出:"始终坚持以经济建设为中心,服从服务于改革发展稳定大局不动摇,着力推动科学发展、促进社会和谐……采访报道突发事件要坚持导向正确、及时准确、公开透明,全面客观报道事件动态及处置进程,推动事件的妥善处理,维护社会稳定和人心安定。"

此外,第六条规定:"严格遵守和正确宣传国家的民族区域自治制度、各民族平等团结和宗教信仰自由政策,维护国家主权和社会稳定。"

对外,新闻工作者要培养国际视野,促进与国际同行的交流与合作。《准则》第七条规定:"在国际交往中维护祖国尊严和国家利益,维护中国新闻工作者的形象;积极传播中华民族的优秀文化,增进世界各国人民对中华文化的了解;积极参加有组织开展的与各国媒体和国际(区域)新闻组织的交流合作,增进了解、加深友谊,为推动建设持久和平、共同繁荣的和谐世界多做工作。"

从国内来看,我国目前正处于社会的转型期,社会矛盾逐渐凸显，新闻工作者更加需要反映群众呼声，维护社会秩序。同时，随着全球化的发展和中国综合国力的增强，我国加强与其他国家的合作与交流是大势所趋。新闻工作者作为信息传播的主体，在对外传播中肩负着传播中国文化、维护国家利益和尊严的重要责任。《准则》明确了新闻工作者对内、对外的双重职责，为新闻工作者的职业活动提供了全面的指导。

思考题

1. 新闻自律信条是什么？西方新闻自律信条是在什么背景下产生的？

2. 如何理解"新闻自律"和"新闻自由"这两个概念之间的关系？

3. 我国的新闻自律信条是什么？它在哪些方面规定了新闻工作者的日常工作？它和西方的新闻自律信条有哪些根本区别？

4. 依据我国的新闻自律信条，如何理解"把坚持正面宣传为主与加强和改进舆论监督统一起来"？

第二节　全球新闻自律组织分析

新闻自律，是实现新闻道德的重要手段。新闻自律的途径是多方面的，包括建立专业标准、制定记者规约、成立自律组织等。上一节中专业标准、新闻规约的制定是新闻伦理的重点内容，这一节主要介绍新闻自律组织的特点、发展概况等。各国新闻自律组织的名称并不完全相同，有"报业荣誉法庭""新闻政策委员会""新闻协会""新闻纪律委员会""报业伦理委员会"等，本节在论述时采用"新闻自律组织"的提法。本节在介绍新闻自律组织概念基础上，对国内外典型的新闻自律组织进行评析，以探讨新闻自律组织的特点。

一、新闻自律组织概述

新闻自律组织的产生与新闻自律信条的产生都是基于同样的社

会背景,与"新闻自由""社会责任"等理念有着密切的关系。通常认为新闻自由之目的,在于保障社会公益,同时新闻自由不得侵犯个人权益,如何才能使新闻自由、社会公益、个人权益三者保持适当的平衡,这是一个极为复杂的问题。因为媒体是以自由报道和自由批评而生存的行业,而报道与批评的内容,又均以个人及社会为主要对象。

因此,要维护新闻自由,不危害个人与社会的权益,媒体必须在新闻报道与意见批评方面建立严格的专业标准,才不致逾越新闻自由范畴。而这种严格的专业标准,就是新闻自律(press self-regulation)①。西方国家,经历了一个从"自由主义新闻体制"到强调"社会责任新闻理论"的演变。20世纪40年代美国"哈钦斯报告"与后来的施拉姆等在《报刊的四种理论》中提出的"社会责任论",有力地推动了旨在塑造"一个自由而负责的新闻界"的道德自律(self-regulation)制度的形成。两者都认为:"完全放任自流的新闻自由是不现实的""将新闻自由托付给观点的自由市场的自我纠正过程的功效是靠不住的。"②绝对新闻自由观念指导下的过度商业化,正在使新闻媒体丧失社会责任,"新闻界倾向于将其绝大部分产品与它设想的尽可能最大化的消费者群体的欲求调和起来,结果造成了走向煽情主义(sensationalism)和精神空虚的趋势"③。因此它们都主张新闻界应该建立起有"理论指导"、有明确的"职业道德规范作为约束依据"、有"组织机构负责实施"的"新闻自律制度"。于是,各国纷纷设立新闻自律组织。西方国家正是通过这种独立的行业自律性机构、以及严格的新闻从业规范和职业道德准则,对传媒实现了卓有成效的"治理",使新闻从业者可以自觉地规范自己的行为,从而在伦理准则的范围内行事。

---

① 李瞻.新闻道德——各国报业自律比较研究[M].台湾:三民书局,1982.

② 魏永征,张咏华等.西方传媒的法制、管理和自律[M].北京:中国人民大学出版社,2003,337.

③ The University of Chicago Press. A free and responsible press: a general report on mass communication: newspapers, radio, motion pictures, magazines, and books[J]. yale law journal, 1974, 41(3): 559 – 561.

二、新闻自律组织的特点

新闻自律组织作为一种相对独立的行业自律组织,较之于外部的他律,其发挥作用主要是依据其在行业内的威信以及在公众心目中的公信力。新闻自律组织的主要职责是:第一,为新闻工作者正常运用新闻自由的权利提供一定的保护;第二,监督新闻工作,防止滥用新闻自由;第三,审理涉及自律范围的纠纷,进行调解或仲裁,并予以相应的非法律性制裁。新闻自律组织在运作过程中有如下特点:

(一)具有一定独立性与中立性

新闻自律组织被称为是行业内部的自律组织,因为从其机构设置到人员组成都基本上由行业内部操作,但是由于其人员组成的多元化、内部信息的公开化和透明化,使得新闻自律组织相当于是一个处于媒介和政府组织之间的"第三方"。一些国家在很大程度上是通过这个"第三方"的权威意见进而促进媒体的行业内部自律。如中国香港的"报业评议会"就是一个独立于报刊业和政府的专门组织,负责处理公众对报纸和杂志内容的投诉,其组织架构的设置以保证独立性为前提。

(二)以自律信条为准绳进行评议和仲裁

新闻自律组织根据各国的不同自律信条,处理与新闻伦理有关案件,至于涉及违法的部分,则无权做出处理,而是要移送到司法部门。如果媒体确实触犯了道德信条,在事件中对其他人造成了伤害,惩罚大多是由新闻自律组织发出,其裁决内容主要有:要求媒体刊发更正声明、对受害人进行道歉和开除会籍等。

(三)公正、免费和快速的处理

在新闻自律组织接到投诉后,自律组织会对投诉进行调查,出具调查结果,发布相关指令,并监督裁定决议的执行,它比法院处理案件更能保证效率,更有针对性,而且在多数国家,这一投诉处理程序都是免费的。①

---

① 牛静.媒体权利的保障与约束研究[M].武汉:华中科技大学出版社,2014.

　　新闻自律组织是一种对新闻行业进行监督与裁决的机构,其基本职能和主要任务是对报业和其他新闻媒体的表现进行评估,同时负责处理新闻业内部或新闻业与社会间的新闻纠纷。它以国家宪法及相关法律为依据,按照自律信条和评议会章程,对涉及新闻职业道德问题和新闻侵权所引发的新闻纠纷进行非法律性的评议和裁决,并监督裁定决议的执行。它是新闻行业实行集体自律的一种有效组织机构,也是目前世界上许多国家使用的一种自律形式。

　　世界上最早的新闻自律组织出现于 20 世纪初。1910 年成立的"报业仲裁委员会"和 1916 年瑞典成立的"报业荣誉法庭"是最早的新闻自律组织,其大量出现则是 20 世纪 40 年代以后。1949 年,英国皇家新闻委员会发表调查与工作报告,建议设立新闻评议会,以维护新闻自由与提高新闻职业道德。1953 年 7 月,在政府推动下,报业理事会(The General Council)成立,该组织有 25 名委员,委员均是来自英国 7 个报业团体的编辑或经理代表,该会主要职责是受理外界对报界的控告和申诉,其裁决、决议和结论只有道义上的权威,并无实际约束力。1963 年 7 月,英国新闻自律组织根据第二届皇家新闻委员会的建议,改组为由报界、司法界以及其他社会各界人士组成的报业评议会(Press Council)。1991 年成立了报业投诉委员会(Press Complaints Commission)①。2014 年,英国报业投诉委员会关闭,成立了独立新闻标准组织。

　　其他较早成立新闻自律组织的国家有:1946 年 7 月,日本新闻协会成立。同年,比利时建立新闻纪律评议会。1948 年,荷兰建立新闻荣誉法庭。1950 年 10 月,南非特设报业调查委员会。1956 年,德国建立报业评议会。1959 年,意大利成立报业荣誉法庭。1965 年,印度、菲律宾成立报业评议会……这些新闻自律组织一般只受理违反职业道德案件,不受理违法案件。但是,悖德与违法之间的界限是很难划分的,一些国家因此而另有一些特殊规定。

---

　　①　裘正义,黄瑚.欧美各国的新闻评议制度与新闻自律[J].新闻战线.1996(01):46-47.

这种有组织的新闻自律,可能是对抗政府任意干涉新闻自由的最佳方法。这种新闻自律组织,过去人们认为仅能适用于已有悠久自由传统及稳固报业基础的先进国家。但近年由于韩国、土耳其、印度报业评议会的辉煌成就,这种观念已改变。它作为新闻界加强行业规范的组织形式和工作机构,已被世界上许多国家的业界同仁所认可,并竞相采用。

思考题

1. 新闻自律组织是一个什么性质的机构? 请你概括他们的权利范围。

2. 新闻自律组织有哪些特点? 如何理解该组织的独立性与中立性? 相较于他律,新闻自律组织对于新闻工作者的约束有什么不同,有哪些优势和劣势?

3. 在过去,人们认为新闻自律组织仅适用于已有悠久自由传统及稳固报业基础的先进国家,这种观念近年来随着韩国、土耳其、印度报业评议会的良好发展已经有了很大改变。请你搜集资料,对比两类国家的新闻自律组织,试分析其中的不同。

第三节　英国新闻自律组织介绍及评析

英国报业实行新闻自律已有六十多年历史。1953 年报业理事会(Press Council)成立,其目的是为了使报业保持较高的道德水准,同时促进新闻自由。报业理事会的成立,标志着英国报业自律时代开始。然而,在 20 世纪 80 年代,一小部分出版业无法遵守新闻业最基本的伦理准则。这使国会中大多数议员认为报业理事会并不能够有效地运作,要求出台隐私法、强调报纸答复的权利等,并认为对报业实际强制性的法律处罚会是一种有效的办法。

英国政府指派了大卫·考尔卡特(David Calcutt)主持一个研究委员会专门负责此事,他的任务是"为了进一步保护公民的隐私和为公民个人提供权利救济,需要考虑对报业采取哪一种措施,是法律的措施还是其他的措施"。大卫·考尔卡特的报告在 1990 年 6 月发布,该报告并没有建议采用法律的控制,而是建议成立一个报刊投诉委员会(Press Complaints Commission)。这个新的委员会将有 18个月的试运行时间,"去展示这种非法律性的自律管理对于报业来说是比较好的,这也是一个严格的实验。如果失败了,该委员会将会建议对报业实行严格的法律管制"。

1991 年初,独立的报刊投诉委员会(The Press Complaints Commission,简称 PCC)成立。同时,全国的和地方的编辑人委员会也配合报刊投诉委员会,出台了《编辑业务准则》(Code of Practice)。所有的出版者、编辑等都要求遵守该《准则》,从而才可以获得报刊投诉委员会的保护和得到足够的经济支持。1974 年由广告业界建立的报业标准财务委员会(The Press Standards Board of Finance)为报刊投诉委员会提供经济支持。报业标准财务委员会是仿照广告业的自律体系而设置的,负责向报刊业界征收费用。对报界收取的费用是按照报纸的发行量计算的。这种安排保证 PCC 有充足的财政来源,也确保了报刊投诉委员会的独立性,因为该委员会并不需要从报纸或杂志那里得到费用。

英国报刊投诉委员会是英国报刊业的全国性新闻仲裁机构,也是国际上最具代表性的新闻自律组织之一。它是一个独立于报刊业和政府的专门组织,负责处理公众对报纸和杂志内容的投诉。英国报刊投诉委员会以调解方式处理投诉,如果调解不成功,便会对投诉做出调查和裁决。PCC 的裁决限于道义上的自律,对当事双方并不作经济惩罚,但犯错报刊需在显著位置刊登裁决全文。2007 年,PCC 接受了 4340 起投诉。PCC 的口号是"快速、免费、公正"(Fast、Free、Fair)。相比冗长费时、花费高昂的司法体系,PCC 的服务使公众的投诉得到满意的解决,也有效地降低了新闻官司的数量。

在克服了诸多问题之后,报刊投诉委员会在早期获得了快速的发展。在 1995 年政府把报刊投诉委员会在自律方面的成就写入了政府白皮书"隐私与媒体侵犯"。在 2007 年,英国媒体和体育特别委员会(Select Committee)进一步指出自律对于新闻界来说是十分合适的,并不需要特别的法律对其进行约束,隐私法也是没有必要的。2009年该特别委员会的报告《新闻界标准,隐私与诽谤》中指出"新闻界自律是优于法律处罚的,该自律应当继续保持"。

PCC组织架构的设置以保证独立性为前提,投诉、准则制定、人事、财政、监督等各方面都由专门部门负责。整个组织体系包括投诉委员会、任命委员会、准则委员会、报业标准财政委员会和约章遵守小组等部门。

一、英国报刊投诉委员会的投诉处理程序

英国报刊投诉委员会的投诉部门接到投诉后,根据《编辑业务准则》及投诉内容对投诉进行评估。如果投诉属于《编辑业务准则》以外的行为,负责处理投诉的委员就会写信给投诉者,告知投诉不属于PCC的受理范围,并建议其与其他组织联系。如果投诉者愿意,PCC也可以将他的信转交相关媒体的主编,请他们今后注意这方面的问题。这类投诉,往往一两天内就可以处理完。

对于属于PCC受理范围的投诉,处理投诉的委员会根据《编辑业务准则》进行评估。如果认为报刊并未触犯规约,就会交给一位专门负责处理未触犯规约的委员会成员,他将撰写一份建议,阐述这个投诉应该被否决,并列出否决的理由和依据。然后他将把这份投诉及对其处理意见送达委员会所有成员,委员会成员有一周时间给他反馈。如果有成员对这一处理不满,就会将意见反馈给他,如果大家都没有意见,他将写信给投诉者,解释委员会否决投诉的理由。这类投诉,一般在一两周内即可完成。

还有一类投诉,PCC评估时认为报刊或许存在问题。受理的委员就会写信给主编。这一般会有三种情况:

一是主编回信,认为自己的报社在某环节上确实存在差错,愿意做出更正,然后该报可能需要发表一个更正或道歉。

二是主编写信给投诉者,解释事情经过。

这两种情况使投诉形成了一个双方都较为满意的结论,投诉到

此结束。这个过程可能慢也可能快,因为有时在形成结论前需要多次通信。

三是主编认为报社并没有过错或者投诉者对主编的反应和处理方法不满意,或者,投诉涉及一些重要的原则性问题,需要 PCC 做出决定。这种投诉将被递交委员会,委员会成员每月召开一次会议研究这些棘手的案例。他们就支持或否决这个投诉做出最终决定,这个决定会在公布前数日寄给双方。一旦委员会支持投诉,那么报纸就必须发表裁决①。

二、戴安娜王妃车祸事件及评析

1997 年 8 月 30 日下午,英国王妃戴安娜与其男友、埃及亿万富翁之子多迪·法耶兹在法国南部旅游胜地圣托贝度假一周后回到巴黎。为摆脱 7 名骑摩托车的摄影记者的追逐,他们乘坐的汽车高速驾驶,31 日凌晨约零时 30 分,汽车行至巴黎市中心塞纳河畔的阿尔玛桥下公路隧道时突然失去控制,撞在隧道中央的一根分界水泥柱上,汽车被完全撞坏,多迪和司机当场身亡,戴安娜与她的保镖身负重伤,被送进医院抢救。追踪戴安娜的 7 名摄影记者随即被警方拘留。凌晨 4 时,戴安娜因胸部大出血在医院逝世,年仅 36 岁。

事后,在车祸现场的摄影师被警方拘留讯问时,戴安娜在车祸现场的照片在国际传媒市场上被高价求售。此消息一经传出,新闻媒体受到严厉遣责,那些为抢新闻不讲道德操守的记者更被斥为"拍拍垃圾"遭到唾弃。社会民众、戴安娜的亲属、各国政界以及新闻媒介内部都表示了强烈的遣责。尤其在戴妃的葬礼中,其弟史宾塞伯爵代表家属致悼词时声讨那些扮演不光彩角色的偷拍记者时说:"我一直觉得新闻界将最终置她于死地,但我没想到它们起的作用会如此直接。"他以火辣的言词,直指新闻界。

在戴安娜王妃遭遇车祸事件中,英国的媒体遭受各方指责,不仅是公众,政府在这个时候也出面干预。英国政府表态,媒体必须保证

---

① 徐健.英国报业自律机制研究[D].北京:中央民族大学,2007.

自己能够有效地自律,否则将通过政府立法等形式来从"外部"制约媒体最终达到规范媒体行为的目的。对于媒体而言,行政强力的介入对新闻自由有潜在的威胁。英国的媒体界不希望经过不断斗争获得的自由权利受到政府牵制,因而更好地加强自律是他们的第一选择。

面对公众的指责和政府的威胁,PCC迅速采取行动,全面修改并公布新的报业行为准则,新"行为规约"在五个方面有所加强:对隐私权的保护、对未成年人的保护、限制了媒介接口"公众利益"滥用权力的可能、强调了照片的拍摄和使用限制、禁止在新闻信息获取中的有偿行为。对于PCC的规约调整,英国文化、媒体和体育部大臣克里斯·史密斯对修改报业行为准则表示欢迎。他说,报业自律比政府制定一套关于隐私权的法律效果更好。这些应对措施的出台,使公众对于报业的指责逐渐归于平息,媒体界在事后的追责与反思中获得了一定的主动权。

纵观整个戴安娜车祸事件中媒体的行为可以发现,在媒体的新闻自由已经达到一个相当的高度,不少媒体为追求所谓的"眼球经济"而置人隐私、名誉等人格权利于不顾,然而相关的法律又没有完善时,媒体极易打着"为受众呈现第一手的新闻"的幌子而滥用自身的新闻自由权。在媒体进入这样一个时期时,一般面临大致两种选择:一种是通过加强新闻行业自律,使媒体规范自身行为;另外一种就是通过立法等形式加强外部制约,即"他律"。就媒体而言,自然是倾向于选择通过内部自律进而达到净化行业的目的。新闻自律的功能,首先是"限制",这种限制的目的是两个方面的:既约束传媒及传媒从业者,使之恪尽社会责任,不滥用新闻自由的权利;又通过自身行之有效的工作避免政府直接出面制定严厉的法律,对新闻自由造成伤害。

既然新闻自律是对新闻媒体的"治理",那为何又被视为是对新闻自由的保障之举呢?事实是,在欧洲很多国家里,新闻自律制度已成功地保护了媒体,从而避免了国家的严格管制。英国前司法大臣、曾任英国评议会主席的戴夫林勋爵(Loid Devlin)曾强调说:"报业必须自律,否则,如不自律或自律失败,那无疑随之而来的,将是政府立法的严格管制。"新闻自律可以避免政府的干涉,西方国家认为政府干预对于新闻媒体而言是非常危险的。因此,通过新闻行业自律对媒体进行规范,并非是对媒体权利的损害,恰恰相反,通过媒体自律的方式获得更多的自由,从而使其权利得到保障①。从英国新闻自律组织的发展以及 PCC 在戴安娜车祸事件中的积极作为可以看出英国新闻界也是采用这一方法保障新闻自由。若是新闻自律能够实现媒体自我治理,那么新闻自由的弹性空间相对增大。实质上,新闻自律是对于政府滥用权力和媒体滥用自由的制约和平衡。

思考题

1. PCC 是什么? 它的发展经历了哪些重要阶段? 它的历史意义包括哪些?

2. 梳理 PCC 的投诉处理程序,并将整个过程用程序框图画出来。

3. 如何看待戴安娜王妃车祸事件后 PCC 的迅速反应? 结合这个案例,谈谈你对"新闻自律是对政府滥用权力和媒体滥用自由的制约和平衡"这句话的理解。

---

① 牛静.媒体的权利保障与约束研究[M]武汉:华中科技大学出版社,2014,138.

案 例 列 表

图 表 列 表

参 考 文 献

1. 卞建林,焦洪昌.传媒与司法[M].北京:中国人民公安大学出版社,2006,174.

2. 邴长策.法理学[M].广州:华南理工大学出版社,2006,78.

3. 布洛克.西方人文主义传统[M].北京:生活读书新知三联书店,2003.

4. 蔡斐.《民法典》对新闻传播活动的影响[J].青年记者,2020(19):75-77.

5. 曹小娟,慕明春."免责"还是"处罚"——关于网络转载是否承担名誉权侵权责任的思考[J].陕西师范大学学报(哲学社会科学版).2016,45(05):159-169.

6. 陈峰,王雷.被收容者孙志刚之死[N].南方都市报,2003-04-25.

7. 陈红梅.新闻采访[M].上海:华东师范大学出版社,2009,3.

8. 陈建云.新闻敲诈,该当何罪?[J].新闻记者.2014(7):45-51.

9. 陈力丹、周俊、陈俊妮.中国新闻职业规范蓝本[M].北京:人民日报出版社,2012,119.

10. 陈力丹.论新闻真实[J].中国广播.2011(04):8-11.

11. 陈力丹.马克思和恩格斯的隐私权观念[J].新闻法通讯.1986(1).

12. 陈力丹.新闻理论十讲(修订版)[M].上海:复旦大学出版社,2020,125.

13. 陈力丹.新闻学小词典[M].北京:中国新闻出版社,1988.

14. 陈泰志.美国新闻自由与司法制约[J].国际新闻界.1987(04):5-13.

15. 陈堂发.网络环境下大学生对隐私保护倾向从宽原则——从"外滩拥挤踩踏事件"报道的伦理争议说起[J].新闻记者.2015(02)：42－48.

16. 陈翔."新闻寻租"的表现形式[J].新闻界.2005(1)：82－83.

17. 陈绚.新闻传播伦理与法规教程[M].北京：中国人民大学出版社，2016，305.

18. 程啸.民法典编纂视野下的个人信息保护[J].中国法学.2019(04)：26－43.

19. CNNIC：《第 42 次中国互联网络发展状况报告》[E]. http://www.cac.gov.cn/2018-08/20/c_1123296882.htm.2018-08-20.

20. 崔明伍.新闻传播法［M].合法：合肥工业大学出版社，2013，30.

21. 大卫·巴尔沃萨.中国媒体有偿报道乱象[N].纽约时报（纽约版).2012-04-04(A1).

22. 丁宇翔.人格权侵权中"公众人物抗辩"的裁判规则[J].法律适用.2016(06)：73－78.

23. 法言平.认真对待来之不易的"于欢案效应"[N].人民法院报，2017-06-24(001).

24. 法治日报.重磅！聊城"辱母杀人案"一审判决书全文披露！[E]. https://mp.weixin.qq.com/s/aE-WPiBpSHDIS-tfKm4Y7A.2017-03-26.

25. 范海潮，顾理平.探寻平衡之道：隐私保护中知情同意原则的实践困境与修正[J].新闻与传播研究.2021，28(02)：70－85＋127－128.

26. 范长江.记者工作随想[J].新闻战线.1979(01).

27. 菲利普，帕特森，李·威尔金.媒介伦理学：问题与案例［M].北京：中国人民大学出版社，2006，4.

28. 冯健.中国新闻实用大辞典［M].北京：新华出版社，1996.

29. 冯晓青，许耀乘.破解短视频版权治理困境：社会治理模式的引入与构建[J].新闻与传播研究，2020，27(10)：56－76＋127.

30. 付松聚.社会转型下的中国"媒介审判"现象研究[M].北京：

中国社会科学出版社,2016,137.

31. 付松聚.我国"媒介审判"现象研究[D].郑州:郑州大学,2009.

32. 付迎春.表情包著作权侵权问题研究[D].石家庄:河北经贸大学,2020.

33. 甘惜分.新闻学大辞典[M].河南:河南人民出版社,1993.

34. 郭小安,雷闪闪."数据被遗忘权"实施困境与我国的应对策略[J].理论探索.2016(06):108－114.

35. 何渊.数据法学[M].北京:北京大学出版社,2020,49.

36. 何志文.共同隐私的法律保护[J].前沿.2004(07):142－144.

37. 红波,李铁.公众人物的判断标准、类型及其名誉权的限制——以媒体侵害公众人物名誉权为中心[J].当代法学.2006(4):88－89.

38. 侯健.传媒与司法的冲突及其调整——美国有关法律实践评述[J].比较法研究.2001(01):84－90.

39. 胡舒立.新闻寻租不可恕[E]. https://finance. qq. com/a/20131102/005749. htm. 2013-11-02.

40. 黄瑚.网络传播法规与伦理[M].上海:复旦大学出版社,2018,210.

41. 黄瑚.网络传播法规与伦理教程[M].上海:复旦大学出版社,2018,72.

42. 贾亦凡,陈斌,阿仁.2007 年十大假新闻[J].新闻记者.2018(01):16－25.

43. 贾壮.守住底线,才有媒体公信[N].人民日报.2014-09-12(05).

44. 京华时报.21 世纪网新闻敲诈案:收百余家企业数亿"保护费"[E]. http://www. chinanews. com/f/2014/09-11/6579250_4. shtml. 2014-09-11.

45. "剑网2014"专项行动十大案件[N].中国新闻出版报.2015-01-19.

46. 康拉德·C·芬克.冲击力:新闻评论写作教程[M].北京:新华出版社,2002.

47. 克利福德·G·克里斯琴斯.媒介伦理:案例与道德推理[M].北京:中国人民大学出版社,2014.

48. 孔德钦,陈鹏."网络媒介审判"的负面效果成因[J].新闻世界,2010(02):87-88.

49. 莱特尔,哈里斯,约翰逊著,宋铁军译.全能记者必备[M].北京:中国人民大学出版社,2005,12.

50. 老庄.卧底记者:暗访福喜怎样守住底线[E]. http://www.360doc. com/content/14/0723/00/2283188_396400997. shtml. 2014-07-23.

51. 冷传莉,李怡.司法保护视角下的隐私权类型化[J].法律科学(西北政法大学学报).2017,35(05):79-89.

52. 李东晓.界外之地:线上新闻"作坊"的职业社会学分析[J].新闻记者.2019(04):15-27.

53. 李良荣.新闻学概论[M].上海:复旦大学出版社,2011,240.

54. 李明德,许超.著作权法[M].北京:法律出版社,2013,62.

55. 李扬,林浩然.我国应当移植被遗忘权吗[J].知识产权.2021(06):50-65.

56. 李洋.新闻报道、舆论监督行为人的"合理核实义务"研究——基于《民法典》第1025条和1026条的释读[J].新闻记者,2020(08):78-86.

57. 李颖,马泉福.方是民与崔永元名誉权纠纷上诉案——公众人物网络互骂的侵权认定[E]. https://www. pkulaw. com/pfnl/a25051f3312b07f3bfb52c53def819e3c9d3f58fd9f2c692bdfb. html. 2021-09-10.

58. 李媛.被遗忘权之反思与建构[J].华东政法大学学报.2019(2).

59. 李瞻.新闻道德——各国报业自律比较研究[M].台湾:三民书局,1982.

60. 刘茂才.改革开放与市场经济文选[M].北京:中国书籍出版

社,1998,1326.

61. 刘明华、徐泓、张征.新闻写作教程[M].北京:中国人民大学出版社,2002,28－29.

62. 刘学涛,李月.大数据时代被遗忘权本土化的考量——兼以与个人信息删除权的比较为视角[J].科技与法律.2020(02):78－88.

63. 陆定一.我们对于新闻学的基本观点[N].解放日报.1943.

64. 陆晔,俞卫东.传媒人的媒介观与伦理——二〇〇二上海新闻从业者调查报告之四[J].新闻记者.2003(4):10－15.

65. 陆晔,谢静,葛星,赵民.在满足知情权与消费遇难者之间——一场由"上海外滩踩踏事件"新闻报道引发的学术讨论[J].新闻记者.2015(2):30－34.

66. 陆晔,周睿鸣."液态"的新闻业:新传播形态与新闻专业主义再思考——以澎湃新闻"东方之星"长江沉船事故报道为个案[J].新闻与传播研究.2016,23(07):24－46＋126－127.

67. 罗彬.新闻伦理与法规[M].北京:北京师范大学出版社,2019,128.

68. 罗斌,宋素红.算法新闻传播主体的法律性质:ICP 还是 ISP——兼与《算法推荐新闻的法律透视》一文商榷[J].新闻记者,2019(06):77－86.

69. 罗昌平.拆解"新闻寻租链"[J].南方传媒研究.2009(16).

70. 罗时贵.中国民法公序良俗原则的法律性质[J].重庆大学学报(社会科学版),2018,24(05):139－150.

71. 罗翔.网络水军与名誉权的刑法保护[J].社会科学辑刊.2019(04):121－131＋217.

72. 满洪杰.被遗忘权的解析与构建:作为网络时代信息价值纠偏机制的研究[J].法制与社会发展.2018(2).

73. 南方都市报.重磅！南都记者卧底替考组织此刻正在南昌参加高考[E]. https://mp.weixin.qq.com/s/O-YMDsTH573CRqX68VlCrQ.2015-06-07.

74. 牛静,杜俊伟.全球主要国家媒体伦理规范[M].武汉:华中科技大学出版社,2017.

75. 牛静.媒体的权利保障与约束研究[M]武汉:华中科技大学出版社,2014,138.

76. 牛静.全球媒体伦理规范评议[M].北京:社会科学文献出版社,2018.

77. 牛静.新媒体传播伦理研究[M].北京:社会科学文献出版社,2019,213.

78. 牛静.新闻传播伦理与法规:理论及案例评析(第二版)[M].上海:复旦大学出版社,2018,27.

79. 农情华.中外新闻行业组织自律规范比较研究[D].北京:中国政法大学,2010.

80. 欧阳晨雨.刺死辱母者被判无期:请给公民战胜邪恶的法律正义[E]. http://news. cyol. com/co/2017-03-27/content_15826954. htm. 2017-03-27.

81. 欧阳一杰.新闻照片被改头换面制作广告——一起摄影作品篡改侵权案在郑州不审而结[J].新闻记者.1997(08):20－24.

82. 帕特森,威尔金斯.媒介伦理学:问题与案例[M].北京:中国人民大学出版社,2006.

83. 澎湃新闻.辱母案:期待"正义的理据或修订"[E]. https://www. thepaper. cn/newsDetail_forward_1647938.2017-03-25.

84. 彭家发.新闻客观性原理[M].台湾:台湾三民书局,1994,23.

85. 钱贤鑫,郭佳.媒体腐败的权利寻租分析及防治[J].当代社科视野.2012(7—8):74－76.

86. 乔榛,蔡荣.《民法典》视域下的个人信息保护[J].北方法学.2021,15(01):38－45.

87. 裴正义,黄瑚.欧美各国的新闻评议制度与新闻自律[J].新闻战线.1996(01):46－47.

88. 人民法院报.腾讯诉盈讯科技侵害著作权纠纷案——首例人工智能生成文章作品纠纷案[E]. https://www. chinacourt. org/article/detail/2021/01/id/5709690. shtml. 2021-01-09.

89. 瑞柏律师事务所.欧盟，一般数据保护条例.GDPR（汉英对照）[M].北京：法律出版社，2018，42.

90. 萨莉·斯皮尔伯利著，周文译.媒体法[M].武汉：武汉大学出版社，2004，355.

91. 邵国松.网络传播法导论[M].北京：中国人民大学出版社，2017，117－119.

92. 宋梅."有偿新闻"与寻租行为[J].报刊之友.1996(3):20.

93. 孙通.解读"五四"时期报刊的人文关怀[J].新闻爱好者.2002(5):37－38.

94. 孙万怀，卢恒飞.刑法应当理性应对网络谣言——对网络造谣司法解释的实证评估[J].法学，2013(11):3－19.

95. 孙旭培.新闻传播法学[M].上海：复旦大学出版社，2008.

96. 孙永兴.论于欢案中的媒体报道特征[J].中国广播电视学刊，2017(08):62－64.

97. 塔洛克 G，TullockG.寻租：对寻租活动的经济学分析[M].西南财经大学出版社，1999.

98. 塔奇曼.做新闻[M].北京：华夏出版社，2008.

99. 唐纳德·M·吉尔摩，等.美国大众传播法：判例评析[M].北京：清华大学出版社，2002:401.

100. 田小军，郭雨笛.设定平台版权过滤义务视角下的短视频平台版权治理研究[J].出版发行研究，2019(03):66－69.

101. 田小军.短视频火了，版权问题来了[N],中国新闻出版广电报，2018.11.29.

102. 王博."新闻寻租"何以成为"常规行为"—从制度经济学视角解读新闻寻租[J].兰州学刊.2008(12):167.

103. 王春晖.《民法典》自然人"隐私权"的内涵与保护[J].中国电信业.2020(09):66－69.

104. 王春梅.《民法典》框架下英烈与死者人格利益保护的立法调适[J].烟台大学学报(哲学社会科学版).2020，33(05):35－45.

105. 王大鹏.复旦20岁才女外滩踩踏事故中遇难[E].https://

news. qq. com/a/20150101/039671. htm. 2015-01-01.

106. 王佳宁.网络谣言对态度改变的影响[D].吉林:吉林大学，2012，20.

107. 王鉴泽.人格权法:法学释义、比较法、案例研究[M].北京:北京大学出版社,2012.

108. 王利明.公众人物人格权的限制和保护[J].中州学刊.2005(02):94.

109. 王利明.论个人信息权的法律保护—以个人信息与隐私权的界分为中心[J].现代法学.2013(4):62-72.

110. 王利明.民法侵权行为法[M].北京:中国人民大学出版社,1993，296.

111. 王利明.人格权与新闻侵权[M].北京:中国方正出版社,2000.

112. 王瑞锋.刺死辱母者[E]. https://mp. weixin. qq. com/s/gstwc34EmvLOVAu5WUwmKQ. 2017-03-25.

113. 王琰,赵婕.大数据时代被遗忘权的现实逻辑与本土建构[J].南昌大学学报(人文社会科学版).2020(06).

114. 王勇.《民法典》对新闻报道的规范与影响研究[J].传媒.2020(24):94-96.

115. 魏永征,张咏华等.西方传媒的法制、管理和自律[M].北京:中国人民大学出版社,2003，337.

116. 魏永征,周丽娜.新闻传播法教程(第六版)[M].北京:中国人民大学出版社,2019，99.

117. 魏永征.《民法典》中"新闻报道"行为的主体[J].青年记者.2020(19):71-74.

118. 魏永征.群体智慧还是群体极化——于欢案中的舆论变化及引导[J].新闻记者.2017(11):51-60.

119. 温昱.个人数据权利体系论纲——兼论《芝麻服务协议》的权利空白[J].甘肃政法学院学报.2019(02):84-96.

120. 吴汉东.形象的商品化与商品化的形象权[J].法学.2004

(10):77-89.

121. 吴裕华,张君默,胡智明.范志毅诉《东方体育日报》:公众人物与名誉权保护案[E]. https://www.pkulaw.com/pfnl/c05aeed05 a57db0ae6272b9f8c8d5e40bda864d50b0f6df4bdfb. html. 2021-09-10.

122. 相丽玲,高倩云.大数据时代个人数据权的特征、基本属性与内容探析[J].情报理论与实践.2018,41(09):45-50+36.

123. 小仓志祥.伦理学概论[M].北京:中国社会科学出版社,1975.

124. 谢冰玉.偶像工业时代饭圈应援现象观察[D].浙江:浙江大学,2019.

125. 谢远扬.个人信息的私法保护[M].北京:中国法制出版社,2016,6.

126. 新华网.《中国经济时报》一版发文致歉深刻反省郗永丰案[E]. http://news.xinhuanet.com/2014-04/29/c_133296983.htm. 2014-04-29.

127. 新京报."刀刺辱母者案":司法要给人伦留空间[E]. http://epaper.bjnews.com.cn/html/2017-03/26/content_675931. htm?div=-1.2017-03-26.

128. 徐健.英国报业自律机制研究[D].北京:中央民族大学,2007.

129. 徐平.记者从业现状调查显示:光环渐淡,职业精神愈凸显[E]. http://book.chinaxwcb.com/2013/1108/9718.html. 2013-11-08.

130. 许中缘,颜克云.论法人名誉权、法人人格权与我国民法典[J].法学杂志.2016,37(04):37-48.

131. 薛虹.网络时代的知识产权法[M].北京:法律出版社,2000,105.

132. 央视财经.汉堡王用过期面包做汉堡鸡腿排保质期随意改[E]. http://finance.china.com.cn/consume/20200716/5320082. shtml. 2020-07-16.

133. 央视网.21世纪报系新闻敲诈案宣判总编获刑4年罚款6

万［E］. http://m. sohu. com/n/432411135/. 2017-06-05.

134. 杨保军. 新闻真实论［M］. 北京：中国人民大学出版社，2006，98－125.

135. 杨凯，郭卫华. 网络舆论与法院审判［M］. 北京：法律出版社，2010，36.

136. 杨立新.《民法典》对媒体行为及责任的规范［J］. 河南财经政法大学学报. 2021，36(02)：1－12.

137. 杨立新. 关于隐私权及其法律保护的几个问题［J］. 人民检察. 2000(01)：26－28.

138. 杨立新. 民法典侵权责任编草案规定的网络侵权责任规则检视［J］. 法学论坛. 2019，34(03)：89－100.

139. 杨立新. 网络服务提供者在网络侵权避风港规则中的地位和义务［J］. 福建师范大学学报(哲学社会科学版). 2020(05)：139－147＋172.

140. 叶璇诉安贞医院、交通出版社、广告公司肖像权纠纷案［J］. 中华人民共和国最高人民法院公报. 2003(06)：21－22.

141. 易中天. 血性男儿哪有罪？刺死辱母者既是正当防卫，更是见义勇为［E］. https://mp. weixin. qq. com/s/jvmnQP6rA48UprNPvIwQYg. 2017-03-26.

142. 俞吾金. 人文关怀：马克思哲学的另一个维度［J］. 光明日报. 2001.

143. 岳业鹏. 论新闻舆论监督的合法界限——基于名誉侵权抗辩规则的考察［J］. 新闻大学. 2021(03)：16－31＋117－118.

144. 翟羽艳. 我国隐私权法律保护体系存在的问题及其完善［J］. 学习与探索. 2019(10)：80－84.

145. 展江. 一篇外稿引发的诉讼和教训——媒体道德与伦理经典案例评析(二)［J］. 青年记者. 2014(19)：68－69.

146. 张昆. 中外新闻传播史［M］. 上海：高等教育出版社，2008，10.

147. 张连勇，赵琪. 视觉中国未经同意使用并出售演员照片一审

被判侵权并赔偿［E］. https://bjgy. bjcourt. gov. cn/article/detail/
2019/09/id/4431159. shtml. 2019-09-02.

148. 张新宝.隐私权的法律保护［M］,北京:群众出版社,2007.

149. 张志安,曹艳辉.新媒体环境下中国调查记者行业生态变化
报告［J］.现代传播.2017(11):27‐33.

150. 赵超.AI 换脸技术的法律风险评估——从 APP"ZAO"谈起
［J］.江苏工程职业技术学院学报,2020,20(01):103‐108.

151. 赵国政.试论新闻事实认证的方法与标准［J］.新闻记者,
2008(01):47‐49.

152. 赵正东,王乃冬.大数据时代个人信息侵权及保护问题探索
［J］.延边大学学报(社会科学版).2021,54(01):116‐112.

153. 郑保卫,陈绚.传媒人对"有偿新闻"的看法—中国新闻工作
者职业道德调查报告［J］.新闻记者.2004(5):20‐22.

154. 中国记协网.机器人写稿首获版权,智能写作走向何方?［E］.
http://www. zgjx. cn/2020-04/30/c_139021491. htm. 2020-04-30.

155. 中国社会科学院新闻研究所等.中国新闻年鉴(1990)［M］.
北京:中国社会科学出版社,1990.

156. 中国新闻网.山西矿难封口费事件六家收钱媒体被曝光
［E］. http://news. sina. com. cn/c/2008-10-30/163516557819.
shtml. 2008-10-30.

157. 中华人民共和国民法典(实用版)［M］.北京:中国法制出版
社,2020,548.

158. 周冲.《民法典》个人信息保护条款解读及其对新闻报道的
影响［J］.新闻记者.2020(10):87‐96.

159. 周冲.辱母杀人案有 6 点不公正的地方［E］. https://mp.
weixin. qq. com/s/yE071FNJWCO8Zl0lntL3bQ. 2017-03-26.

160. 周翼虎.抗争与入笼:中国新闻业的市场化悖论［J］.新闻学
研究.2009(2):103.

161. 左中甫.关注人的存在写出与人的关系［J］.新闻爱好
者.2002.

162. G. Hosp. The Media Rent-Seeking Society: Differences in Democratic and Autocratic Environments[J]. Social Science Electronic Publishing. 2004(02):33.

163. G. W. Allport & L. Postman. The Psycholgy of Rumor [M]. New York: Henry Holt, 1947.

164. J. Dooley & H. F. Garcia. Reputation Management: The Key to Successful Public Relation and Corporate Communication. 2nd edition[M]. New York: Routledge, 2011, 323 - 331.

165. R. Locke. New Techniques Developed for Treatment of the Epidemic[N]. Associated Press. 1982-1-18.

166. Right to Erasure(Right to Be Forgotten), GDPR(17 may 2021), https://gdpr-info. eu/art-17-gdpr/.

167. Roberson v. Rochester Folding Box Co. 171 N. Y. 583 (1902).

168. Samuel D. Warren & Louis D. Brandeis, The Right to Privacy[M]. 4 Harv. L. Rev, 1890, 193.

169. Stephen Berry. Why Objectivity still matters [J]. Nieman Reports, 2005.

170. The University of Chicago Press. A free and responsible press: a general report on masscommunication: newspapers, radio, motion pictures, magazines, and books[J]. yale law journal, 1974, 41(3):559 - 561.

171. W. D. Ross. The Right and the Good[M]. Oxford: Oxford University Press, 2002, 7.

172. Whitman, J. Q. The Two Western Cultures of Privacy: Dignity Versus Liberty[J]. Yale Law Journal, 2004(6): 1151 - 1221.

附录一 《民法典》相关条文

第一条 【立法目的】(条文主旨为编者所加,仅供参考)为了保护民事主体的合法权益,调整民事关系,维护社会和经济秩序,适应中国特色社会主义发展要求,弘扬社会主义核心价值观,根据宪法,制定本法。

第四条 【平等原则】民事主体在民事活动中的法律地位一律平等。

第五条 【自愿原则】民事主体从事民事活动,应当遵循自愿原则,按照自己的意思设立、变更、终止民事法律关系。

第六条 【公平原则】民事主体从事民事活动,应当遵循公平原则,合理确定各方的权利和义务。

第七条 【诚信原则】民事主体从事民事活动,应当遵循诚信原则,秉持诚实,恪守承诺。

第八条 【守法与公序良俗原则】民事主体从事民事活动,不得违反法律,不得违背公序良俗。

第十三条 【自然人民事权利能力的起止】自然人从出生时起到死亡时止,具有民事权利能力,依法享有民事权利,承担民事义务。

第十四条 【自然人民事权利能力平等】自然人的民事权利能力一律平等。

第十七条 【成年人与未成年人的年龄标准】十八周岁以上的自然人为成年人。不满十八周岁的自然人为未成年人。

第十八条 【完全民事行为能力人】成年人为完全民事行为能力人,可以独立实施民事法律行为。

十六周岁以上的未成年人,以自己的劳动收入为主要生活来源的,视为完全民事行为能力人。

第十九条 【限制民事行为能力的未成年人】八周岁以上的未成年人为限制民事行为能力人,实施民事法律行为由其法定代理人代理或者经其法定代理人同意、追认;但是,可以独立实施纯获利益的民事法律行为或者与其年龄、智力相适应的民事法律行为。

第二十条 【无民事行为能力的未成年人】不满八周岁的未成年人为无民事行为能力人,由其法定代理人代理实施民事法律行为。

第二十一条 【无民事行为能力的成年人】不能辨认自己行为的成年人为无民事行为能力人,由其法定代理人代理实施民事法律行为。

八周岁以上的未成年人不能辨认自己行为的,适用前款规定。

第二十二条 【限制民事行为能力的成年人】不能完全辨认自己行为的成年人为限制民事行为能力人,实施民事法律行为由其法定代理人代理或者经其法定代理人同意、追认;但是,可以独立实施纯获利益的民事法律行为或者与其智力、精神健康状况相适应的民事法律行为。

第二十三条 【法定代理人】无民事行为能力人、限制民事行为能力人的监护人是其法定代理人。

第二十四条 【无民事行为能力人或限制民事行为能力人的认定与恢复】不能辨认或者不能完全辨认自己行为的成年人,其利害关系人或者有关组织,可以向人民法院申请认定该成年人为无民事行为能力人或者限制民事行为能力人。

被人民法院认定为无民事行为能力人或者限制民事行为能力人的,经本人、利害关系人或者有关组织申请,人民法院可以根据其智力、精神健康恢复的状况,认定该成年人恢复为限制民事行为能力人或者完全民事行为能力人。

本条规定的有关组织包括:居民委员会、村民委员会、学校、医疗机构、妇女联合会、残疾人联合会、依法设立的老年人组织、民政部门等。

第五十七条 【法人的定义】法人是具有民事权利能力和民事行

为能力,依法独立享有民事权利和承担民事义务的组织。

第五十九条 【法人民事权利能力和民事行为能力的起止】法人的民事权利能力和民事行为能力,从法人成立时产生,到法人终止时消灭。

第一百零九条 【人身自由、人格尊严受法律保护】自然人的人身自由、人格尊严受法律保护。

第一百一十条 【民事主体的人格权】自然人享有生命权、身体权、健康权、姓名权、肖像权、名誉权、荣誉权、隐私权、婚姻自主权等权利。

法人、非法人组织享有名称权、名誉权和荣誉权。

第一百一十一条 【个人信息受法律保护】自然人的个人信息受法律保护。任何组织或者个人需要获取他人个人信息的,应当依法取得并确保信息安全,不得非法收集、使用、加工、传输他人个人信息,不得非法买卖、提供或者公开他人个人信息。

第一百二十三条 【知识产权的定义】民事主体依法享有知识产权。

知识产权是权利人依法就下列客体享有的专有的权利:

(一)作品;

(二)发明、实用新型、外观设计;

(三)商标;

(四)地理标志;

(五)商业秘密;

(六)集成电路布图设计;

(七)植物新品种;

(八)法律规定的其他客体。

第一百二十七条 【数据、网络虚拟财产的保护】法律对数据、网络虚拟财产的保护有规定的,依照其规定。

第一百八十五条 【侵害英烈等的姓名、肖像、名誉、荣誉的民事责任】侵害英雄烈士等的姓名、肖像、名誉、荣誉,损害社会公共利益的,应当承担民事责任。

第九百九十条 【人格权定义】人格权是民事主体享有的生命权、身体权、健康权、姓名权、名称权、肖像权、名誉权、荣誉权、隐私权等权利。

除前款规定的人格权外,自然人享有基于人身自由、人格尊严产生的其他人格权益。

第九百九十一条 【民事主体的人格权不受侵害】民事主体的人格权受法律保护,任何组织或者个人不得侵害。

第九百九十二条 【人格权禁止性规定】人格权不得放弃、转让或者继承。

第九百九十三条 【人格标识许可使用】民事主体可以将自己的姓名、名称、肖像等许可他人使用,但是依照法律规定或者根据其性质不得许可的除外。

第九百九十四条 【死者人格利益保护】死者的姓名、肖像、名誉、荣誉、隐私、遗体等受到侵害的,其配偶、子女、父母有权依法请求行为人承担民事责任;死者没有配偶、子女且父母已经死亡的,其他近亲属有权依法请求行为人承担民事责任。

第九百九十五条 【人格权请求权】人格权受到侵害的,受害人有权依照本法和其他法律的规定请求行为人承担民事责任。受害人的停止侵害、排除妨碍、消除危险、消除影响、恢复名誉、赔礼道歉请求权,不适用诉讼时效的规定。

第九百九十六条 【精神损害赔偿请求权聚合】因当事人一方的违约行为,损害对方人格权并造成严重精神损害,受损害方选择请求其承担违约责任的,不影响受损害方请求精神损害赔偿。

第九百九十七条 【人格权行为禁令】民事主体有证据证明行为人正在实施或者即将实施侵害其人格权的违法行为,不及时制止将使其合法权益受到难以弥补的损害的,有权依法向人民法院申请采取责令行为人停止有关行为的措施。

第九百九十八条 【认定人格侵权责任应考虑的主要因素】认定行为人承担侵害除生命权、身体权和健康权外的人格权的民事责任,应当考虑行为人和受害人的职业、影响范围、过错程度,以及行为的目的、方式、后果等因素。

第九百九十九条 【人格权的合理使用】为公共利益实施新闻报道、舆论监督等行为的，可以合理使用民事主体的姓名、名称、肖像、个人信息等；使用不合理侵害民事主体人格权的，应当依法承担民事责任。

第一千条 【消除影响、恢复名誉、赔礼道歉等民事责任的承担】行为人因侵害人格权承担消除影响、恢复名誉、赔礼道歉等民事责任的，应当与行为的具体方式和造成的影响范围相当。

行为人拒不承担前款规定的民事责任的，人民法院可以采取在报刊、网络等媒体上发布公告或者公布生效裁判文书等方式执行，产生的费用由行为人负担。

第一千零一十八条 【肖像权】自然人享有肖像权，有权依法制作、使用、公开或者许可他人使用自己的肖像。

肖像是通过影像、雕塑、绘画等方式在一定载体上所反映的特定自然人可以被识别的外部形象。

第一千零一十九条 【肖像权消极权能】任何组织或者个人不得以丑化、污损，或者利用信息技术手段伪造等方式侵害他人的肖像权。未经肖像权人同意，不得制作、使用、公开肖像权人的肖像，但是法律另有规定的除外。

未经肖像权人同意，肖像作品权利人不得以发表、复制、发行、出租、展览等方式使用或者公开肖像权人的肖像。

第一千零二十条 【肖像权的合理使用】合理实施下列行为的，可以不经肖像权人同意：

（一）为个人学习、艺术欣赏、课堂教学或者科学研究，在必要范围内使用肖像权人已经公开的肖像；

（二）为实施新闻报道，不可避免地制作、使用、公开肖像权人的肖像；

（三）为依法履行职责，国家机关在必要范围内制作、使用、公开肖像权人的肖像；

（四）为展示特定公共环境，不可避免地制作、使用、公开肖像权人的肖像；

（五）为维护公共利益或者肖像权人合法权益，制作、使用、公开肖像权人的肖像的其他行为。

第一千零二十一条　【肖像许可使用合同解释规则】当事人对肖像许可使用合同中关于肖像使用条款的理解有争议的，应当作出有利于肖像权人的解释。

第一千零二十二条　【肖像许可使用合同解除权】当事人对肖像许可使用期限没有约定或者约定不明确的，任何一方当事人可以随时解除肖像许可使用合同，但是应当在合理期限之前通知对方。

当事人对肖像许可使用期限有明确约定，肖像权人有正当理由的，可以解除肖像许可使用合同，但是应当在合理期限之前通知对方。因解除合同造成对方损失的，除不可归责于肖像权人的事由外，应当赔偿损失。

第一千零二十四条　【名誉权】民事主体享有名誉权。任何组织或者个人不得以侮辱、诽谤等方式侵害他人的名誉权。

名誉是对民事主体的品德、声望、才能、信用等的社会评价。

第一千零二十五条　【名誉权的限制】行为人为公共利益实施新闻报道、舆论监督等行为，影响他人名誉的，不承担民事责任，但是有下列情形之一的除外：

（一）捏造、歪曲事实；

（二）对他人提供的严重失实内容未尽到合理核实义务；

（三）使用侮辱性言辞等贬损他人名誉。

第一千零二十六条　【合理核实义务的认定因素】认定行为人是否尽到前条第二项规定的合理核实义务，应当考虑下列因素：

（一）内容来源的可信度；

（二）对明显可能引发争议的内容是否进行了必要的调查；

（三）内容的时限性；

（四）内容与公序良俗的关联性；

（五）受害人名誉受贬损的可能性；

（六）核实能力和核实成本。

第一千零二十七条 【作品侵害名誉权】行为人发表的文学、艺术作品以真人真事或者特定人为描述对象，含有侮辱、诽谤内容，侵害他人名誉权的，受害人有权依法请求该行为人承担民事责任。

行为人发表的文学、艺术作品不以特定人为描述对象，仅其中的情节与该特定人的情况相似的，不承担民事责任。

第一千零二十八条 【媒体报道内容失实侵害名誉权的补救】民事主体有证据证明报刊、网络等媒体报道的内容失实，侵害其名誉权的，有权请求该媒体及时采取更正或者删除等必要措施。

第一千零二十九条 【信用评价】民事主体可以依法查询自己的信用评价；发现信用评价不当的，有权提出异议并请求采取更正、删除等必要措施。信用评价人应当及时核查，经核查属实的，应当及时采取必要措施。

第一千零三十条 【民事主体与信用信息处理者之间关系的法律适用】民事主体与征信机构等信用信息处理者之间的关系，适用本编有关个人信息保护的规定和其他法律、行政法规的有关规定。

第一千零三十一条 【荣誉权】民事主体享有荣誉权。任何组织或者个人不得非法剥夺他人的荣誉称号，不得诋毁、贬损他人的荣誉。

获得的荣誉称号应当记载而没有记载的，民事主体可以请求记载；获得的荣誉称号记载错误的，民事主体可以请求更正。

第一千零三十二条 【隐私权】自然人享有隐私权。任何组织或者个人不得以刺探、侵扰、泄露、公开等方式侵害他人的隐私权。

隐私是自然人的私人生活安宁和不愿为他人知晓的私密空间、私密活动、私密信息。

第一千零三十三条 【隐私权侵害行为】除法律另有规定或者权利人明确同意外，任何组织或者个人不得实施下列行为：

（一）以电话、短信、即时通讯工具、电子邮件、传单等方式侵扰他人的私人生活安宁；

（二）进入、拍摄、窥视他人的住宅、宾馆房间等私密空间；

（三）拍摄、窥视、窃听、公开他人的私密活动；

（四）拍摄、窥视他人身体的私密部位；

（五）处理他人的私密信息；

（六）以其他方式侵害他人的隐私权。

第一千零三十四条　【个人信息的定义】自然人的个人信息受法律保护。

个人信息是以电子或者其他方式记录的能够单独或者与其他信息结合识别特定自然人的各种信息，包括自然人的姓名、出生日期、身份证件号码、生物识别信息、住址、电话号码、电子邮箱、健康信息、行踪信息等。

个人信息中的私密信息，适用有关隐私权的规定；没有规定的，适用有关个人信息保护的规定。

第一千零三十五条　【个人信息处理的原则和条件】处理个人信息的，应当遵循合法、正当、必要原则，不得过度处理，并符合下列条件：

（一）征得该自然人或者其监护人同意，但是法律、行政法规另有规定的除外；

（二）公开处理信息的规则；

（三）明示处理信息的目的、方式和范围；

（四）不违反法律、行政法规的规定和双方的约定。

个人信息的处理包括个人信息的收集、存储、使用、加工、传输、提供、公开等。

第一千零三十六条　【处理个人信息免责事由】处理个人信息，有下列情形之一的，行为人不承担民事责任：

（一）在该自然人或者其监护人同意的范围内合理实施的行为；

（二）合理处理该自然人自行公开的或者其他已经合法公开的信息，但是该自然人明确拒绝或者处理该信息侵害其重大利益的除外；

（三）为维护公共利益或者该自然人合法权益，合理实施的其他行为。

第一千零三十七条　【个人信息主体的权利】自然人可以依法向

信息处理者查阅或者复制其个人信息;发现信息有错误的,有权提出异议并请求及时采取更正等必要措施。

自然人发现信息处理者违反法律、行政法规的规定或者双方的约定处理其个人信息的,有权请求信息处理者及时删除。

第一千零三十八条 【信息处理者的信息安全保障义务】信息处理者不得泄露或者篡改其收集、存储的个人信息;未经自然人同意,不得向他人非法提供其个人信息,但是经过加工无法识别特定个人且不能复原的除外。

信息处理者应当采取技术措施和其他必要措施,确保其收集、存储的个人信息安全,防止信息泄露、篡改、丢失;发生或者可能发生个人信息泄露、篡改、丢失的,应当及时采取补救措施,按照规定告知自然人并向有关主管部门报告。

第一千零三十九条 【国家机关、承担行政职能的法定机构及其工作人员的保密义务】国家机关、承担行政职能的法定机构及其工作人员对于履行职责过程中知悉的自然人的隐私和个人信息,应当予以保密,不得泄露或者向他人非法提供。

第一千一百九十四条 【网络侵权责任】网络用户、网络服务提供者利用网络侵害他人民事权益的,应当承担侵权责任。法律另有规定的,依照其规定。

第一千一百九十五条 【网络服务提供者侵权补救措施与责任承担】网络用户利用网络服务实施侵权行为的,权利人有权通知网络服务提供者采取删除、屏蔽、断开链接等必要措施。通知应当包括构成侵权的初步证据及权利人的真实身份信息。

网络服务提供者接到通知后,应当及时将该通知转送相关网络用户,并根据构成侵权的初步证据和服务类型采取必要措施;未及时采取必要措施的,对损害的扩大部分与该网络用户承担连带责任。

权利人因错误通知造成网络用户或者网络服务提供者损害的,应当承担侵权责任。法律另有规定的,依照其规定。

第一千一百九十六条 【不侵权声明】网络用户接到转送的通知后,可以向网络服务提供者提交不存在侵权行为的声明。声明应当包括不存在侵权行为的初步证据及网络用户的真实身份信息。

网络服务提供者接到声明后,应当将该声明转送发出通知的权利人,并告知其可以向有关部门投诉或者向人民法院提起诉讼。网络服务提供者在转送声明到达权利人后的合理期限内,未收到权利人已经投诉或者提起诉讼通知的,应当及时终止所采取的措施。

第一千一百九十七条　【网络服务提供者的连带责任】网络服务提供者知道或者应当知道网络用户利用其网络服务侵害他人民事权益,未采取必要措施的,与该网络用户承担连带责任。

附录二 中华人民共和国著作权法

第一章 总则

第一条 为保护文学、艺术和科学作品作者的著作权,以及与著作权有关的权益,鼓励有益于社会主义精神文明、物质文明建设的作品的创作和传播,促进社会主义文化和科学事业的发展与繁荣,根据宪法制定本法。

第二条 中国自然人、法人或者非法人组织的作品,不论是否发表,依照本法享有著作权。

外国人、无国籍人的作品根据其作者所属国或者经常居住地国同中国签订的协议或者共同参加的国际条约享有的著作权,受本法保护。

外国人、无国籍人的作品首先在中国境内出版的,依照本法享有著作权。

未与中国签订协议或者共同参加国际条约的国家的作者以及无国籍人的作品首次在中国参加的国际条约的成员国出版的,或者在成员国和非成员国同时出版的,受本法保护。

第三条 本法所称的作品,是指文学、艺术和科学领域内具有独创性并能以一定形式表现的智力成果,包括:

(一)文字作品;

(二)口述作品;

(三)音乐、戏剧、曲艺、舞蹈、杂技艺术作品;

(四)美术、建筑作品;

(五)摄影作品;

(六)视听作品;

（七）工程设计图、产品设计图、地图、示意图等图形作品和模型作品；

（八）计算机软件；

（九）符合作品特征的其他智力成果。

第四条 著作权人和与著作权有关的权利人行使权利，不得违反宪法和法律，不得损害公共利益。国家对作品的出版、传播依法进行监督管理。

第五条 本法不适用于：

（一）法律、法规，国家机关的决议、决定、命令和其他具有立法、行政、司法性质的文件，及其官方正式译文；

（二）单纯事实消息；

（三）历法、通用数表、通用表格和公式。

第六条 民间文学艺术作品的著作权保护办法由国务院另行规定。

第七条 国家著作权主管部门负责全国的著作权管理工作；县级以上地方主管著作权的部门主管本行政区域的著作权管理工作。

第八条 著作权人和与著作权有关的权利人可以授权著作权集体管理组织行使著作权或者与著作权有关的权利。依法设立的著作权集体管理组织是非营利法人，被授权后可以以自己的名义为著作权人和与著作权有关的权利人主张权利；并可以作为当事人进行涉及著作权或者与著作权有关的权利的诉讼、仲裁、调解活动。

著作权集体管理组织根据授权向使用者收取使用费。使用费的收取标准由著作权集体管理组织和使用者代表协商确定，协商不成的，可以向国家著作权主管部门申请裁决，对裁决不服的，可以向人民法院提起诉讼；当事人也可以直接向人民法院提起诉讼。

著作权集体管理组织应当将使用费的收取和转付、管理费的提取和使用、使用费的未分配部分等总体情况定期向社会公布，并应当建立权利信息查询系统，供权利人和使用者查询。国家著作权主管部门应当依法对著作权集体管理组织进行监督、管理。

著作权集体管理组织的设立方式、权利义务、使用费的收取和分配,以及对其监督和管理等由国务院另行规定。

第二章　著作权

第一节　著作权人及其权利

第九条　著作权人包括:

(一)作者;

(二)其他依照本法享有著作权的自然人、法人或者非法人组织。

第十条　著作权包括下列人身权和财产权:

(一)发表权,即决定作品是否公之于众的权利;

(二)署名权,即表明作者身份,在作品上署名的权利;

(三)修改权,即修改或者授权他人修改作品的权利;

(四)保护作品完整权,即保护作品不受歪曲、篡改的权利;

(五)复制权,即以印刷、复印、拓印、录音、录像、翻录、翻拍、数字化等方式将作品制作一份或者多份的权利;

(六)发行权,即以出售或者赠与方式向公众提供作品的原件或者复制件的权利;

(七)出租权,即有偿许可他人临时使用视听作品、计算机软件的原件或者复制件的权利,计算机软件不是出租的主要标的的除外;

(八)展览权,即公开陈列美术作品、摄影作品的原件或者复制件的权利;

(九)表演权,即公开表演作品,以及用各种手段公开播送作品的表演的权利;

(十)放映权,即通过放映机、幻灯机等技术设备公开再现美术、摄影、电影和视听作品等的权利;

(十一)广播权,即以有线或者无线方式公开传播或者转播作品,以及通过扩音器或者其他传送符号、声音、图像的类似工具向公众传播广播的作品的权利,但不包括本款第十二项规定的权利;

(十二)信息网络传播权,即以有线或者无线方式向公众提供,使公众可以在其选定的时间和地点获得作品的权利;

(十三)摄制权,即以摄制视听作品的方法将作品固定在载体上

的权利;

（十四）改编权,即改变作品,创作出具有独创性的新作品的权利;

（十五）翻译权,即将作品从一种语言文字转换成另一种语言文字的权利;

（十六）汇编权,即将作品或者作品的片段通过选择或者编排,汇集成新作品的权利;

（十七）应当由著作权人享有的其他权利。

著作权人可以许可他人行使前款第（五）项至第（十七）项规定的权利,并依照约定或者本法有关规定获得报酬。

著作权人可以全部或者部分转让本条第一款第（五）项至第（十七)项规定的权利,并依照约定或者本法有关规定获得报酬。

第二节　著作权归属

第十一条　著作权属于作者,本法另有规定的除外。

创作作品的自然人是作者。

由法人或者非法人组织主持,代表法人或者非法人组织意志创作,并由法人或者非法人组织承担责任的作品,法人或者非法人组织视为作者。

第十二条　在作品上署名的自然人、法人或者非法人组织为作者,且该作品上存在相应权利,但有相反证明的除外。

作者等著作权人可以向国家著作权主管部门认定的登记机构办理作品登记。

与著作权有关的权利参照适用前两款规定。

第十三条　改编、翻译、注释、整理已有作品而产生的作品,其著作权由改编、翻译、注释、整理人享有,但行使著作权时不得侵犯原作品的著作权。

第十四条　两人以上合作创作的作品,著作权由合作作者共同享有。没有参加创作的人,不能成为合作作者。

合作作品的著作权由合作作者通过协商一致行使;不能协商一致,又无正当理由的,任何一方不得阻止他方行使除转让、许可他人专有使用、出质以外的其他权利,但是所得收益应当合理分配给所有合作作者。

合作作品可以分割使用的,作者对各自创作的部分可以单独享有著作权,但行使著作权时不得侵犯合作作品整体的著作权。

第十五条 汇编若干作品、作品的片段或者不构成作品的数据或者其他材料,对其内容的选择或者编排体现独创性的作品,为汇编作品,其著作权由汇编人享有,但行使著作权时,不得侵犯原作品的著作权。

第十六条 使用改编、翻译、注释、整理、汇编已有作品而产生的作品进行出版、演出和制作录音录像制品,应当取得该作品的著作权人和原作品的著作权人许可,并支付报酬。

第十七条 视听作品中的电影作品、电视剧作品的著作权由制作者享有,但编剧、导演、摄影、作词、作曲等作者享有署名权,并有权按照与制作者签订的合同获得报酬。

前款规定以外的视听作品的著作权归属由当事人约定;没有约定或者约定不明确的,由制作者享有,但作者享有署名权和获得报酬的权利。

视听作品中的剧本、音乐等可以单独使用的作品的作者有权单独行使其著作权。

第十八条 自然人为完成法人或者非法人组织工作任务所创作的作品是职务作品,除本条第二款的规定以外,著作权由作者享有,但法人或者非法人组织有权在其业务范围内优先使用。作品完成两年内,未经单位同意,作者不得许可第三人以与单位使用的相同方式使用该作品。

有下列情形之一的职务作品,作者享有署名权,著作权的其他权利由法人或者非法人组织享有,法人或者非法人组织可以给予作者奖励:

(一)主要是利用法人或者其他组织的物质技术条件创作,并由法人或者其他组织承担责任的工程设计图、产品设计图、地图、示意图、计算机软件等职务作品;

（二）报社、期刊社、通讯社、广播电台、电视台的工作人员创作的职务作品；

（三）法律、行政法规规定或者合同约定著作权由法人或者其他组织享有的职务作品。

第十九条　受委托创作的作品，著作权的归属由委托人和受托人通过合同约定。合同未作明确约定或者没有订立合同的，著作权属于受托人。

第二十条　作品原件所有权的转移，不改变作品著作权的归属，但美术、摄影作品原件的展览权由原件所有人享有。

作者将未发表的美术、摄影作品的原件所有权转让给他人，受让人展览该原件不构成对作者发表权的侵犯。

第二十一条　著作权属于自然人的，自然人死亡后，其本法第十条第一款第（五）项至第（十七）项规定的权利在本法规定的保护期内，依法转移。

著作权属于法人或者非法人组织的，法人或者非法人组织变更、终止后，其本法第十条第一款第（五）项至第（十七）项规定的权利在本法规定的保护期内，由承受其权利义务的法人或者非法人组织享有；没有承受其权利义务的法人或者非法人组织的，由国家享有。

第三节　权利的保护期

第二十二条　作者的署名权、修改权、保护作品完整权的保护期不受限制。

第二十三条　自然人的作品，其发表权、本法第十条第一款第（五）项至第（十七）项规定的权利的保护期为作者终生及其死亡后五十年，截止于作者死亡后第五十年的 12 月 31 日；如果是合作作品，截止于最后死亡的作者死亡后第五十年的 12 月 31 日。

法人或者非法人组织的作品、著作权（署名权除外）由法人或者非法人组织享有的职务作品，其发表权的保护期为五十年，截止于作品创作完成后第五十年的 12 月 31 日；本法第十条第一款第五项至第十七项规定的权利的保护期为五十年，截止于作品首次发表后第五十年的 12 月 31 日，但作品自创作完成后五十年内未发表的，本法不再保护。

视听作品，其发表权的保护期为五十年，截止于作品创作完成后第五十年的 12 月 31 日；本法第十条第一款第五项至第十七项规定的权利的保护期为五十年，截止于作品首次发表后第五十年的 12 月 31 日，但作品自创作完成后五十年内未发表的，本法不再保护。

第四节　权利的限制

第二十四条　在下列情况下使用作品，可以不经著作权人许可，不向其支付报酬，但应当指明作者姓名或者名称、作品名称，并且不得影响该作品的正常使用，也不得不合理地损害著作权人的合法权益：

（一）为个人学习、研究或者欣赏，使用他人已经发表的作品；

（二）为介绍、评论某一作品或者说明某一问题，在作品中适当引用他人已经发表的作品；

（三）为报道新闻，在报纸、期刊、广播电台、电视台等媒体中不可避免地再现或者引用已经发表的作品；

（四）报纸、期刊、广播电台、电视台等媒体刊登或者播放其他报纸、期刊、广播电台、电视台等媒体已经发表的关于政治、经济、宗教问题的时事性文章，但著作权人声明不许刊登、播放的除外；

（五）报纸、期刊、广播电台、电视台等媒体刊登或者播放在公众集会上发表的讲话，但作者声明不许刊登、播放的除外；

（六）为学校课堂教学或者科学研究，翻译、改编、汇编、播放或者少量复制已经发表的作品，供教学或者科研人员使用，但不得出版发行；

（七）国家机关为执行公务在合理范围内使用已经发表的作品；

（八）图书馆、档案馆、纪念馆、博物馆、美术馆、文化馆等为陈列或者保存版本的需要，复制本馆收藏的作品；

（九）免费表演已经发表的作品，该表演未向公众收取费用，也未向表演者支付报酬且不以营利为目的；

（十）对设置或者陈列在公共场所的艺术作品进行临摹、绘画、摄影、录像；

（十一）将中国自然人、法人或者非法人组织已经发表的以国家通用语言文字创作的作品翻译成少数民族语言文字作品在国内出版发行；

（十二）以阅读障碍者能够感知的无障碍方式向其提供已经发表的作品；

（十三）法律、行政法规规定的其他情形。

前款规定适用于对与著作权有关的权利的限制。

第二十五条　为实施义务教育和国家教育规划而编写出版教科书，可以不经著作权人许可，在教科书中汇编已经发表的作品片段或者短小的文字作品、音乐作品或者单幅的美术作品、摄影作品、图形作品，但应当按照规定向著作权人支付报酬，指明作者姓名或者名称、作品名称，并且不得侵犯著作权人依照本法享有的其他权利。

前款规定适用于对与著作权有关的权利的限制。

第三章　著作权许可使用和转让合同

第二十六条　使用他人作品应当同著作权人订立许可使用合同，本法规定可以不经许可的除外。

许可使用合同包括下列主要内容：

（一）许可使用的权利种类；

（二）许可使用的权利是专有使用权或者非专有使用权；

（三）许可使用的地域范围、期间；

（四）付酬标准和办法；

（五）违约责任；

（六）双方认为需要约定的其他内容。

第二十七条　转让本法第十条第一款第（五）项至第（十七）项规定的权利，应当订立书面合同。

权利转让合同包括下列主要内容：

（一）作品的名称；

（二）转让的权利种类、地域范围；

（三）转让价金；

（四）交付转让价金的日期和方式；

（五）违约责任；

（六）双方认为需要约定的其他内容。

第二十八条　以著作权中的财产权出质的，由出质人和质权人依法办理出质登记。

第二十九条　许可使用合同和转让合同中著作权人未明确许可、转让的权利，未经著作权人同意，另一方当事人不得行使。

第三十条　使用作品的付酬标准可以由当事人约定，也可以按照国家著作权主管部门会同有关部门制定的付酬标准支付报酬。当事人约定不明确的，按照国务院著作权行政管理部门会同有关部门制定的付酬标准支付报酬。

第三十一条　出版者、表演者、录音录像制作者、广播电台、电视台等依照本法有关规定使用他人作品的，不得侵犯作者的署名权、修改权、保护作品完整权和获得报酬的权利。

第四章　与著作权有关的权利

第一节　图书、报刊的出版

第三十二条　图书出版者出版图书应当和著作权人订立出版合同，并支付报酬。

第三十三条　图书出版者对著作权人交付出版的作品，按照合同约定享有的专有出版权受法律保护，他人不得出版该作品。

第三十四条　著作权人应当按照合同约定期限交付作品。图书出版者应当按照合同约定的出版质量、期限出版图书。

图书出版者不按照合同约定期限出版，应当依照本法第五十四条的规定承担民事责任。

图书出版者重印、再版作品的，应当通知著作权人，并支付报酬。图书脱销后，图书出版者拒绝重印、再版的，著作权人有权终止合同。

第三十五条　著作权人向报社、期刊社投稿的，自稿件发出之日起十五日内未收到报社通知决定刊登的，或者自稿件发出之日起三十日内未收到期刊社通知决定刊登的，可以将同一作品向其他报社、期刊社投稿。双方另有约定的除外。

作品刊登后，除著作权人声明不得转载、摘编的外，其他报刊可以转载或者作为文摘、资料刊登,但应当按照规定向著作权人支付报酬。

第三十六条 图书出版者经作者许可,可以对作品修改、删节。

报社、期刊社可以对作品作文字性修改、删节。对内容的修改,应当经作者许可。

第三十七条 出版者有权许可或者禁止他人使用其出版的图书、期刊的版式设计。

前款规定的权利的保护期为十年,截止于使用该版式设计的图书、期刊首次出版后第十年的 12 月 31 日。

第二节 表演

第三十八条 使用他人作品演出,表演者应当取得著作权人许可,并支付报酬。演出组织者组织演出,由该组织者取得著作权人许可,并支付报酬。

第三十九条 表演者对其表演享有下列权利:

(一)表明表演者身份;

(二)保护表演形象不受歪曲;

(三)许可他人从现场直播和公开传送其现场表演,并获得报酬;

(四)许可他人录音录像,并获得报酬;

(五)许可他人复制、发行、出租录有其表演的录音录像制品,并获得报酬;

(六)许可他人通过信息网络向公众传播其表演,并获得报酬。

被许可人以前款第(三)项至第(六)项规定的方式使用作品,还应当取得著作权人许可,并支付报酬。

第四十条 演员为完成本演出单位的演出任务进行的表演为职务表演,演员享有表明身份和保护表演形象不受歪曲的权利,其他权利归属由当事人约定。当事人没有约定或者约定不明确的,职务表演的权利由演出单位享有。

职务表演的权利由演员享有的,演出单位可以在其业务范围内免费使用该表演。

第四十一条　本法第三十八条第一款第(一)项、第(二)项规定的权利的保护期不受限制。

本法第三十八条第一款第(三)项至第(六)项规定的权利的保护期为五十年,截止于该表演发生后第五十年的 12 月 31 日。

第三节　录音录像

第四十二条　录音录像制作者使用他人作品制作录音录像制品,应当取得著作权人许可,并支付报酬。

录音录像制作者使用改编、翻译、注释、整理已有作品而产生的作品,应当取得改编、翻译、注释、整理作品的著作权人和原作品著作权人许可,并支付报酬。

录音制作者使用他人已经合法录制为录音制品的音乐作品制作录音制品,可以不经著作权人许可,但应当按照规定支付报酬;著作权人声明不许使用的不得使用。

第四十三条　录音录像制作者制作录音录像制品,应当同表演者订立合同,并支付报酬。

第四十四条　录音录像制作者对其制作的录音录像制品,享有许可他人复制、发行、出租、通过信息网络向公众传播并获得报酬的权利;权利的保护期为五十年,截止于该制品首次制作完成后第五十年的 12 月 31 日。

被许可人复制、发行、通过信息网络向公众传播录音录像制品,应当同时取得著作权人、表演者许可,并支付报酬;被许可人出租录音录像制品,还应当取得表演者许可,并支付报酬。

第四十五条　将录音制品用于有线或者无线公开传播,或者通过传送声音的技术设备向公众公开播送的,应当向录音制作者支付报酬。

第四节　广播电台、电视台播放

第四十六条　广播电台、电视台播放他人未发表的作品,应当取得著作权人许可,并支付报酬。

广播电台、电视台播放他人已发表的作品,可以不经著作权人许可,但应当按照规定支付报酬。

第四十七条 广播电台、电视台有权禁止未经其许可的下列行为：

（一）将其播放的广播、电视以有线或者无线方式转播；

（二）将其播放的广播、电视录制以及复制；

（三）将其播放的广播、电视通过信息网络向公众传播。

广播电台、电视台行使前款规定的权利，不得影响、限制或者侵害他人行使著作权或者与著作权有关的权利。

本条第一款规定的权利的保护期为五十年，截止于该广播、电视首次播放后第五十年的 12 月 31 日。

第四十八条 电视台播放他人的视听作品、录像制品，应当取得视听作品著作权人或者录像制作者许可，并支付报酬；播放他人的录像制品，还应当取得著作权人许可，并支付报酬。

第五章 著作权和与著作权有关的权利的保护

第四十九条 为保护著作权和与著作权有关的权利，权利人可以采取技术措施。

未经权利人许可，任何组织或者个人不得故意避开或者破坏技术措施，不得以避开或者破坏技术措施为目的制造、进口或者向公众提供有关装置或者部件，不得故意为他人避开或者破坏技术措施提供技术服务。但是，法律、行政法规规定可以避开的情形除外。

本法所称的技术措施，是指用于防止、限制未经权利人许可浏览、欣赏作品、表演、录音录像制品或者通过信息网络向公众提供作品、表演、录音录像制品的有效技术、装置或者部件。

第五十条 下列情形可以避开技术措施，但不得向他人提供避开技术措施的技术、装置或者部件，不得侵犯权利人依法享有的其他权利：

（一）为学校课堂教学或者科学研究，提供少量已经发表的作品，供教学或者科研人员使用，而该作品无法通过正常途径获取；

（二）不以营利为目的，以阅读障碍者能够感知的无障碍方式向其提供已经发表的作品，而该作品无法通过正常途径获取；

（三）国家机关依照行政、监察、司法程序执行公务；

（四）对计算机及其系统或者网络的安全性能进行测试；

（五）进行加密研究或者计算机软件反向工程研究。

前款规定适用于对与著作权有关的权利的限制。

第五十一条 未经权利人许可，不得进行下列行为：

（一）故意删除或者改变作品、版式设计、表演、录音录像制品或者广播、电视上的权利管理信息，但由于技术上的原因无法避免的除外；

（二）知道或者应当知道作品、版式设计、表演、录音录像制品或者广播、电视上的权利管理信息未经许可被删除或者改变，仍然向公众提供。

第五十二条 有下列侵权行为的，应当根据情况，承担停止侵害、消除影响、赔礼道歉、赔偿损失等民事责任：

（一）未经著作权人许可，发表其作品的；

（二）未经合作作者许可，将与他人合作创作的作品当作自己单独创作的作品发表的；

（三）没有参加创作，为谋取个人名利，在他人作品上署名的；

（四）歪曲、篡改他人作品的；

（五）剽窃他人作品的；

（六）未经著作权人许可，以展览、摄制电影和以类似摄制电影的方法使用作品，或者以改编、翻译、注释等方式使用作品的，本法另有规定的除外；

（七）使用他人作品，应当支付报酬而未支付的；

（八）未经视听作品、计算机软件、录音录像制品的著作权人、表演者或者录音录像制作者许可，出租其作品或者录音录像制品的原件或者复制件的，本法另有规定的除外；

（九）未经出版者许可，使用其出版的图书、期刊的版式设计的；

（十）未经表演者许可，从现场直播或者公开传送其现场表演，或者录制其表演的；

（十一）其他侵犯著作权以及与著作权有关的权利的行为。

第五十三条 有下列侵权行为的，应当根据情况，承担本法第五十二条规定的民事责任;侵权行为同时损害公共利益的,由主管著作权的部门责令停止侵权行为,予以警告,没收违法所得,没收、无害化销毁处理侵权复制品以及主要用于制作侵权复制品的材料、工具、设备等,违法经营额五万元以上的,可以并处违法经营额一倍以上五倍以下的罚款;没有违法经营额、违法经营额难以计算或者不足五万元的,可以并处二十五万元以下的罚款;构成犯罪的,依法追究刑事责任:

(一)未经著作权人许可,复制、发行、表演、放映、广播、汇编、通过信息网络向公众传播其作品的,本法另有规定的除外;

(二)出版他人享有专有出版权的图书的;

(三)未经表演者许可,复制、发行录有其表演的录音录像制品,或者通过信息网络向公众传播其表演的,本法另有规定的除外;

(四)未经录音录像制作者许可,复制、发行、通过信息网络向公众传播其制作的录音录像制品的,本法另有规定的除外;

(五)未经许可,播放、复制或者通过信息网络向公众传播广播、电视的,本法另有规定的除外;

(六)未经著作权人或者与著作权有关的权利人许可,故意避开或者破坏技术措施的,故意制造、进口或者向他人提供主要用于避开、破坏技术措施的装置或者部件的,或者故意为他人避开或者破坏技术措施提供技术服务的,法律、行政法规另有规定的除外;

(七)未经著作权人或者与著作权有关的权利人许可,故意删除或者改变作品、版式设计、表演、录音录像制品或者广播、电视上的权利管理信息的,知道或者应当知道作品、版式设计、表演、录音录像制品或者广播、电视上的权利管理信息未经许可被删除或者改变,仍然向公众提供的,法律、行政法规另有规定的除外;

(八)制作、出售假冒他人署名的作品的。

第五十四条 侵犯著作权或者与著作权有关的权利的,侵权人应当按照权利人因此受到的实际损失或者侵权人的违法所得给予赔偿;权利人的实际损失或者侵权人的违法所得难以计算的,可以参照该权利使用费给予赔偿。对故意侵犯著作权或者与著作权有关的权利,情节严重的,可以在按照上述方法确定数额的一倍以上五倍以下给予赔偿。

权利人的实际损失、侵权人的违法所得、权利使用费难以计算的,由人民法院根据侵权行为的情节,判决给予五百元以上五百万元以下的赔偿。

赔偿数额还应当包括权利人为制止侵权行为所支付的合理开支。

人民法院为确定赔偿数额,在权利人已经尽了必要举证责任,而与侵权行为相关的账簿、资料等主要由侵权人掌握的,可以责令侵权人提供与侵权行为相关的账簿、资料等;侵权人不提供,或者提供虚假的账簿、资料等的,人民法院可以参考权利人的主张和提供的证据确定赔偿数额。

人民法院审理著作权纠纷案件,应权利人请求,对侵权复制品,除特殊情况外,责令销毁;对主要用于制造侵权复制品的材料、工具、设备等,责令销毁,且不予补偿;或者在特殊情况下,责令禁止前述材料、工具、设备等进入商业渠道,且不予补偿。

第五十五条　主管著作权的部门对涉嫌侵犯著作权和与著作权有关的权利的行为进行查处时,可以询问有关当事人,调查与涉嫌违法行为有关的情况;对当事人涉嫌违法行为的场所和物品实施现场检查;查阅、复制与涉嫌违法行为有关的合同、发票、账簿以及其他有关资料;对于涉嫌违法行为的场所和物品,可以查封或者扣押。

主管著作权的部门依法行使前款规定的职权时,当事人应当予以协助、配合,不得拒绝、阻挠。

第五十六条　著作权人或者与著作权有关的权利人有证据证明他人正在实施或者即将实施侵犯其权利、妨碍其实现权利的行为,如不及时制止将会使其合法权益受到难以弥补的损害的,可以在起诉前依法向人民法院申请采取财产保全、责令作出一定行为或者禁止作出一定行为等措施。

第五十七条　为制止侵权行为,在证据可能灭失或者以后难以取得的情况下,著作权人或者与著作权有关的权利人可以在起诉前依法向人民法院申请保全证据。

人民法院处理前款申请,适用《中华人民共和国民事诉讼法》第九十三条至第九十六条和第九十九条的规定。

第五十八条　人民法院审理案件,对于侵犯著作权或者与著作权有关的权利的,可以没收违法所得、侵权复制品以及进行违法活动的财物。

第五十九条　复制品的出版者、制作者不能证明其出版、制作有合法授权的,复制品的发行者或者视听作品、计算机软件、录音录像制品的复制品的出租者不能证明其发行、出租的复制品有合法来源的,应当承担法律责任。

在诉讼程序中,被诉侵权人主张其不承担侵权责任的,应当提供证据证明已经取得权利人的许可,或者具有本法规定的不经权利人许可而可以使用的情形。

第六十条　著作权纠纷可以调解,也可以根据当事人达成的书面仲裁协议或者著作权合同中的仲裁条款,向仲裁机构申请仲裁。

当事人没有书面仲裁协议,也没有在著作权合同中订立仲裁条款的,可以直接向人民法院起诉。

第六十一条　当事人因不履行合同义务或者履行合同义务不符合约定而承担民事责任,以及当事人行使诉讼权利、申请保全等,适用有关法律的规定。

第六章　附则

第六十二条　本法所称的著作权即版权。

第六十三条　本法第二条所称的出版,指作品的复制、发行。

第六十四条　计算机软件、信息网络传播权的保护办法由国务院另行规定。

第六十五条　摄影作品,其发表权、本法第十条第一款第五项至第十七项规定的权利的保护期在 2021 年 6 月 1 日前已经届满,但依据本法第二十三条第一款的规定仍在保护期内的,不再保护。

第六十六条　本法规定的著作权人和出版者、表演者、录音录像制作者、广播电台、电视台的权利,在本法施行之日尚未超过本法规定的保护期的,依照本法予以保护。

本法施行前发生的侵权或者违约行为,依照侵权或者违约行为发生时的有关规定处理。

第六十七条　本法自 1991 年 6 月 1 日起施行。

修改内容

全国人民代表大会常务委员会关于修改《中华人民共和国著作权法》的决定(2020 年 11 月 11 日第十三届全国人民代表大会常务委员会第二十三次会议通过)

第十三届全国人民代表大会常务委员会第二十三次会议决定对《中华人民共和国著作权法》作如下修改:

一、将第二条、第九条、第十一条、第十六条、第十九条、第二十二条中的"其他组织"修改为"非法人组织"。

将第九条、第十一条、第十六条、第十九条、第二十一条中的"公民"修改为"自然人"。

二、将第三条中的"包括以下列形式创作的文学、艺术和自然科学、社会科学、工程技术等作品"修改为"是指文学、艺术和科学领域内具有独创性并能以一定形式表现的智力成果,包括"。

将第六项修改为:"(六)视听作品。"

将第九项修改为:"(九)符合作品特征的其他智力成果。"

三、将第四条修改为:"著作权人和与著作权有关的权利人行使权利,不得违反宪法和法律,不得损害公共利益。国家对作品的出版、传播依法进行监督管理。"

四、将第五条第二项修改为:"(二)单纯事实消息。"

五、将第七条、第二十八条中的"国务院著作权行政管理部门"修改为"国家著作权主管部门"。

将第七条中的"主管"修改为"负责","各省、自治区、直辖市人民政府的著作权行政管理部门"修改为"县级以上地方主管著作权的部门"。

六、将第八条第一款中的"著作权集体管理组织被授权后,可以以自己的名义为著作权人和与著作权有关的权利人主张权利"修改为"依法设立的著作权集体管理组织是非营利法人,被授权后可以以自己的名义为著作权人和与著作权有关的权利人主张权利";将"诉讼、仲裁活动"修改为"诉讼、仲裁、调解活动"。增加两款,作为第二款、第三款:"著作权集体管理组织根据授权向使用者收取使用费。使用费的收取标准由著作权集体管理组织和使用者代表协商确定,协商不成的,可以向国家著作权主管部门申请裁决,对裁决不服的,可以向人民法院提起诉讼;当事人也可以直接向人民法院提起诉讼。"

"著作权集体管理组织应当将使用费的收取和转付、管理费的提取和使用、使用费的未分配部分等总体情况定期向社会公布,并应当建立权利信息查询系统,供权利人和使用者查询。国家著作权主管部门应当依法对著作权集体管理组织进行监督、管理。"

将第二款改为第四款,修改为:"著作权集体管理组织的设立方式、权利义务、使用费的收取和分配,以及对其监督和管理等由国务院另行规定。"

七、在第十条第一款第五项中的"翻拍"后增加"数字化"。

将第一款第七项修改为:"(七)出租权,即有偿许可他人临时使用视听作品、计算机软件的原件或者复制件的权利,计算机软件不是出租的主要标的的除外。"

将第一款第十一项、第十二项修改为:"(十一)广播权,即以有线或者无线方式公开传播或者转播作品,以及通过扩音器或者其他传送符号、声音、图像的类似工具向公众传播广播的作品的权利,但不包括本款第十二项规定的权利";

"(十二)信息网络传播权,即以有线或者无线方式向公众提供,使公众可以在其选定的时间和地点获得作品的权利"。

将第十条第一款第十项中的"电影和以类似摄制电影的方法创作的作品"、第十三项中的"电影或者以类似摄制电影",第四十七条第六项中的"电影和以类似摄制电影",第五十三条中的"电影作品或者以类似摄制电影的方法创作的作品"修改为"视听作品"。

八、将第十一条第四款改为第十二条第一款,修改为:"在作品上署名的自然人、法人或者非法人组织为作者，且该作品上存在相应权利，但有相反证明的除外。"

增加两款，作为第二款、第三款："作者等著作权人可以向国家著作权主管部门认定的登记机构办理作品登记。"

"与著作权有关的权利参照适用前两款规定。"

九、将第十三条改为第十四条，增加一款，作为第二款："合作作品的著作权由合作作者通过协商一致行使；不能协商一致，又无正当理由的，任何一方不得阻止他方行使除转让、许可他人专有使用、出质以外的其他权利，但是所得收益应当合理分配给所有合作作者。"

十、增加一条，作为第十六条："使用改编、翻译、注释、整理、汇编已有作品而产生的作品进行出版、演出和制作录音录像制品，应当取得该作品的著作权人和原作品的著作权人许可，并支付报酬。"

十一、将第十五条改为第十七条，修改为："视听作品中的电影作品、电视剧作品的著作权由制作者享有，但编剧、导演、摄影、作词、作曲等作者享有署名权，并有权按照与制作者签订的合同获得报酬。"

"前款规定以外的视听作品的著作权归属由当事人约定；没有约定或者约定不明确的，由制作者享有，但作者享有署名权和获得报酬的权利。"

"视听作品中的剧本、音乐等可以单独使用的作品的作者有权单独行使其著作权。"

十二、将第十六条改为第十八条，在第二款第一项中的"地图"后增加"示意图"。

第二款增加一项，作为第二项："（二）报社、期刊社、通讯社、广播电台、电视台的工作人员创作的职务作品。"

十三、将第十八条改为第二十条，修改为："作品原件所有权的转移，不改变作品著作权的归属，但美术、摄影作品原件的展览权由原件所有人享有。"

"作者将未发表的美术、摄影作品的原件所有权转让给他人，受让人展览该原件不构成对作者发表权的侵犯。"

十四、将第十九条改为第二十一条，将第一款中的"依照继承法的规定转移"修改为"依法转移"。

十五、将第二十一条改为第二十三条,将第二款、第三款修改为:"法人或者非法人组织的作品、著作权(署名权除外)由法人或者非法人组织享有的职务作品,其发表权的保护期为五十年,截止于作品创作完成后第五十年的 12 月 31 日;本法第十条第一款第五项至第十七项规定的权利的保护期为五十年,截止于作品首次发表后第五十年的 12 月 31 日,但作品自创作完成后五十年内未发表的,本法不再保护。"

"视听作品,其发表权的保护期为五十年,截止于作品创作完成后第五十年的 12 月 31 日;本法第十条第一款第五项至第十七项规定的权利的保护期为五十年,截止于作品首次发表后第五十年的 12 月 31 日,但作品自创作完成后五十年内未发表的,本法不再保护。"

十六、将第二十二条改为第二十四条,在第一款中的"姓名"后增加"或者名称";

将"并且不得侵犯著作权人依照本法享有的其他权利"修改为"并且不得影响该作品的正常使用,也不得不合理地损害著作权人的合法权益"。

删去第一款第三项中的"时事"。

将第一款第四项中的"作者"修改为"著作权人"。

在第一款第六项中的"翻译"后增加"改编、汇编、播放"。

在第一款第八项中的"美术馆"后增加"文化馆"。

在第一款第九项中的"也未向表演者支付报酬"后增加"且不以营利为目的"。

删去第一款第十项中的"室外"。

将第一款第十一项中的"汉语言文字"修改为"国家通用语言文字"。

将第一款第十二项修改为:"(十二)以阅读障碍者能够感知的无障碍方式向其提供已经发表的作品。"

第一款增加一项,作为第十三项:"(十三)法律、行政法规规定的其他情形。"

将第二款修改为："前款规定适用于对与著作权有关的权利的限制。"

十七、将第二十三条改为第二十五条,修改为："为实施义务教育和国家教育规划而编写出版教科书,可以不经著作权人许可,在教科书中汇编已经发表的作品片段或者短小的文字作品、音乐作品或者单幅的美术作品、摄影作品、图形作品,但应当按照规定向著作权人支付报酬,指明作者姓名或者名称、作品名称,并且不得侵犯著作权人依照本法享有的其他权利。"

"前款规定适用于对与著作权有关的权利的限制。"

十八、将第二十六条改为第二十八条,修改为："以著作权中的财产权出质的,由出质人和质权人依法办理出质登记。"

十九、将第四章章名修改为"与著作权有关的权利"。

二十、将第三十七条改为第三十八条,删去第一款中的"(演员、演出单位)"和第二款。

二十一、将第三十八条改为第三十九条,在第一款第五项中的"发行"后增加"出租"。

二十二、增加一条,作为第四十条:"演员为完成本演出单位的演出任务进行的表演为职务表演,演员享有表明身份和保护表演形象不受歪曲的权利,其他权利归属由当事人约定。当事人没有约定或者约定不明确的,职务表演的权利由演出单位享有。"

"职务表演的权利由演员享有的,演出单位可以在其业务范围内免费使用该表演。"

二十三、将第四十二条改为第四十四条,将第二款修改为："被许可人复制、发行、通过信息网络向公众传播录音录像制品,应当同时取得著作权人、表演者许可,并支付报酬;被许可人出租录音录像制品,还应当取得表演者许可,并支付报酬。"

二十四、增加一条,作为第四十五条:"将录音制品用于有线或者无线公开传播,或者通过传送声音的技术设备向公众公开播送的,应当向录音制作者支付报酬。"

二十五、将第四十三条改为第四十六条,将第二款中的"但应当支付报酬"修改为"但应当按照规定支付报酬"。

二十六、将第四十五条改为第四十七条,修改为:"广播电台、电视台有权禁止未经其许可的下列行为:

(一)将其播放的广播、电视以有线或者无线方式转播;

(二)将其播放的广播、电视录制以及复制;

(三)将其播放的广播、电视通过信息网络向公众传播。

广播电台、电视台行使前款规定的权利,不得影响、限制或者侵害他人行使著作权或者与著作权有关的权利。"

"本条第一款规定的权利的保护期为五十年,截止于该广播、电视首次播放后第五十年的 12 月 31 日。"

二十七、将第四十六条改为第四十八条,修改为:"电视台播放他人的视听作品、录像制品,应当取得视听作品著作权人或者录像制作者许可,并支付报酬;播放他人的录像制品,还应当取得著作权人许可,并支付报酬。"

二十八、将第五章章名修改为"著作权和与著作权有关的权利的保护"。

二十九、增加一条,作为第四十九条:"为保护著作权和与著作权有关的权利,权利人可以采取技术措施。"

"未经权利人许可,任何组织或者个人不得故意避开或者破坏技术措施,不得以避开或者破坏技术措施为目的制造、进口或者向公众提供有关装置或者部件,不得故意为他人避开或者破坏技术措施提供技术服务。但是,法律、行政法规规定可以避开的情形除外。"

"本法所称的技术措施,是指用于防止、限制未经权利人许可浏览、欣赏作品、表演、录音录像制品或者通过信息网络向公众提供作品、表演、录音录像制品的有效技术、装置或者部件。"

三十、增加一条,作为第五十条:"下列情形可以避开技术措施,但不得向他人提供避开技术措施的技术、装置或者部件,不得侵犯权利人依法享有的其他权利:

(一)为学校课堂教学或者科学研究,提供少量已经发表的作品,供教学或者科研人员使用,而该作品无法通过正常途径获取;

（二）不以营利为目的，以阅读障碍者能够感知的无障碍方式向其提供已经发表的作品，而该作品无法通过正常途径获取；

（三）国家机关依照行政、监察、司法程序执行公务；

（四）对计算机及其系统或者网络的安全性能进行测试；

（五）进行加密研究或者计算机软件反向工程研究。"

"前款规定适用于对与著作权有关的权利的限制。"

三十一、增加一条，作为第五十一条："未经权利人许可，不得进行下列行为：

（一）故意删除或者改变作品、版式设计、表演、录音录像制品或者广播、电视上的权利管理信息，但由于技术上的原因无法避免的除外；

（二）知道或者应当知道作品、版式设计、表演、录音录像制品或者广播、电视上的权利管理信息未经许可被删除或者改变，仍然向公众提供。"

三十二、将第四十七条改为第五十二条，将第八项修改为："（八）未经视听作品、计算机软件、录音录像制品的著作权人、表演者或者录音录像制作者许可，出租其作品或者录音录像制品的原件或者复制件的，本法另有规定的除外。"

将第十一项中的"权益"修改为"权利"。

三十三、将第四十八条改为第五十三条，修改为："有下列侵权行为的，应当根据情况，承担本法第五十二条规定的民事责任；侵权行为同时损害公共利益的，由主管著作权的部门责令停止侵权行为，予以警告，没收违法所得，没收、无害化销毁处理侵权复制品以及主要用于制作侵权复制品的材料、工具、设备等，违法经营额五万元以上的，可以并处违法经营额一倍以上五倍以下的罚款；没有违法经营额、违法经营额难以计算或者不足五万元的，可以并处二十五万元以下的罚款；构成犯罪的，依法追究刑事责任：

（一）未经著作权人许可，复制、发行、表演、放映、广播、汇编、通过信息网络向公众传播其作品的，本法另有规定的除外；

（二）出版他人享有专有出版权的图书的；

（三）未经表演者许可，复制、发行录有其表演的录音录像制品，或者通过信息网络向公众传播其表演的，本法另有规定的除外；

（四）未经录音录像制作者许可，复制、发行、通过信息网络向公众传播其制作的录音录像制品的，本法另有规定的除外；

（五）未经许可，播放、复制或者通过信息网络向公众传播广播、电视的，本法另有规定的除外；

（六）未经著作权人或者与著作权有关的权利人许可，故意避开或者破坏技术措施的，故意制造、进口或者向他人提供主要用于避开、破坏技术措施的装置或者部件的，或者故意为他人避开或者破坏技术措施提供技术服务的，法律、行政法规另有规定的除外；

（七）未经著作权人或者与著作权有关的权利人许可，故意删除或者改变作品、版式设计、表演、录音录像制品或者广播、电视上的权利管理信息的，知道或者应当知道作品、版式设计、表演、录音录像制品或者广播、电视上的权利管理信息未经许可被删除或者改变，仍然向公众提供的，法律、行政法规另有规定的除外；

（八）制作、出售假冒他人署名的作品的。”

三十四、将第四十九条改为第五十四条，修改为：“侵犯著作权或者与著作权有关的权利的，侵权人应当按照权利人因此受到的实际损失或者侵权人的违法所得给予赔偿；权利人的实际损失或者侵权人的违法所得难以计算的，可以参照该权利使用费给予赔偿。对故意侵犯著作权或者与著作权有关的权利，情节严重的，可以在按照上述方法确定数额的一倍以上五倍以下给予赔偿。”

“权利人的实际损失、侵权人的违法所得、权利使用费难以计算的，由人民法院根据侵权行为的情节，判决给予五百元以上五百万元以下的赔偿。”

“赔偿数额还应当包括权利人为制止侵权行为所支付的合理开支。”

“人民法院为确定赔偿数额，在权利人已经尽了必要举证责任，而与侵权行为相关的账簿、资料等主要由侵权人掌握的，可以责令侵权人提供与侵权行为相关的账簿、资料等；侵权人不提供，或者提供虚假的账簿、资料等的,人民法院可以参考权利人的主张和提供的证据确定赔偿数额。"

"人民法院审理著作权纠纷案件,应权利人请求,对侵权复制品,除特殊情况外,责令销毁;对主要用于制造侵权复制品的材料、工具、设备等,责令销毁,且不予补偿;或者在特殊情况下,责令禁止前述材料、工具、设备等进入商业渠道,且不予补偿。"

三十五、增加一条,作为第五十五条:"主管著作权的部门对涉嫌侵犯著作权和与著作权有关的权利的行为进行查处时,可以询问有关当事人,调查与涉嫌违法行为有关的情况;对当事人涉嫌违法行为的场所和物品实施现场检查;查阅、复制与涉嫌违法行为有关的合同、发票、账簿以及其他有关资料;对于涉嫌违法行为的场所和物品,可以查封或者扣押。"

"主管著作权的部门依法行使前款规定的职权时,当事人应当予以协助、配合,不得拒绝、阻挠。"

三十六、将第五十条改为第五十六条,修改为:"著作权人或者与著作权有关的权利人有证据证明他人正在实施或者即将实施侵犯其权利、妨碍其实现权利的行为,如不及时制止将会使其合法权益受到难以弥补的损害的,可以在起诉前依法向人民法院申请采取财产保全、责令作出一定行为或者禁止作出一定行为等措施。"

三十七、将第五十一条改为第五十七条,修改为:"为制止侵权行为,在证据可能灭失或者以后难以取得的情况下,著作权人或者与著作权有关的权利人可以在起诉前依法向人民法院申请保全证据。"

三十八、将第五十三条改为第五十九条,增加一款,作为第二款:"在诉讼程序中,被诉侵权人主张其不承担侵权责任的,应当提供证据证明已经取得权利人的许可,或者具有本法规定的不经权利人许可而可以使用的情形。"

三十九、增加一条,作为第六十一条:"当事人因不履行合同义务或者履行合同义务不符合约定而承担民事责任,以及当事人行使诉讼权利、申请保全等,适用有关法律的规定。"

四十、增加一条,作为第六十五条:"摄影作品,其发表权、本法

第十条第一款第五项至第十七项规定的权利的保护期在 2021 年 6 月 1 日前已经届满,但依据本法第二十三条第一款的规定仍在保护期内的,不再保护。"

四十一、将第六十条改为第六十六条,删去第二款中的"和政策"。

四十二、删去第三十五条、第四十条第二款、第四十四条、第五十四条、第五十六条。

本决定自 2021 年 6 月 1 日起施行。

《中华人民共和国著作权法》根据本决定作相应修改并对条文顺序作相应调整,重新公布。

附录三 《新闻工作者职业道德准则》

中国新闻事业是中国共产党领导的中国特色社会主义事业的重要组成部分。新闻工作者坚持以马克思列宁主义、毛泽东思想、邓小平理论、"三个代表"重要思想、科学发展观、习近平新时代中国特色社会主义思想为指导，增强"四个意识"，坚定"四个自信"，做到"两个维护"，牢记党的新闻舆论工作职责使命，继承和发扬党的新闻舆论工作优良传统，坚持正确政治方向、舆论导向、新闻志向、工作取向，不断增强脚力、眼力、脑力、笔力，积极传播社会主义核心价值观，自觉遵守国家法律法规，恪守新闻职业道德，自觉承担社会责任，做政治坚定、引领时代、业务精湛、作风优良、党和人民信赖的新闻工作者。

第一条　全心全意为人民服务。忠于党、忠于祖国、忠于人民，把体现党的主张与反映人民心声统一起来，把坚持正确舆论导向与通达社情民意统一起来，把坚持正面宣传为主与正确开展舆论监督统一起来，发挥党和政府联系人民群众的桥梁纽带作用。

1. 坚持用习近平新时代中国特色社会主义思想武装头脑，深入学习宣传贯彻党的路线方针政策，积极宣传中央重大决策部署，及时传播国内外各领域的信息，满足人民群众日益增长的新闻信息需求，保证人民群众的知情权、参与权、表达权、监督权；

2. 坚持以人民为中心的工作导向，把人民群众作为报道主体、服务对象，多宣传基层群众的先进典型，多挖掘群众身边的具体事例，多反映平凡人物的工作生活，多运用群众的生动语言，丰富人民精神世界，增强人民精神力量，满足人民精神需求，使新闻报道为人民群众喜闻乐见；

3.保持人民情怀,积极反映人民群众的正确意见和呼声,及时回应人民群众的关切和期待,批评侵害人民利益的现象和行为,畅通人民群众表达意见的渠道,依法维护人民群众的正当权益。

第二条　坚持正确舆论导向。坚持团结稳定鼓劲、正面宣传为主,弘扬主旋律、传播正能量,不断巩固和壮大积极健康向上的主流思想舆论。

1.以经济建设为中心,服从服务于党和国家工作大局,贯彻新发展理念,为促进经济社会持续健康发展注入强大正能量;

2.宣传科学理论、传播先进文化、滋养美好心灵、弘扬社会正气,增强社会责任感,严守道德伦理底线,坚决抵制低俗、庸俗、媚俗的内容;

3.加强和改进舆论监督,着眼解决问题、推动工作,激浊扬清、针砭时弊,发表批评性报道要事实准确、分析客观,坚持科学监督、准确监督、依法监督、建设性监督;

4.采访报道突发事件坚持导向正确、及时准确、公开透明,全面客观报道事件动态及处置进程,推动事件的妥善处理,维护社会稳定和人心安定。

第三条　坚持新闻真实性原则。把真实作为新闻的生命,努力到一线、到现场采访核实,坚持深入调查研究,报道做到真实、准确、全面、客观。

1.通过合法途径和方式获取新闻素材,认真核实新闻信息来源,确保新闻要素及情节准确;

2.根据事实来描述事实,不夸大、不缩小、不歪曲事实,不摆布采访报道对象,禁止虚构或制造新闻,刊播新闻报道要署记者的真名;

3.摘转其他媒体的报道要把好事实关导向关,不刊播违背科学精神、伦理道德、生活常识的内容;

4.刊播了失实报道要勇于承担责任,及时更正致歉,消除不良影响;

5.坚持网上网下"一个标准、一把尺子、一条底线",统一导向要求、管理要求。

第四条 发扬优良作风。树立正确的世界观、人生观、价值观，加强品德修养，提高综合素质，抵制不良风气，保持一身正气，接受社会监督。

1.强化学习意识，养成学习习惯，不断增强政治素质，提高业务水平，掌握融合技能，努力成为全媒型、专家型新闻工作者；

2.坚持走基层、转作风、改文风，练就过硬脚力、眼力、脑力、笔力，拜人民为师，向人民学习，深入了解社情民意，增进与群众的感情；

3.坚决反对和抵制各种有偿新闻和有偿不闻行为，不利用职业之便谋取不正当利益，不利用新闻报道发泄私愤，不以任何名义索取、接受采访报道对象或利害关系人的财物或其他利益，不向采访报道对象提出工作以外的要求；

4.严格执行新闻报道与经营活动"两分开"的规定，不以新闻报道形式做任何广告性质的宣传，编辑记者不得从事创收等经营性活动。

第五条 坚持改进创新。遵循新闻传播规律和新兴媒体发展规律，创新理念、内容、体裁、形式、方法、手段、业态等，做到体现时代性、把握规律性、富于创造性。

1.适应分众化、差异化传播趋势，深入研究不同传播对象的接受习惯和信息需求，主动设置议题，善于因势利导，不断提高传播力、引导力、影响力、公信力；

2.强化互联网思维，顺应全媒体发展要求，积极探索网络信息生产和传播的特点规律，深刻把握传统媒体和新兴媒体融合发展的趋势，善于运用网络新技术新应用，不断提高网上正面宣传和网络舆论引导水平；

3.保持思维的敏锐性和开放度，认识新事物、把握新规律，敢于打破思维定势和路径依赖，认真研究传播艺术，采用受众听得懂、易接受的方式，增强新闻报道的亲和力、吸引力、感染力，采写更多有思想、有温度、有品质的精品佳作。

第六条 遵守法律纪律。增强法治观念，遵守宪法和法律法规，遵守党的新闻工作纪律,维护国家利益和安全,保守国家秘密。

1. 严格遵守和正确宣传国家各项政治制度和政策,切实维护国家政治安全、文化安全和社会稳定;

2. 维护采访报道对象的合法权益,尊重采访报道对象的正当要求,不揭个人隐私,不诽谤他人;

3. 保障妇女、儿童、老年人和残疾人的合法权益,注意保护其身心健康;

4. 维护司法尊严,依法做好案件报道,不干预依法进行的司法审判活动,在法庭判决前不做定性、定罪的报道和评论,不渲染凶杀、暴力、色情等;

5. 涉外报道要遵守我国涉外法律、对外政策和我国加入的国际条约;

6. 尊重和保护新闻媒体作品版权,反对抄袭、剽窃,抵制严重歪曲文章原意、断章取义等不当摘转行为;

7. 严格遵守新闻采访规范,除确有必要的特殊拍摄采访外,新闻采访要出示合法有效的新闻记者证。

第七条 对外展示良好形象。努力培养世界眼光和国际视野,讲好中国故事,传播好中国声音,积极搭建中国与世界交流沟通的桥梁,展现真实、立体、全面的中国。

1. 在国际交往中维护祖国尊严和国家利益,维护中国新闻工作者的形象;

2. 生动诠释中国道路、中国理论、中国制度、中国文化,着重讲好中国的故事、中国共产党的故事、中国特色社会主义的故事、中国人民的故事,让世界更好地读懂中国;

3. 积极传播中华民族的优秀文化,增进世界各国人民对中华文化的了解;

4. 尊重各国主权、民族传统、宗教信仰和文化多样性,报道各国经济社会发展变化和优秀民族文化;

5. 加强与各国媒体和国际(区域)新闻组织的交流合作,增进了解、加深友谊,为推动人类命运共同体建设多做工作。

图书在版编目(CIP)数据

新闻法规与伦理/孟笛著.—上海:上海三联书店,2025.1
ISBN 978 - 7 - 5426 - 8398 - 4

Ⅰ.①新… Ⅱ.①孟… Ⅲ.①新闻工作-法规-中国②新闻学-伦理学 Ⅳ.①D922.16 ②G210 - 05

中国国家版本馆 CIP 数据核字(2024)第 042037 号

新闻法规与伦理

著　　者 / 孟　笛

责任编辑 / 殷亚平
装帧设计 / 徐　徐
监　　制 / 姚　军
责任校对 / 王凌霄

出版发行 / 上海三联书店
　　　　　(200041)中国上海市静安区威海路 755 号 30 楼
邮　　箱 / sdxsanlian@sina.com
联系电话 / 编辑部:021 - 22895517
　　　　　发行部:021 - 22895559
印　　刷 / 上海惠敦印务科技有限公司

版　　次 / 2025 年 1 月第 1 版
印　　次 / 2025 年 1 月第 1 次印刷
开　　本 / 655mm×960mm　1/16
字　　数 / 330 千字
印　　张 / 23.5
书　　号 / ISBN 978 - 7 - 5426 - 8398 - 4/D・626
定　　价 / 98.00 元

敬启读者,如发现本书有印装质量问题,请与印刷厂联系 13917066329